AF226708

LE
SECOND EMPIRE

ET LA

LÉGISLATION OUVRIÈRE

PAR

PIERRE-LÉON FOURNIER

DOCTEUR EN DROIT
AVOCAT A LA COUR D'APPEL

LIBRAIRIE

DE LA SOCIÉTÉ DU

RECUEIL SIREY

22, rue Soufflot, PARIS-5°

L. LAROSE & L. TENIN, Directeurs

1911

LE
SECOND EMPIRE

ET LA

LÉGISLATION OUVRIÈRE

LE
SECOND EMPIRE

ET LA

LÉGISLATION OUVRIÈRE

PAR

PIERRE-LÉON FOURNIER

DOCTEUR EN DROIT
AVOCAT A LA COUR D'APPEL

LIBRAIRIE
DE LA SOCIÉTÉ DU
RECUEIL SIREY
22, rue Soufflot, PARIS-5°
L. LAROSE & L. TENIN, Directeurs
—
1911

LE SECOND EMPIRE

ET LA

LÉGISLATION OUVRIÈRE

INTRODUCTION

Une étude rapide de la politique intérieure du Second Empire suffit à faire apparaître l'opposition qui existe entre les mesures anti-libérales, policières, des premières années et les tendances que manifeste le Gouvernement dans les derniers temps du régime, quand il consent à laisser aux individus plus de liberté pour l'expression de leurs pensées ou pour l'exercice de leur activité. Mais cette division traditionnelle en Empire autoritaire et en Empire libéral, ne correspond pas, dans la réalité, à un brusque changement de tactique. En étudiant les relations du pouvoir avec les classes ouvrières qui cherchent à s'organiser, à bénéficier de l'égalité politique, on s'aperçoit que le Gouvernement a hésité jusqu'à la fin, a oscillé entre la crainte de s'affaiblir par des concessions trop hâtives, et le désir de s'assurer les votes de la partie la plus nombreuse du corps électoral.

Les lois ouvrières de cette époque portent toutes la trace de ces hésitations. Et le but de notre étude sera bien plus d'analyser les variations des tendances du Gouvernement impérial, de chercher comment il s'est trouvé conduit, — après être intervenu dans le régime du travail pour discipliner et réduire à l'impuissance les classes ouvrières, — à essayer d'en faire, par une série de concessions, un auxiliaire dévoué de sa politique, que de rapporter les détails de ces lois qui, modifiées, abrogées par la Troisième République, sont maintenant, pour la plupart, choses mortes. La loi du 25 mai 1864, elle-même, n'a guère conservé que son caractère de loi pénale, propre à des délits fréquents dans cette forme rudimentaire d'association, qu'est la coalition. La portée des modifications apportées en 1864 aux articles 414, 415 et 416 du Code pénal, est, à l'heure actuelle, bien réduite, depuis que la loi du 21 mai 1884 permet, sous certaines conditions, une action non seulement collective mais continue, et que la loi du 1er juillet 1901 reconnaît à tous et pour tout objet le droit d'association.

Mais le Second Empire apparaît si étroitement uni dans ses origines à la Deuxième République, tant par le maintien du pouvoir exécutif dans les mêmes mains, que par le suffrage universel, — la principale conquête de la Révolution de Février, dont le rétablissement intégral semblait être pour beaucoup, la raison du nouveau régime, — que sa politique ouvrière n'a pu être tout à fait indépendante de celle du gouvernement précédent. « Le chef de l'Etat, même héréditaire, écrivait Proudhon au lendemain du Coup d'État (1), ne re-

1. Proudhon. *La Révolution sociale.*

présente pas un parti, n'hérite point d'une propriété ;
il représente une situation, il hérite d'une nécessité. »
Situation complexe, puisque, malgré la simplicité de
la constitution qui plaçait entre les mains du chef de
l'État toute puissance et toute initiative, ce pouvoir devait se soumettre aux volontés de ce suffrage universel,
auquel avait été demandée la justification de l'acte du
2 décembre. De là les efforts constants du Second
Empire pour rester sans cesse l'expression juste du
« rapport d'intérêts » des électeurs : intérêts des classes riches qui avaient la puissance et la fortune, intérêts des classes pauvres, constituant, dans un régime
de suffrage universel, la majorité du corps électoral, et
aspirant à conquérir définitivement, sinon l'exercice de
la puissance, du moins quelques-unes de ces améllo-
rations économiques qu'ils avaient eu l'illusion de gagner en février.

Avant d'étudier les actes législatifs du Second Empire, nous devrons donc rechercher les éléments de
cette situation, les espoirs des ouvriers, quelles promesses leur avaient été faites et quels avaient été les efforts des divers gouvernements de la Seconde République pour les faire aboutir ou en éluder la réalisation.
Nous devrons rappeler aussi quelles avaient été les
idées sociales du prince Louis-Napoléon, puisqu'elles
contribuèrent à lui acquérir les votes des ouvriers, et
que l'on peut attribuer à leur persistance quelques-
unes des initiatives et des hésitations de la politique
ouvrière du Second Empire.

PREMIÈRE PARTIE

LES ORIGINES DE LA LÉGISLATION ET DE LA POLITIQUE OUVRIÈRES DU SECOND EMPIRE

CHAPITRE PREMIER

Le développement des idées interventionnistes avant 1848

Ce n'est pas de la République de 1848 que date l'apparition d'une politique ouvrière : après avoir été amené, sous l'influence d'idées de charité, de pitié, à intervenir en faveur d'une catégorie particulière de travailleurs, un moment était venu où il avait paru nécessaire au Gouvernement de Juillet, dans son propre intérêt et pour la conservation des forces vives de l'État, de s'occuper de la situation présente et de l'avenir des individus qui n'ont de ressources que leur salaire. Car le grand mouvement de protestation de ceux qui ne voulaient pas admettre comme inéluctables les déductions de l'école anglaise, et qui réclamaient, pour combattre certaines conséquences de l'application des principes économiques du XVIIIe siècle, l'intervention de l'État, avait non seulement eu pour effet de répandre parmi les ouvriers l'espoir d'un remède à leurs souffrances, mais avait convaincu tous les milieux sociaux de la nécessité d'une action systématique de la loi pour améliorer le sort des travailleurs.

C'est au nom de la charité et de la pitié que Sismondi avait fait entendre, dès 1819, les premières protestations opposant à l'économie politique envisagée comme la science de la production et de l'échange, une conception plus humaine. « L'économie politique, écrivait-il, doit nous enseigner le bonheur de tous... l'humanité doit nous tenir en garde contre l'erreur de voir le bien public dans la richesse en faisant abstraction des souffrances des êtres qui la créent. » « L'économie politique, écrivait-il encore, recherche les moyens par lesquels le plus grand nombre d'hommes dans un État donné, peut participer au plus haut degré de bien-être physique qui dépend du Gouvernement (1). » Aux antagonismes sociaux qui devaient dériver de la répartition des produits dans un régime de liberté, il proposait comme palliatif, non plus une contrainte morale individuelle, comme Malthus et Ricardo, mais l'intervention de l'État, « institué pour protéger avec les forces de tous chacun contre les injures de tout autre »; l'intervention « lente et indirecte » (2) du législateur qui doit remédier à l'isolement de l'individu, sinon par le rétablissement des corporations (dont il regrette la

---

1. Sismondi. *Études sur l'Économie politique*, I, p 5 ; *Nouveaux principes*, II, 250. Pour tout ce qui a trait à l'action de Sismondi, voir l'article de M. Hitier dans la *Revue d'Économie politique*, 1899, p. 529.

2. Sismondi. *Nouveaux principes*, II, 337 ; *ibid.*, II, 366.

disparition), du moins en ne restant pas indifférent aux salaires quand l'entrepreneur spécule sur l'abondance de l'offre du travail pour méconnaître les droits de l'être humain qu'est l'ouvrier.

Cette action de l'État, plusieurs économistes de l'école libérale la réclament avec Sismondi. J.-B. Say déclare que « le maître et l'ouvrier ont à la vérité besoin l'un de l'autre », mais il reconnaît que, puisque « le besoin du maître est moins pressant... il est bien difficile que cette différence de situation n'influe pas sur les salaires ». Et il conclut : « La loi doit prêter quelque force à celui des deux contractants qui est nécessairement dans une position tellement précaire et dominée qu'il est quelquefois forcé d'accepter des conditions onéreuses (1). »

Villeneuve-Bargemont réclame aussi l'action immédiate des lois et des institutions pour permettre aux travailleurs de résister par l'association entre ouvriers de mêmes métiers à l'oppression de cette féodalité nouvelle, l'aristocratie de l'argent et de l'industrie.

Adolphe Blanqui, quoique partisan de toutes les idées de liberté en matière commerciale, reproche à l'école anglaise de ne considérer l'individu que comme un instrument d'acquisition de richesses (2). Et il exige de l'État plus que Sismondi et Say : non seulement il demande son intervention pour « défendre l'emploi des

---

1. J.-B. Say. *Cours complet d'Économie politique*, 2ᵉ édit., tome II, p. 49 et 50.

2. Blanqui. *Histoire de l'Économie politique*, p. 415.

enfants trop jeunes (1) », mais il admet même le principe d'une législation des travailleurs adultes. Évitant les objections que les adversaires de toute réglementation du contrat de travail tirent de la concurrence internationale, il demande que des traités interviennent en faveur des ouvriers et que la loi institue des jours de repos obligatoires (2).

Ce même appel à l'intervention de l'Etat, les réformateurs qui prétendent réédifier la société sur des fondements plus équitables, nous le font entendre encore plus nettement, d'autant qu'ils recherchent moins la conquête de la liberté véritable de l'homme que son bonheur. Saint-Simon dont les théories aboutissent à une organisation aristocratique de l'industrie ne se contente pas de constater que les ouvriers ne sont pas vraiment libres pour consentir la transaction qui fixe leurs salaires (3), mais il réclame pour eux l'instruction et il classe comme « premières dépenses de l'État celles qui sont nécessaires à procurer du travail à tous les hommes valides afin d'assurer leur existence physique (4) ».

1. Blanqui. *Cours d'Économie politique*, 1838-1839, p. 119.

2. Blanqui. *Cours d'Économie industrielle*, 1838-1839, p. 120. « Si quelque jour, comme nous le pensons, l'intervention de la loi est indispensable en ces matières délicates, écrit-il dans les Classes Ouvrières (II, p. 226-227) il faudra qu'elle soit franche et qu'elle avoue hautement son but : l'amélioration du sort de l'ouvrier. » Et, dans le même ouvrage il réclame à diverses reprises l'intervention de l'État pour exproprier les logements insalubres (I, p. 75, 97, 99).

3. *OEuvres de Saint-Simon et Enfantin*. Édition Pierre Leroux, 1877, I, XII, p. 224.

4. Cité dans Faguet. *Politiques et Moralistes*, II° série, p. 38.

Fourrier, qui fait dépendre le bonheur de l'humanité du jeu entièrement libre des passions de l'individu, lui donne comme condition la liberté dans le travail ; mais il en conçoit l'exercice dans un état d'association parfaitement organisé, mais si compliqué qu'il ne pourrait se maintenir que par l'action continue d'un gouvernement temporel doué d'une puissance inouïe. Louis Blanc, dont l'influence n'a cessé de croître parmi les classes ouvrières depuis 1839, prétend qu'une nouvelle organisation démocratique de la société supprimant la concurrence et substituant à tout un système de législation tout un système de législation contraire, empêchera les classes moyennes de tomber dans le prolétariat que l'État a le devoir de régénérer. « C'est à l'État de prendre l'initiative des réformes industrielles propres à amener une organisation du travail qui élève les travailleurs de la condition de salariés à celle d'associés... Le travailleur a le même titre que le soldat à la reconnaissance de l'État. Au citoyen vigoureux et bien portant, l'État doit le travail ; au vieillard et à l'infirme, il doit aide et protection (1). »

Ce mouvement doctrinal réclamant à des fins si diverses l'intervention de l'État, n'aurait pas suffi à forcer à l'action le Gouvernement de Louis-Philippe, s'il ne s'était trouvé à ce moment d'accord avec les réclamations de beaucoup d'industriels, avec les vœux de la conscience publique, et si de pressantes nécessités politiques n'étaient intervenues.

1. Programme du journal *La Réforme*, rédigé par Louis Blanc. Cité par Daniel Stern. *La Révol. de 1848*, édit. 1878, t. I, appendice, p. 316.

Car les industriels de l'Est réclamant isolément ou par la voie des corps constitués, affirmaient d'une manière toujours plus pressante la nécessité d'une action de l'État (1). D'autre part à ce même moment où, selon l'expression d'un contemporain, « les ouvriers commençaient à penser à part, à se considérer comme en dehors de la société générale dans laquelle les hommes de 1789 avaient voulu les confondre », la bourgeoisie émue par les peintures saisissantes que l'on présente alors des milieux ouvriers, sous une poussée de sentimentalisme, et, peut-être, de snobisme, s'en prend elle aussi à cette liberté du travail qui a favorisé son enrichissement, et à l'organisation de la société. Dès 1839 Chateaubriand écrivait dans la *Revue des Deux Mondes* du 15 avril : « Rien ne pourra conserver une société où des individus ont deux millions de revenus tandis que d'autres vivent dans la misère et dans la pourriture. » A mesure qu'on approche de la fin du régime de Juillet,

1. En 1827, l'industriel Bourcart à Mulhouse attirait l'attention de la société industrielle de cette ville sur l'état de dépérissement des enfants employés dans les manufactures. En 1835 et 1836 le conseil général du Haut-Rhin, en 1835 et 1837 la Chambre de commerce de Mulhouse et la Société industrielle demandent une protection légale pour les enfants. Une enquête officielle du 31 juillet 1837 près des chambres de commerce, conseils de prud'hommes, chambres consultatives des arts et manufactures, ne décida pas le Gouvernement ; et cependant beaucoup, dont le Conseil général du Commerce, se prononçaient pour la réglementation du travail des enfants. Enfin, à la suite de pétitions émanant de la Société industrielle de Mulhouse et de la Société d'encouragement à l'instruction primaire parmi les protestants, la Chambre des députés obtient, après une discussion, le 15 juin 1839, la promesse du ministre de porter remède à cette situation...

les classes aisées, préparées par la propagande saint-simonienne et fouriériste à l'idée d'une action continue du Gouvernement, ne s'effarent plus ni du mot de socialisme qui devient pour elle la formule apportant un espoir de guérison aux misères des déshérités de toutes sortes, ni des projets d'organisation du travail. «Les revues catholiques, les journaux d'opposition agitent le droit au travail, les relations du capital et du salariat et les réformes sociales dont la réforme électorale est la préface et l'instrument. Les Conseils généraux eux-mêmes s'émeuvent et leurs vœux se multiplient durant la session de 1847. Seul le Gouvernement reste sourd et aveugle (1). »

A la faveur des luttes des partis politiques, la nécessité d'une action plus énergique de l'État pour améliorer le sort des travailleurs s'est aussi propagée dans la bourgeoisie et au sein des classes ouvrières. Tandis que le Gouvernement de Juillet représentait surtout les intérêts de la moyenne bourgeoisie, l'opposition démocratique, qui cherchait son appui hors du pays légal, annonçait la réforme électorale comme le moyen de faire connaître les besoins des masses ouvrières et de remédier à leurs souffrances. Les méfaits de la concurrence, la condition misérable de l'ouvrier privé de tout moyen efficace de défendre ses intérêts dans la formation du contrat de travail, sont dénoncés par le *National* (2) et la *Réforme* qui font appel à l'intervention de

1. Ferdinand Dreyfus. *L'assistance sous la seconde République*, 1907, p. 36.

2. « Émancipé légalement, le travailleur est en réalité plus esclave

la loi pour résoudre les questions sociales. Ce n'est du reste pas seulement dans les journaux de l'opposition que les souffrances des pauvres sont étalées : le *Journal des Débats* et le *Constitutionnel*, en bas de leurs colonnes officieuses et optimistes, publiaient en feuilleton le *Juif-Errant* et les *Mystères de Paris*, d'Eugène Sue, monarchiste nouvellement converti au socialisme, en même temps que George Sand, dont les romans datant de cette époque contribuent à mettre à la mode un certain socialisme sentimental.

Dans le désarroi d'idées qui avait suivi 1830, tout avait été remis en question : « Le droit universel des hommes au pouvoir politique, le droit universel des hommes au bien-être social, l'unité et la souveraineté démocratiques substituées à l'unité et à la souveraineté monarchiques, la rivalité entre le peuple et la bourgeoisie succédant à la rivalité entre la bourgeoisie et la noblesse, les sciences de la nature et le culte de l'humanité mis à la place de la foi religieuse et du culte de Dieu (1). » Là où Guizot voyait « l'anarchie intellectuelle », où chacun rêvait de refondre et de réédifier la société entière, l'idée de l'État tuteur était à la base de tous les systèmes. En 1838, l'Académie des Sciences Morales et Politiques ayant proposé pour

que jamais. C'est la faim qui l'oblige à défaut de la loi ; car quelle sorte d'égalité se rencontre entre le travailleur qui est forcé d'accepter pour avoir du pain le travail qu'on lui offre aux conditions qu'on y met, et le capitaliste qui peut attendre que la faim lui livre sa victime. » Armand Marrast. *Le National*, 21 mai 1840.

1. Guizot. *Mémoires*, tome VII, p. 345.

sujet de concours une étude du problème de la misère, 22 mémoires lui furent adressés : tous avaient été chercher le remède dans des combinaisons factices, dans l'intervention de l'État qu'ils rendaient responsable du mal, plusieurs même dans un remaniement de l'organisation sociale (1).

Les doctrines rigides de l'école anglaise sont désavouées par ceux mêmes qui avaient été les irréductibles défenseurs de la liberté. En 1844, Wolowski reconnaissait « la nécessité de l'appui tutélaire de la loi. Les questions qui touchent le sort des classes laborieuses, disait-il, prennent aujourd'hui le pas sur toutes les autres ; les luttes du travail attirent l'attention universelle (2). » S'il ne suffit pas à rendre tous les économistes favorables à l'intervention légale, ce mouvement de sentimentalisme est si général qu'il les empêche de marquer trop fort leur opposition : ne voit-on pas Bastiat, lui-même, forcé de reconnaître « la légitimité de l'action de l'État agissant par la force, pour imposer aux hommes la justice, puisqu'un défaut d'harmonie dans le monde ne peut correspondre qu'à un défaut de liberté, à une justice absente (3). »

Ce mouvement général de protestation contre le sort d'une grande partie des classes ouvrières, l'interven-

---

1. Levasseur. *Histoire des classes ouvrières depuis 1789 jusqu'à 1870*, tome II, p. 57, 2ᵉ édition.

2. Wolowski. *Discours d'ouverture du cours de législation industrielle. Rev. législ. et jurisp.*, 1844, t. 21, p. 257.

3. Bastiat. *Harmonies économiques*, 10ᵉ édition, p. 18. Cf. Thèse Le Senne, p. 14 et suivantes.

tion de l'Etat, seul remède proposé comme efficace par des membres de tous les partis, tout cela ne pouvait pas laisser le Gouvernement indifférent et devait fatalement ouvrir les yeux aux parlementaires. Une action du pouvoir était, du reste, d'autant plus urgente que le régime de 1830 n'avait pu s'établir que grâce à l'appui donné au mouvement bourgeois par les forces prolétariennes, non directement intéressées à l'action. Une dette avait donc été contractée que le *National* avait reconnue en 1830, au lendemain de la victoire : « C'est le peuple qui a tout fait depuis trois jours, c'est lui qui a vaincu, c'est pour lui que devront être tous les résultats de la lutte (1). » Mais le Gouvernement ne s'était pas hâté de s'occuper de ceux qui avaient aidé de toute leur puissance au renversement du régime issu de l'invasion de 1815. Oublieux au lendemain du triomphe, uniquement préoccupé de la prospérité financière, de l'accroissement du bien-être de la moyenne bourgeoisie qui donnait docilement ses suffrages à celui qui l'enrichissait, le régime avait déjà « pris les allures d'une compagnie industrielle, où toutes les opérations se font en vue de bénéfices que les sociétaires peuvent en retirer (2) ». Il fallut le violent appel de toutes les classes à l'intervention secourable du pouvoir, pour lui rappeler que les ouvriers, s'ils n'étaient ni sociétaires, ni électeurs, tenaient de leur nature d'hommes des droits dignes de respect. Mais pour se

1. *National*, 30 juillet 1830.

2. Tocqueville, cité par M. Joseph Reinach, dans a *Revue politique et parlementaire*, 17 février 1910, p. 305.

décider à agir, il fallut que le Gouvernement se sentît
ébranlé par les émeutes politiques continuelles, les insurrections d'ouvriers affamés, et surtout qu'il se vît
contraint, pour se mettre à l'abri du danger, de chercher à apaiser ce mécontentement qui s'était manifesté
à Lyon en 1831 et 1833 et dans les nombreuses coalitions de cette époque. Mécontentement qui pouvait favoriser singulièrement la propagande des réformateurs
socialistes, des républicains et des sociétés secrètes
montrant, d'une part, aux ouvriers en face de l'arro-
gance du capital leur propre misère à laquelle ils sont
rivés par la forme même de l'organisation sociale, et
d'autre part, l'espoir d'une amélioration définitive de
leur sort résultant d'une révolution politique et économique (1).

Cette raison, la nécessité politique d'une lutte contre l'influence grandissante des partis républicains, a
certainement entraîné beaucoup de députés ou de pairs
à accepter une intervention de l'État dans le régime du
travail. « Tous les esprits préoccupés des plaies qu'en-
fante le mouvement industriel, disait M. de Beaumont,
croient que ces plaies ne sauraient être guéries si le
Gouvernement ne prend la tâche d'organiser le travail.
Voilà les idées qui ont cours aujourd'hui et qui sont

1. Louis Blanc, dans son *Histoire de Dix ans*, indique les principaux
éléments de la propagande faite par la société secrète les Amis du
Peuple : « Entretenir l'élan imprimé au peuple de 1830, alimenter
l'enthousiasme, préparer les moyens d'attaque en élaborant les idées
nouvelles, tenir en haleine l'opinion et souffler sans cesse aux âmes
atteintes de langueur la colère, le courage, l'espérance, tel était son
but. »

plus répandues que vous le croyez... Eh bien, quand l'humanité ne la réclamerait pas, je dis que la prudence politique commanderait au Gouvernement de s'occuper du sort des classes ouvrières (1). » Et l'historien du Gouvernement de Juillet, M. Thureau-Dangin écrit : « Pour avoir raison du socialisme il fallait supprimer ou soulager les souffrances qui étaient, après tout, sa principale raison d'être (2). »

Il semble bien que dès 1840 le Gouvernement a voulu mener cette lutte déguisée contre le socialisme. Il paraît prêt à abandonner pour des principes plus humains, les théories absolues de liberté, de laisser faire ; la nécessité de l'action tutélaire de l'État, les parlementaires la reconnaissent, et non pas seulement en faveur des enfants employés dans l'industrie. En 1840, M. Villemain, ministre de l'Instruction publique, tout en indiquant combien restreint était le champ d'application du projet de loi sur la réglementation du travail des enfants, que l'on discutait alors, encouragé par les acclamations de la Chambre, laissait entrevoir comme probable une grande extension à cette législa-

1. *Mon.*, 1840, p. 2488 ; *ibid.*, p. 1081 : « En présence de notre apathie, les idées des saint-simoniens et des fouriéristes ont fait de grands progrès dans la classe ouvrière... » De même, *Mon.*, 1847. p. 389.

2. Thureau-Dangin. *Histoire du Gouvernement de Juillet*, t. 6, p. 148. Tocqueville jugeait aussi très nécessaires « des réformes sociales, administratives, économiques, mais plus encore que politiques ». Cf. Pierre Marcel. *Essai politique sur A. de Tocqueville*, 1910, p. 238.

tion nouvelle : « Il (M. Taillandier) nous a dit : Si vous voulez réglementer les grandes usines, réglementez toute espèce d'atelier, car d'aussi graves inconvénients peuvent se révéler ou plutôt se cacher partout. Je lui dirai : on commence par le possible ; on va droit à ce qui frappe d'abord ; on saisit de grands exemples, on les modifie, on les corrige par la loi ! (*très bien !*), on excite, on éveille l'attention publique (*très bien ; très bien !*), on commence l'œuvre de réforme et on laisse à d'autres le soin de la perfectionner (*très bien !*)... l'amélioration est une œuvre lente (1). »

Mais la Monarchie de Juillet ne fit aucun effort durable pour améliorer le sort des ouvriers. Désireux de favoriser la prospérité des industriels, le long ministère Guizot ignora de parti pris les classes ouvrières. La loi de 1841 elle-même, essai bien imparfait d'intervention légale, resta lettre morte par suite de l'inertie administrative. Cependant au cours de la discussion, on avait demandé à plusieurs reprises la création par la loi d'un organe qui en assurerait l'exécution (2) ; mais le législateur en confia le soin au Gouvernement seul, en lui donnant même le pouvoir d'élever l'âge minimum auquel les enfants seraient admis au travail

---

1. *Mon.*, 1840, p. 2495, colonne 2. Dans le même sens, Rossi, *Mon.*, 1840, p. 424 : « Il y a nécessité de prendre et de poser des règles pour que, dorénavant, on n'exige plus des enfants un travail excessif aussi nuisible à leur santé qu'à leur développement moral » ; de même le duc de Praslin, *Mon.*, 1840, p. 427 : « Je ne croirai jamais qu'une mesure inspirée par l'humanité puisse être contraire au droit » ; de même Montalembert.

2. *Mon.*, 1840. M. Thémistocle Lestibondois, p. 2480.

industriel. Mais le Gouvernement resta sans remplir sa tâche (1), malgré les plaintes des fabricants, souffrant des inégalités que causait l'application plus ou moins stricte de la loi.

Quand, en 1847, le Gouvernement proposa de modifier la loi de 1841, le projet manifestait moins le souci d'améliorer le sort des classes ouvrières que de donner satisfaction aux réclamations des industriels (2). Mais la tendance interventionniste reparaît très nette dans le rapport de M. le baron Dupin, qui avait déjà pris, comme rapporteur, une part importante à la préparation de la loi de 1841. Il s'élève contre la conduite du Gouvernement qui avait méconnu ses engagements, arrive à faire modifier le projet soumis à l'approbation des Chambres, demande la création d'une inspection salariée, l'extension à tous les ateliers, chantiers et manufactures de la loi de 1841, en limitant à huit heures la journée des enfants âgés de 8 à 12 ans, à douze heures, celle des adolescents de moins de 16 ans et des femmes de tout âge.

La discussion de ce projet que la Révolution de Février devait empêcher d'aboutir montre quels progrès

1. Une circulaire du 25 mars 1841 ordonnait cependant aux préfets d'instituer des commissions pour assurer l'exécution de la loi. Mais, en pratique, on ne fit rien de sérieux, et le journal *L'Atelier* niait qu'elle ait apporté aucun adoucissement à la situation des classes ouvrières.

2. Le projet déposé par le Gouvernement le 15 février 1847 à la Chambre des pairs, tendait à étendre l'intervention de la loi à tous les établissements industriels ; mais il fixait à 10 ans l'âge d'admission des enfants, et il élevait à douze heures la limite de leur journée de travail. Exposé des motifs : *Mon.*, 1847, p. 339.

l'idée d'intervention légale avait faits dans les milieux parlementaires ; c'est par 117 voix contre 19, après un vote unanime de la commission, que l'on proposait de limiter à douze heures la durée du travail des femmes. On disait même ouvertement à la Chambre des pairs (1) que le vrai résultat de la loi serait d'améliorer le sort de tous les adultes, dans toutes les industries où un moteur mécanique était le principal agent du travail.

Le *Journal des Économistes*, généralement intransigeant sur les questions de liberté, avouait aussi la nécessité de cette intervention. Dans l'introduction à la septième année (2), le rédacteur en chef, Joseph Garnier, résumant les tendances du journal, en arrivait à la constatation suivante : « Depuis longtemps notre pays, loin de prêcher d'exemple, ne sait même plus profiter des leçons que nous donnent vos voisins mieux inspirés dans la théorie, plus audacieux dans l'application. Parcourez l'Europe et voyez combien nos hommes d'État auraient pu copier de projets de lois pour améliorer la situation financière et toutes les institutions qui régissent la richesse publique et le bien-être des travailleurs. »

1. Wolowski. *Mon.*, 1847, p. 2251 ; Dupin. *Mon.*, 1848, p. 276.
2. *Journal des Économistes*, 15 déc. 1847, p. 4.

CHAPITRE II

La législation ouvrière de la deuxième République

Les derniers travaux législatifs du Gouvernement de Juillet venaient donc de reconnaître formellement le rôle tutélaire de l'État et d'en accroître l'étendue. La République était proclamée; ne semblait-il pas logique d'attendre de ce régime, qu'une longue propagande avait présenté comme devant améliorer le sort des prolétaires (1), une intervention continue et bienfaisante de la loi en faveur des faibles? Comment se fait-il qu'après tant de déclarations et de déclamations exaltant la conduite et les droits du peuple souverain,

1. « Si l'organisation politique à laquelle nous aspirons, n'avait pas pour effet d'améliorer la condition des classes pauvres, nous cesserions de nous occuper de politique », écrivait Armand Marrast dans le *National* (6 déc. 1844). La Société démocratique française de Londres, dans un Rapport sur les mesures à prendre et les moyens à employer pour mettre la France dans une voie révolutionnaire au lendemain d'une insurrection victorieuse, déclarait aussi que l'action gouvernementale « doit consister dans l'application successive et immédiate des idées dont l'avènement du régime nouveau marque le triomphe ». « Notre parti, disait la Société des droits de l'homme en 1834, conçoit l'égalité comme but, l'assistance aux prolétaires comme premier devoir, pour agent la forme républicaine, pour principe la souveraineté publique. »

le bilan de la législation ouvrière de ces quatre années de république, ne consiste qu'en une loi générale, mais sans sanction, et quelques réformes fragmentaires? C'est que, si beaucoup d'esprits se trouvèrent encore insuffisamment préparés pour accorder aux ouvriers une place nouvelle dans la société, ceux-ci se montrèrent surtout avides de réalisations immédiates de ces théories des idéologues socialistes qui devaient amener subitement le règne de l'égalité et de la justice.

Aussitôt que la fusillade du boulevard des Capucines eut fait évoluer en révolution populaire les émeutes de protestation contre le refus du Gouvernement d'admettre l'adjonction des « capacités » aux électeurs censitaires, les chefs de l'opposition républicaine se trouvèrent débordés. La classe ouvrière de Paris, qui venait de réussir pour la seconde fois la Révolution, n'en voulait plus laisser aller comme en 1830 tous les bénéfices à la bourgeoisie. Et, à défaut d'organisation préalable, à défaut de chef (1), ce qui unit tous les éléments populaires pendant les premiers jours de la deuxième République, ce fut l'idée socialiste qu'une organisation nouvelle de la société était nécessaire, et que, seule, la République pouvait donner satisfaction à leurs aspirations de justice et d'égalité.

Aussi le Gouvernement improvisé, composé d'éléments hétéroclites (républicains et socialistes du *Natio-*

1. « On a vu pour la première fois dans notre histoire, le peuple lui-même agir presque sans chefs, par une impulsion propre. » Tocqueville. Lettre de mai 1848 ; cité par Pierre Marcel, *op. cit.*, p. 369.

nal et de la *Réforme,* acclamés et imposés par le peuple), entouré par une foule armée qui ne lui laisse le temps ni les moyens de délibérer (1), proclame d'abord la République et rend une série de décrets qui sont des expédients pacificateurs destinés à calmer l'impatience du peuple, à y rétablir la confiance, même par la flatterie (2). En présence de l'excitation de la foule, avide de réformes dont elle ne soupçonnait pas la portée (3), « le premier devoir du Gouvernement était, du moins, de chercher la voie, d'adoucir les transitions, de concilier les intérêts opposés. Repousser l'exagération, le faux, l'injuste, apaiser les esprits, calmer les souffran-

1. « Le peuple qui attend donne une heure. » O. Barrot (*Mémoires,* I, 524 et s.); Garnier-Pagès (*Hist. de la Rép. de 1848,* V, 28, 32) rapportent que la forme républicaine du gouvernement fut imposée par le peuple.

2. Mesures provisoires : 24 février : Restitution des objets engagés au Mont-de-Piété dont le prêt ne dépasse pas 10 francs ; 24-29 février : Les Tuileries serviront d'asile aux Invalides du travail ; 25-29 février : Création de 24 bataillons de garde mobile, payés 2 fr. 50 par jour ; 25-29 février : Le gouvernement rend aux ouvriers « auxquels il appartient » le million qui va échoir de la liste civile ; 26-29 fév. : établissement d'ateliers nationaux, qu'on ne doit considérer au moment de leur institution, ni comme un piège pour montrer le vide des théories socialistes, ni comme un essai loyal des conceptions de Louis Blanc, mais, ainsi que Lamartine l'indique, comme « un secours d'assistance et de politique ; car sans ce subside des riches pour nourrir les peuvres, que seraient devenues à la fois la propriété et l'indigence ? L'une aurait été ravagée et l'autre serait morte de faim. » Discours sur le droit au travail à l'Assemblée constituante.

3. « Ces malheureux croyaient soudainement réaliser le progrès immense de l'humanité vers le bonheur et la justice, grâce à la bonne volonté de tous et à l'intervention du pouvoir. » Tocqueville, cité par Pierre Marcel, *op. cit.,* p. 370.

ces, limiter les prétentions, telle fut sa volonté » (1). Mais il avait surtout à réaliser l'organisation du travail, car, pour les classes ouvrières, souffrant encore de la crise industrielle de 1847, aggravée par une récolte de céréales généralement déficitaire (2), c'est de cette façon particulière que se présentait la réforme espérée. « La difficulté pour le Gouvernement, écrivait Proudhon en 1852, n'était pas dans le but, elle était dans les moyens. Comment garantir le travail, ouvrir le débouché, équilibrer la production et la consommation, augmenter le salaire, attaquer la rente et l'intérêt, sans faire disparaître le crédit et arrêter la formation des capitaux (3). »

Telle était en effet la question qu'avait à résoudre ce gouvernement de fortune dont les membres n'étaient guère unis que par une longue lutte contre le régime de Juillet, et par une aspiration commune à rendre moins âpres les relations du capital et du travail. Mais dès le début de leur collaboration, le désaccord régna entre ceux qui, comme Louis Blanc, voulant aller jusqu'à la complète réalisation de leurs premières promesses, cherchaient, par le moyen de la République, à réorganiser sans délai l'état social, et la majorité composée d'hommes moins avancés, partisans aussi de l'inter-

1. Garnier-Pagès. *Hist. de la République de 1848*, 2ᵉ édit., tome III, p. 158.

2. En 1847 le prix du kilogramme de pain avait atteint 65 centimes (Dupin, séance 30 août 1848).

3. Proudhon. *La Révolution sociale démontrée par le coup d'État du 2 décembre*, p. 27. Édition 1868 (Tome VII des *Œuvres complètes*).

vention de l'État pour introduire plus de justice dans les rapports sociaux, mais limitant, pour le moment, leur ambition à rendre viable la République. Ils étaient donc prêts à résister aux aventures périlleuses, craignant, par des mesures trop rapides, de faire naître de nouvelles inquiétudes dans la bourgeoisie, de rendre suspecte, donc impossible, la nouvelle forme de gouvernement.

Il ne pouvait donc y avoir, pour les réformes, aucune unité, aucun plan d'ensemble, et, en dehors du désir d'améliorer le sort des travailleurs, il est difficile de déterminer une tendance précise du Gouvernement Provisoire indiquant de quels moyens il comptait user pour y arriver. Ce n'est pas la vaine déclaration du droit au travail, dans laquelle les membres du Gouvernement « virent, sans doute, seulement un témoignage de sympathie à la cause du prolétariat (1) », qui pourrait nous guider. Quoique obtenue sous la pression de la foule en armes et sur la proposition de Louis Blanc, la promesse de « garantir l'existence de l'ouvrier par le travail » semblait être cependant l'expression naturelle des idées républicaines, expression tellement peu hasardeuse que la *Revue des Deux Mondes*, elle-même, approuvait le Gouvernement Provisoire : « Personne n'a pu nier en principe, depuis que la pensée française a commencé l'émancipation politique, le droit des individus et des masses au bien-être comme

---

1. Pour cette division entre les membres du Gouvernement, Cf. Louis Blanc. *Hist. de la Rév. de 1848*, éd. 1871. Introduction, p. VIII.

récompense de leur travail. » Mais ce décret, vite interprété de façons opposées, ne prévoyant aucun moyen pour assurer son exécution, ne peut être considéré comme une expression décisive des tendances interventionnistes du Gouvernement Provisoire.

Il semble au contraire qu'une indication plus nette pourrait être fournie par le décret du 28 février-2 mars créant la Commission de Gouvernement pour les travailleurs. Rendu après une vive discussion, au risque d'amener une nouvelle révolution en refusant à Louis Blanc, interprète des sentiments populaires et malgré la menace de sa démission, la création d'un ministère du Progrès, le décret, qui a pour origine une proposition transactionnelle de Garnier-Pagès, dont les opinions étaient pourtant modérées, est accompagné de considérants suffisamment explicites pour prouver que le Gouvernement Provisoire tout entier était résolu à recourir à la loi pour améliorer le sort des travailleurs (1).

1. Décret du 28 février-2 mars 1848. « Considérant que la Révolution, faite par le peuple, doit être faite pour lui ; qu'il est temps de mettre un terme aux longues et iniques souffrances des travailleurs ; que la question du travail est d'une importance suprême ; qu'il n'en est pas de plus haute et de plus digne des préoccupations d'un gouvernement républicain : qu'il appartient surtout à la France d'étudier ardemment et de résoudre un problème posé aujourd'hui chez toutes les nations industrielles d'Europe ; qu'il faut aviser sans le moindre retard à garantir au peuple les fruits légitimes de son travail ;

Le Gouvernement provisoire... décrète : Une Commission permanente qui s'appellera Commission de Gouvernement pour les travailleurs, va être nommée avec mission expresse et spéciale de s'occuper de leur sort... »

Il y reconnaît le droit du peuple vainqueur, l'injustice de ses souffrances, et affirme sa volonté de résoudre le problème du travail. Condensant toutes les critiques adressées au régime économique du moment, le Gouvernement s'engage à le modifier, à « garantir sans retard au peuple les fruits légitimes de son travail », et charge cette nouvelle institution d'étudier toutes les questions relatives au travail et d'en préparer la solution dans un projet qui sera soumis à l'Assemblée Nationale (1). »

Mais faut-il vraiment considérer ce programme donné par Louis Blanc, membre du Gouvernement Provisoire, aux délibérations de la Commission du Luxembourg, comme l'expression exacte des projets d'intervention du pouvoir ? Le Gouvernement Provisoire n'a-t-il pas agi encore, en rédigeant ce décret, sous la poussée d'événements auxquels il se trouvait incapable de faire face, n'était-ce pas une simple preuve de bonne volonté qu'il voulait donner pour adoucir le refus d'une demande populaire ? Telle semble bien être l'opinion générale : ce ne serait « qu'un expédient politique destiné à détourner l'activité des socialistes, à mettre au jour les illusions décevantes que cachent leurs théories et à ruiner le prestige de leurs chefs (2) ». Mais faut-il accepter sans restriction, ainsi qu'on le fait généralement avant d'aboutir à cette conclusion, les dépo-

---

1. Extrait du procès-verbal de la séance du 1er mars de la Commission de Gouvernement pour les travailleurs. *Mon.*, 3 mars, p. 530. col. I.

2. Cahen. Louis Blanc et la Commission du Luxembourg. *Annales de l'École des Sciences Politiques*, 1897, p. 190.

sitions de Dupont de l'Eure à la commission d'enquête sur les Journées de Juin, ou le récit de Marie, rapporté par Émile Thomas (tous deux adversaires des doctrines socialistes et ennemis de Louis Blanc), ou encore donner une entière créance aux confidences de Lamartine notées par Lord Normanby (malgré les très nombreuses inexactitudes que présente son journal)? Il nous semble vraiment que non, car si les membres du Gouvernement Provisoire se sont expliqués sur la création de la Commission du Luxembourg, c'était après les Journées de Juin et la plupart devant la commission d'enquête. L'on peut vraisemblablement croire qu'ils cherchaient alors à éluder le plus possible de leur responsabilité même indirecte dans ces événements sanglants. Et ce qui nous pousse à adopter cette opinion, c'est qu'ils ont eu encore la même attitude humiliante dans une autre circonstance, pourtant moins tragique. Ils ont gardé le silence pour ne pas se compromettre quand Pierre Leroux, dans la discussion du projet d'abrogation du décret du 2 mars, leur reprochait leur affectation à présenter ce décret comme l'œuvre exclusive de Louis Blanc. Quand il s'est agi de défendre cet acte « auquel chaque membre du Gouvernement Provisoire avait prêté l'appui de son nom et, apparemment du moins, le sceau de sa conscience » (1), aucun n'a

1. *Moniteur*, 21 août 1843, p. 2225, col. 2. Discours de Pierre Leroux. Même silence aussi quand le même jour, Garubon demande aux membres du Gouvernement provisoire et notamment au citoyen Marrast « si, lorsqu'il a signé le décret du 2 mars, il a eu l'intention de servir la cause de l'humanité ou si au contraire il a voulu tromper le peuple en l'abusant ».

osé dégager sa responsabilité d'un tel acte, ni surtout en revendiquer sa part.

Ainsi, quoique devenue peu à peu la tribune du socialisme, redoutable pour le pouvoir même qui l'avait instituée à cause de son influence sur les masses, la Commission de Gouvernement pour les travailleurs semble être, à l'origine, l'expression exacte des intentions du Gouvernement Provisoire à l'égard des ouvriers (1). S'il ne voulait « créer un ministère qui fût celui de l'avenir, remplacer par une organisation paternelle du travail l'anarchie qui couvait sous son vaste désordre l'oppression de la multitude (2) », il se mettait sans tarder à la recherche des remèdes capables de diminuer les souffrances causées par le régime économique, il affirmait son désir de résoudre la question du travail avec le concours des travailleurs eux-mêmes.

Le seul résultat effectif de cette collaboration du Gouvernement provisoire et de la Commission du Luxem-

1. Telle semble être aussi l'opinion de M. Georges Renard : « On s'est demandé s'il fallait voir une machiavélique intention dans l'acte par lequel les modérés du Gouvernement Provisoire déportaient ainsi du Luxembourg les deux plus hardis de leurs collègues (Louis Blanc et Albert, l'un président, l'autre secrétaire de la Commission). Cela est possible ; mais il est aussi permis de croire que ce fut un expédient dont personne sur le moment même, pas plus Louis Blanc que Lamartine, ne mesura l'exacte portée, et, ce qui semble le prouver, c'est l'inquiétude que provoque bientôt cette commission du Luxembourg chez ceux mêmes qui l'avaient instituée, et l'effort qu'ils firent pour en neutraliser l'influence. » *Histoire socialiste*, tome IX, p. 9.

2. Parole de Louis Blanc interprétant la demande du Ministère de Progrès ; Garnier-Pagès, *op. cit.*, p. 183 ; Louis Blanc, *op. cit.*, t. I, p. 134.

bourg a été la promulgation du décret du 2 mars fixant des limites à la durée de la journée de travail. Ce n'est plus en faveur d'une catégorie particulière d'ouvriers que les législateurs interviennent, ni sous l'influence exclusive de l'idée charitable ou de considérations humanitaires résultant de la publicité donnée aux souffrances des travailleurs, mais le décret est rendu au nom de leur dignité d'homme (1).

Quoique les préoccupations du Gouvernement, s'efforçant de maintenir l'ordre jusqu'à la réunion d'une assemblée régulièrement constituée, ne lui aient pas laissé la possibilité de profiter des autres travaux de la Commission du Luxembourg, il ne faut pas croire qu'il ait renoncé à son rôle tutélaire. Le caractère social dont il aurait voulu marquer ses réformes, est affirmé dans le rapport que Dupont de l'Eure faisait, le 6 mai 1848, à l'Assemblée Constituante, sur les actes du Gouvernement Provisoire : « La Révolution accomplie par le peuple, disait-il, devait s'organiser selon nous au profit du peuple par une série continue d'institutions fraternelles et tutélaires, propres à conférer régulièrement à tous les conditions de dignité individuelle, d'instruction, de salaires, de moralité, d'éléments de

1. « Considérant... 1° qu'un travail manuel trop prolongé, non seulement ruine la santé du travailleur, mais encore en l'empêchant de cultiver son intelligence porte atteinte à la dignité de l'homme.. »

A quelques mois d'intervalle, le *Journal des Débats* jugeait ce décret, le 4 mars, comme « opportun et bien conçu, il ne contient rien que chacun désormais ne doive professer », et le 31 août, au contraire, « ce décret est à coup sûr un de ceux qui ont fait le plus de mal à notre pays ».

travail, de secours et d'avènement à la propriété qui supprimassent le nom servile de prolétaires et élevassent les travailleurs à la notion de droit, de devoir et de bien-être des premiers-nés de la propriété (1). »

L'Assemblée Constituante, quoique composée en majorité d'éléments modérés, semble avoir adopté d'abord pour programme la déclaration que Dupont de l'Eure lui avait faite le 6 mai. Si le 10 mai, lorsqu'elle refuse de créer, à la suite d'une nouvelle demande de Louis Blanc, un ministère du Progrès, elle nomme parmi ses membres un Comité du Travail, c'est qu'il paraît nécessaire d'aboutir rapidement à la réalisation des réformes promises. Ce n'est pas que la Constituante s'effraie du plan de réformes proposé par Vidal et Pequeur au nom de la Commission du Luxembourg (2), ou qu'elle ait voulu ouvertement se substituer à elle, mais puisque la Commission s'était écartée de la tâche qui lui avait été proposée, puisqu'elle avait démontré « que les

---

1. *Mon.*, 48, p. 968, col. 1. En comparant ces paroles avec celles que Louis Blanc prononçait dans la même occasion, on voit quel abîme séparait les partisans de la République, des partisans de la République sociale. « Ce que nous avons dit, ce que nous soutiendrons, c'est que l'État doit intervenir entre le faible et le fort pour protéger le faible, c'est que l'État a un devoir de tutelle à remplir envers les ignorants, envers les pauvres, envers tous ceux qui ont besoin de protection, envers tous ceux qui souffrent ; l'État tuteur ; l'État donnant le crédit non plus seulement au riche, mais au pauvre ; l'État intervenant dans l'industrie, non pour la désorganiser, mais pour la régler ; non pour l'accaparer, mais pour en exclure le principe d'antagonisme. » *Mon.*, 48, p. 969 et 970.

2. Exposé général. *Moniteur*, 48, 27 avril, 2, 3 et 6 mai.

éléments dont elle était composée ne lui permettaient pas de faire quelque chose (1) », la Constituante reprend tout entière, l'initiative des lois sociales. Mais modérée, décidée dès sa réunion à éviter les échecs auxquels elle risquerait d'aboutir en voulant mettre en application des théories hasardeuses, elle entend ne procéder que peu à peu aux réformes.

La question de l'intervention tutélaire de l'État lui est posée pour la première fois, très nettement, dans le projet d'Alcan du 30 mai, destiné à favoriser par des encouragements en argent l'Association ouvrière. Il ne s'agit plus ici d'en reconnaître la liberté ou d'en proclamer les avantages, mais bien d'expérimenter ce que les réformateurs de toutes les écoles présentent depuis vingt ans comme un moyen infaillible de régénération sociale. Le rapporteur, Corbon, au nom de la Commission des travailleurs, précise le rôle du législateur : si, dans le projet, le système des prêts en argent a remplacé celui des primes, c'est la conséquence de cette idée que l'État ne doit pas agir tout seul ; il ne doit pas non plus se contenter d'assister aux efforts des travailleurs essayant de passer de la condition de salariés à celle d'associés volontaires, mais il doit aider les ouvriers en proportion de leurs efforts (2).

1. Séance 10 mai 1848. Peupin, membre de la Commission du Luxembourg et ouvrier. *Mon.*, 11 mai, p. 1008.

2. Dans l'Instruction pour l'exécution du décret de l'Assemblée nationale du 5 juillet 1848, concernant les associations librement contractées entre ouvriers ou entre ouvriers et patrons, le ministre Tourret s'exprime ainsi : « L'Assemblée nationale, pénétrée du désir de voir

Telle semble être la façon dont l'Assemblée Constituante comprend l'intervention de l'État. Mais comme il ne s'agit ici que d'une loi particulière, il se peut que la faveur unanime dont jouissait l'association ouvrière envisagée comme moyen de rénovation pacifique de la société, ait empêché de se manifester des différences d'opinions relatives à l'étendue du rôle de l'État.

Une partie de la discussion du projet de Constitution, quand il s'est agi de déterminer l'étendue de ce droit au travail que le Gouvernement Provisoire avait reconnu, et toutes les discussions relatives aux propositions d'abrogation du décret du 2 mars (1), sont dominées par la question du principe de l'intervention de l'État. Dans les deux cas, la question est posée au point de vue théorique et nous pourrons, en les étudiant simultanément, préciser quelle était vraiment la doctrine de l'Assemblée Constituante.

Avant les journées de Juin, le projet de constitution affirmait ce devoir d'intervention de l'État pour garantir le droit au travail et à l'assistance : « la Société

s'améliorer la condition des travailleurs et du devoir qui lui est imposé de concourir... à faire passer les travailleurs de l'état de salariés à l'état d'associés volontaires, a voulu encourager l'esprit d'association... Considérant que si, pour réaliser les progrès sociaux, l'intervention de l'État est souvent utile et quelquefois nécessaire, le rôle de l'État, néanmoins, n'est toujours que secondaire et de beaucoup inférieur à celui qui est réservé aux travailleurs eux-mêmes .. » Mon., 12 juillet 1848; de même, rapport Corbon, Mon., 48, p. 1482 et 1564.

1. Proposition d'abrogation « comme nuisible aux intérêts de l'industrie et contraire à la liberté du travail ». Tourret, ministre du Commerce.

doit, par tous les moyens productifs et généraux dont elle dispose et qui seront organisés ultérieurement, fournir du travail aux hommes valides qui ne peuvent s'en procurer autrement (1). » Mais l'insurrection née dans ces ateliers nationaux où certains avaient voulu voir la consécration du droit au travail, avait compromis le droit au travail lui-même, et fait tomber l'enthousiasme de beaucoup de ses partisans. Aussi pendant la discussion du projet de constitution et les délibérations relatives à l'abrogation du décret du 2 mars, nous trouvons en présence deux théories opposées quant au rôle à reconnaître à l'État.

Les partisans de la politique d'abstention de l'État en matière économique, se présentaient comme les défenseurs de la liberté de l'industrie et de la dignité de l'ouvrier. L'intervention de l'État ne serait-elle pas, d'après eux, un retour au colbertisme et n'aurait-elle pas comme conséquence, au lieu de rendre plus stables les conditions du travail (ce qui est le fond de toutes les réclamations ouvrières), de gêner la production, donc de rendre pire le sort des travailleurs (2), et de déclarer incapables de gérer leurs affaires individuelles ceux-

1. Premier projet de constitution, art. 9 (lu à l'Assemblée Constituante. Discussion du droit au travail, le 23 juin).

2. Séance 4 septembre 1848. Léon Faucher. Discussion reproduite dans le *Bulletin de l'Inspection du Travail*, 1900, p. 438. A ceux qui invoquent la dégradation physique de l'ouvrier pour demander le maintien de la réduction de la durée du travail, Léon Faucher répond que la cause en est dans « l'exploitation de l'enfant », et il propose même « de reprendre une partie de cette tutelle que la famille n'exerce pas comme elle le devrait ». *Ibid.*, p. 427.

là mêmes que la révolution vient d'émanciper dans l'ordre politique.

Dans le camp adverse, on opposait à ceux qui faisaient remonter aux dernières interventions législatives la responsabilité du désordre économique, que la raison d'être de la République était de faire de l'État « l'agent de la solidarité qui unit les membres d'une même société (1). » C'est au nom des principes d'égalité et de liberté qu'ils attribuaient cette fonction à l'État : « Les lois, disait Pierre Leroux (2), n'ont pas d'autre but que de veiller sur la conservation de la vie des hommes et d'empêcher que l'on ne porte atteinte en leur personne à la dignité humaine. » « Dans l'état actuel de la société et de la législation, disait Beaumont de la Sarthe au cours de la discussion sur le droit au travail, les ouvriers ne jouissent pas de la liberté du travail, ils sont sous la pression du maître, la loi autorise toutes sortes de moyens entravant leur liberté, ainsi les livrets, les règles contenues dans le Code civil, l'interdiction de l'association entre les travailleurs, l'absence d'instruction professionnelle, tout est arrangé pour enchaîner leur liberté et leur refuser les moyens d'acquérir. Voilà ce à quoi il faut pourvoir. »

Entre ces idées extrêmes, la majorité de la Cons-

1. Georges Renard, t. IX de *l'Histoire Socialiste*, p. 262.

2. Séance du 30 août 1848. *Bulletin de l'Inspection du Travail*, 1900, et Pierre Leroux déclare que sont des « délinquants ceux qui encouragent ou tolèrent un travail évidemment homicide. Vous n'avez pas le droit d'attenter à la vie de votre semblable même avec son consentement. La loi vous le défend. » P. 367.

tituante a adopté un compromis : ce n'est plus la question abstraite d'égalité, de liberté ou de dignité individuelle,qui fera admettre par le législateur l'intervention de l'État, ni la crainte d'un colbertisme exagéré et de ses conséquences qui lui fera fixer une limite. Mais c'est la nécessité pour la Société, dans son intérêt, de laisser à l'ouvrier la possibilité de se perfectionner moralement et intellectuellement (1),de ne pas abdiquer son devoir de protection et d'humanité. « Dès qu'on reconnaît à l'État le droit de disposer des forces générales d'un pays, c'est-à-dire probablement de les conserver, il faut reconnaître aussi que l'État a le droit de veiller sur la santé et la moralité publiques (2). » « Nous devons intervenir, disait Sénart, le ministre de l'Intérieur (3), quelle que soit la nature du contrat toutes les fois que l'intérêt de l'humanité est compromis. Nous avons reçu la mission de protéger la société tout entière, de veiller surtout sur l'homme qui ne peut

1. Corbon. Séance 4 août. *Bulletin de l'Inspection du Travail*,1900, p. 444. Pascal Duprat qui avait été rapporteur de la proposition d'abrogation du décret du 2 mars, basait la nécessité de cette abrogation sur les résultats désastreux pour l'industrie, qu'on avait attribués à la règle nouvelle. Il reconnaissait cependant qu'une réforme pouvait être « nécessaire au développement intellectuel et moral des classes laborieuses, car l'extrême fatigue abaisse l'homme ainsi que l'extrême misère et l'empêche de vivre de cette vie supérieure qui l'élève au-dessus des brutes. » *Ibid.*, p. 360.

2. Séance 8 septembre 1848. Stourm. *Mon.*, 48, p. 2362, col. 2.

3. Sénart. 4 septembre 1848. *Moniteur*, 48, p. 442, 443. « N'intervenons pas dans le contrat pour en dicter les conditions commerciales, mais veillons à ce qu'il ne se passe jamais qu'avec des conditions humaines », dit-il encore, 31 août 1848. *Ibid.*, p. 420.

trouver ses moyens d'existence que par son travail. »

Au profit de qui le législateur allait-il user de ce droit d'intervention ? Au profit des mineurs seulement et des femmes, comme l'admettaient Léon Faucher et Wolowski, quoique défenseurs acharnés des doctrines individualistes, ou de tous ceux que leur situation économique place dans l'impossibilité de défendre efficacement leurs droits? C'est la seconde solution qui a prévalu malgré la vive opposition de la minorité.

Si le bilan de la législation ouvrière de la Constituante ne comprend que la loi du 9 septembre 1848, abrogeant le décret du 2 mars mais imposant la limite de douze heures à la durée du travail dans toutes les industries, la loi du 5-11 juillet 1848 encourageant l'association ouvrière, et celle du 27 mai-5 juin 1848 réorganisant les conseils de prud'hommes, il ne faut pas oublier que pendant sa courte durée, elle a signalé et mis à l'étude beaucoup de réformes : création d'une inspection chargée de veiller à l'exécution des lois sur le travail, repos hebdomadaire, etc. (1). On aurait donc

1. 13 mai 1848. « Dans toutes les communes où s'exercent diverses professions, il pourra être créé sur la demande des parties intéressées et sur l'avis des autorités locales des conseils de prud'hommes spéciaux chargés de veiller à l'exécution des lois sur le travail. » Il n'y eut pas de débats pour ce projet d'inspection du travail. Leblond demande qu'on réorganise les conseils de prud'hommes « en harmonie avec les principes de fraternité et d'égalité », « car cette réforme peut déterminer beaucoup d'ouvriers à rentrer dans le travail ». *Mon.*, 25 mai, p. 1165. Des propositions des 2 et 8 juin (*Mon*, p. 1241 et 1327) tendant à ranger les établissements qui emploient des moteurs puissants hydrauliques ou à vapeur parmi les établissements insalubres, —

pu s'attendre à les voir aboutir par les soins de l'Assemblée Législative. Mais la peur du socialisme avait uni les partis réactionnaires contre les républicains divisés et amené au Parlement une majorité ultra-conservatrice vite exaspérée par le succès des candidatures les plus avancées aux élections complémentaires de 1850.

Il y eut, du reste, dès son origine, peu d'illusion sur l'avenir des réformes, et, dès le 15 avril 1849, le *Journal des Économistes* craint bien « qu'il ne sorte que de tristes mesures économiques d'une pareille réunion, au sein de laquelle toute idée de progrès sera considérée comme une innovation dangereuse, comme du socialisme (1) ».

Par crainte de donner une base légale aux réclama-

---

et à faire adopter le principe d'une indemnité pour les accidents qu'ils occasionnent. — est prise en considération Une proposition est aussi émise (*Mon.*, 9 juin, p. 1306) tendant à accorder un privilège pour son salaire en cas de faillite du patron (repris le 15 juillet). Au cours de la discussion de la loi du 9 septembre deux amendements ont été déposés, l'un tendant à limiter à 72 heures la durée hebdomadaire de travail de l'ouvrier, l'autre à fermer les ateliers le dimanche (9 septembre 1848. *Mon.*, p. 2384, col. 2).

1. Le chroniqueur du *Journal des Économistes*, le 15 avril 1849, p. 104, décrit l'état des partis et « tire l'horoscope » de la future Chambre : « Les uns craignent ou espèrent un retour complet vers la forme monarchique ; d'autres, et nous sommes de ce nombre, pensent qu'il dépend seulement des socialistes violents de précipiter la France dans de nouvelles révolutions, à la suite desquelles surgira soit le despotisme rouge, soit le despotisme blanc, soit le despotisme bleu... Quant à la Chambre future, on peut dire que la Chambre des députés d'avant la Révolution avait plus d'intelligence que de bonne volonté ; que l'As-

tions des malheureux, elle méconnaît l'œuvre de la
Constituante, en ne voulant même pas nommer un comité pour s'occuper de la question ouvrière, en refusant toute subvention aux associations de production
dont la création avait été encouragée en 1848, en laissant volontairement tomber en désuétude la loi du
9 septembre 1848 (1). Et cependant, des mesures votées sans ordre ni plan général (loi du 27 novembre
1849 qui soumet aux mêmes prohibitions les coalitions
entre ouvriers et entre patrons ; loi du 14 mai 1851
sur les livrets ouvriers, réalisant les améliorations votées en 1846 par les pairs, qui précise les cas de réten-

semblée nationale a eu plus de bonne volonté que d'intelligence, et
que l'Assemblée législative aura à la fois moins d'intelligence et
moins de bonne volonté que les deux autres. »

1. Le Gouvernement se montra un adversaire entêté de l'intervention de l'État dans le contrat de travail, malgré les vœux des industriels voyant dans la limitation des heures de travail un frein à la concurrence et à la surproduction. Pour préparer le décret réglementant
l'application de la loi du 9 septembre 1848, le ministre Dumas fit appel
à une commission de commerçants et d'industriels, qui demanda la
eréation d'un service d'inspection chargé de faire appliquer en même
temps la loi de 1841. Mais l'opposition gouvernementale se manifesta
dans le rapport Charton, au Conseil d'État, qui repoussa, non seulement toute mesure de police et de surveillance, mais les exceptions
qui avaient été introduites pour réduire la durée du travail des ouvriers employés à des travaux insalubres. Le décret du 17 mai 1851
rendu par le ministre Buffet, laissait toute liberté pour violer la loi.
Une nouvelle protestation du département du Nord fit commencer
une nouvelle enquête en 1852. (Circulaire, 3 nov. 1852). Cf. *Bulletin
de l'Inspection du Travail*, 1900. Séance 31 août 1848. Discours de
Dupin, p. 401, et texte d'un projet de décret présenté par les filateurs
du Nord le 31 août 1848, *ibid.*, p. 550.

tion et les conditions de la remise, limite à 30 francs
les avances qui peuvent y être inscrites et à un dixième
la retenue sur le salaire que le nouveau patron devra
exercer pour rembourser l'ancien employeur ; la loi
du 4 mars 1851 sur l'apprentissage) (1), montrent que
la nécessité de la réglementation légale s'imposait à
tous ceux qui désiraient améliorer le sort des ouvriers,
Tel était du reste l'avis de la plupart des industriels
et des corps constitués : la réforme complète de la législation ouvrière était à entreprendre. En 1850 le Conseil général de l'Agriculture, de l'Industrie et du Commerce, non seulement réclame l'application de la loi
du 9 septembre 1848, mais demande l'extension de cette
mesure à tous les ateliers, la réduction des heures de
travail et des mesures protectrices pour les enfants et
les femmes, l'obligation du repos hebdomadaire, la
création d'une inspection salariée (2).

Mais la lutte toujours plus âpre entre la majorité de
l'Assemblée Législative, menacée par l'union tardive
des républicains, — contre lesquels elle a déjà supprimé
en fait le suffrage universel — et le Prince Président,
relègue au second plan les projets intéressant l'état éco-

1. L'Assemblée législative, sous l'inspiration d'Armand de Melun et
de a Société d'Économie Politique Chrétienne, vota des mesures sociales inspirées par des idées de prévoyance et de charité, et discuta
la loi sur l'enseignement obligatoire, dont on espérait qu'un de ses
résultats indirects serait d'interdire l'atelier aux enfants trop jeunes.
Cf. Ferdinand Dreyfus, *op. cit.*, p. 139.

2. *Journal des Économistes*, 15 juin 1850, p. 289, et spécialement
p. 293 ; Mataja. Les origines de la protection ouvrière en France. *Revue d'Écon. polit.*, 1896, p. 256.

nomique de la classe ouvrière. La lutte politique fait oublier les préoccupations sociales, et, le 2 décembre, l'Assemblée Législative tombe « après une campagne de trente mois contre les institutions qu'elle était chargée de défendre (1) ».

1. Proudhon, *La Révolution sociale...* p. 55.

CHAPITRE III

Les idées économiques
du prince Louis-Napoléon Bonaparte

Malgré la crainte du socialisme les tendances interventionnistes avaient donc réussi à se maintenir dans l'Assemblée Législative. Qu'allaient-elles devenir sous le nouveau régime sanctionné par le plébiscite ? Que pouvait-on attendre de l'homme qui avait surgi, populaire, en pleine révolution et qui venait de réunir sur son nom plus de huit millions de suffrages provenant de tous les partis ?

Pour comprendre les variations de la politique sociale du Second Empire, il est nécessaire d'étudier d'abord quels éléments ont créé la popularité du prince Louis-Napoléon Bonaparte et comment il a pu grouper les votes des partis les plus contradictoires.

Un élément primordial dans les divers succès électoraux du prince Louis-Napoléon était certainement son nom. Car, dans les milieux populaires, au souvenir du premier Empire était joint celui de la gloire, des honneurs auxquels, par l'armée, tous pouvaient alors parvenir, tandis que sous les régimes suivants les pauvres, ouvriers ou paysans, avaient été écartés de toute participation directe ou indirecte aux affaires du pays.

L'Empire était aussi devenu le symbole d'une époque de liberté, de libéralisme. Unis dans la même opposition, fréquentant les mêmes sociétés secrètes, impliqués souvent dans les mêmes poursuites, bonapartistes et républicains (ceux-ci pensant, après 1830, n'avoir plus à redouter une restauration impériale), faisaient campagne côte à côte contre le Gouvernement de Juillet, au nom de la liberté et des intérêts de la démocratie.

Dans les campagnes, au souvenir de l'Empire se rattache celui de l'affranchissement du sol, de la consolidation des petites propriétés foncières provenant du morcellement des grands domaines. et, particulièrement dans le Midi, persiste encore la mémoire des violences politiques de la Restauration. La légende napoléonienne domine les masses, et en 1852 Proudhon a pu légitimement dire : « Le peuple ne sait que deux choses, le bon Dieu et l'Empereur, comme jadis il ne savait que le bon Dieu et Charlemagne (1). »

Le prince Louis-Napoléon contribuait personnellement, lui aussi, à cette propagande favorable à sa propre cause. Cachant derrière un mélange d'opinions démocratiques, de doctrines socialistes, d'appels à la

---

1. Proudhon. *La Révolution sociale...* p. 56 ; de même Renan : « C'est un des bienfaits de l'Empire d'avoir donné au peuple des souvenirs héroïques et un nom facile à comprendre et à idolâtrer. Napoléon, si franchement adopté par l'imagination populaire, offrant un grand objet d'enthousiasme national, aura puissamment contribué à l'exaltation intellectuelle des classes ignorantes : il est devenu pour elles ce que Homère était pour la Grèce, l'initiateur des grandes choses, celui qui fait tressaillir la fibre et étinceler l'œil. » *Questions contemporaines*, note à l'État des Esprits en 1849, 3ᵉ édition, p. 320.

souveraineté du peuple, le dogme de l'hérédité impériale, il s'adressait uniquement aux classes populaires. Soit de l'exil, soit du fort de Ham où il fut interné six ans à la suite d'un coup de main malheureux, il paraphrasait dans des brochures ou dans des articles de journaux l' « idée napoléonienne ». Il représentait son oncle comme le restaurateur de l'ordre (1) et de la liberté, interrompu dans son œuvre au moment où il allait aboutir à l'établissement du suffrage universel (2); il en faisait « l'exécuteur testamentaire de la Révolution (3) ».

1. « Avec le nom de Napoléon on ne craint plus le retour de la Terreur, avec le nom de la République, on ne craint plus le retour du pouvoir absolu... Ne lui reprochez pas sa dictature (de Napoléon Ier)... elle nous menait à la liberté. » *Rêveries politiques* (écrites en 1832). « Quel était son but ? la liberté! oui la liberté! » *Idée Napoléonienne*, (1840). *Œuvres de Napoléon III*, t. I, p. 42. « L'idée Napoléonienne consiste à reconstituer la société française bouleversée par 50 ans de révolutions, à concilier l'ordre et la liberté. » *Idée Napol.*, VI, t. I, p. 8.

2. « Lorsque nommé consul à vie, il rétablit le principe du droit d'élection, il proféra ces paroles remarquables : Pour la stabilité du Gouvernement, il faut que le peuple ait plus de part aux élections. » *Idée Napoléonienne. Œuvres*, t. I, p. 160.

3. « Napoléon en arrivant sur la scène du monde, vit que son rôle devait être l'exécuteur testamentaire de la Révolution... L'Empereur a contribué plus que tout autre à accélérer le règne de la liberté en sauvant l'influence morale de la Révolution et en diminuant les craintes qu'elle inspirait... Sans le Consulat et l'Empire... la Révolution se serait noyée dans la contre-révolution, tandis que le contraire a eu lieu parce que Napoléon enracina en France et introduisit partout en Europe les principaux bienfaits de la crise de 1789. L'Empereur doit être considéré comme le messie des idées nouvelles. » *Ibid.*, p. 28-32. « Il opérait hardiment, mais sans désordre ni excès, la transition entre

Mais ces vues politiques qu'il faisait siennes et qu'il proposait discrètement de réaliser, devaient moins lui attirer les sympathies de la classe ouvrière que ses idées relatives à l'ordre économique. Car sa critique de l'état social portant sur les maux causés par la concurrence, le machinisme... avait de nombreux points communs avec celle des socialistes. Et, si l'on peut lui reprocher, quand il voulut déterminer par quels moyens il comptait réaliser l'amélioration du sort des ouvriers, d'être arrivé à un projet assez hétéroclite qui semble composé d'idées disparates empruntées aux autres réformateurs de la société, il aboutit cependant aux mêmes conclusions que les idéologues les plus populaires : la régénération de la société par l'intervention de la loi organisant le travail et favorisant l'association ouvrière (1).

C'est le Gouvernement qui, d'après le prince Louis-Napoléon, doit prendre l'initiative des réformes sociales pour lutter contre le paupérisme. Car tel est le mal dont souffrent les classes ouvrières, mal sans remède

les anciens et les nouveaux intérêts ; il jetait en France les larges fondements qui devaient assurer le triomphe de la révolution sociale et de la révolution politique.» *Ibid.*, p. 4.

1. « La classe ouvrière ne possède rien, il faut la rendre propriétaire. Elle n'a de richesse que ses bras, il faut donner à ses bras un emploi utile pour tous. Elle est comme un peuple d'ilotes au milieu d'un peuple de sybarites. Il faut lui donner une place dans la société et attacher ses intérêts à ceux du sol. Enfin, elle est sans organisation et sans liens, sans droit et sans avenir, il faut lui donner des droits et un avenir et la relever à ses propres yeux par l'association, l'éducation et la discipline. » *Extinction du paupérisme. Œuvres*, t. II, p. 117.

tant qu'il n'aura pas été combattu dans son principe :
l'industrialisme. « L'industrie, cette source de richesses, n'a aujourd'hui, ni règle, ni organisation, ni but...
Elle dépeuple les campagnes, agglomère les populations dans des espaces sans air, affaiblit l'esprit comme
le corps, et jette sur le pavé quand elle n'en sait plus
que faire, les hommes qui ont sacrifié, pour l'enrichir,
leur force, leur jeunesse, et leur existence (1). »

Pour y remédier, ce n'est pas à des restrictions à la
liberté de l'industrie qu'il faudra recourir, car ce serait mettre en péril son existence même, mais à l'association agricole. Quelle serait l'origine de cette association ? Le prince Louis-Napoléon le dit formellement :
la loi, qui la créerait et fournirait les fonds nécessaires
à sa réalisation. « C'est dans le budget qu'il faut trouver le premier point d'appui de tout système qui a
pour but le soulagement de la classe ouvrière ; le chercher ailleurs est une chimère (2). » Une partie de ter-
rains en friches appartenant à l'État, aux communes,
aux particuliers serait affermée par ces « colonies agricoles ». En temps de prospérité industrielle elles se
livreraient particulièrement à l'élevage et à la culture
des céréales (mais non de la vigne) (3) ; et aux mo-
ments de crise elle pourrait « offrir un refuge momen-
tané à cette masse flottante d'ouvriers auxquels la
prospérité de l'industrie donne une activité fébrile, et
que la stagnation des affaires ou l'établissement de nou-

1. *Ibid.*, t. II, p. 112.
2. *Ibid.*, p. 116.
3. *Ibid.*, p. 145-146.

velles machines plonge dans la misère la plus profonde (1) », en les employant, par des défrichements, à étendre son domaine.

Une telle association, dans laquelle le nombre des participants peut varier d'un moment à l'autre, doit être nécessairement soumise à une discipline rigoureuse. Qui sera investi de la responsabilité et de la force ? Une administration hiérarchique, issue du suffrage de tous les ouvriers et basée sur la création d'un corps de prud'hommes (élus à raison de un pour dix ouvriers et recevant un salaire double). Cette institution s'étendrait jusqu'à l'industrie privée et créerait entre employeurs et employés un échelon intermédiaire.

Aux fonctions des prud'hommes dans l'atelier, se joint celle de répartir les travailleurs tant entre les diverses colonies agricoles qu'entre les établissements de l'industrie privée, si leur nombre dépasse les besoins de l'entreprise. « Les prud'hommes seront les régulateurs de cet échange continuel (de travailleurs entre les villes et les colonies)... Les prud'hommes de l'industrie privée, au fait de tous les besoins de leurs subordonnés, partageront avec les maires des communes le droit d'envoyer aux colonies agricoles ceux qu'ils ne pourront pas employer. Les prud'hommes des colonies,

---

1. *Ibid.*, p. 127. Il se plaint aussi souvent du machinisme et propose des solutions radicales : « Il serait de toute justice d'établir en principe que toute invention qui enrichit les uns en privant les autres de travail, doit indemnité à ceux dont elle tue l'industrie. » Ham, 4 décembre 1843.

au fait de la capacité de chacun, chercheront à placer avantageusement dans l'industrie privée tous ceux dont elle aurait besoin (1). » Dans l'association agricole ces prud'hommes constituent la base de la hiérarchie.

Au-dessus d'eux, des directeurs, élus par les ouvriers et les prud'hommes, seraient chargés d'enseigner l'art de la culture des terres. Un gouverneur (élu lui-même par les directeurs et les prud'hommes), assisté d'un conseil composé pour un tiers de directeurs, les deux autres tiers de prud'hommes (cet ensemble formant l'administration) serait à la tête de la colonie. Les comptes annuels, imprimés, seront présentés annuellement à l'Assemblée générale des travailleurs et soumis au Conseil général du département qui approuvera la gestion ou cassera les administrateurs incapables.

Enfin, pour maintenir une harmonie complète dans le développement des diverses colonies qui composent l'Association générale, les gouverneurs se réuniraient tous les ans à Paris sous la présidence du ministre de l'Intérieur, et discuteraient quel emploi serait fait des bénéfices réalisés.

Car pour chaque colonie les bénéfices seraient énormes, puisqu'ils lui reviendraient intégralement, sans subir la division des revenus de la terre qui se partagent en trois parties, l'une pour nourrir les ouvriers travaillant le sol, l'autre pour le fermier, le troisième pour le propriétaire. « La classe ouvrière aura pour elle seule ces trois produits... ses bénéfices seront im-

1. *Ibid.*, p. 129 à 132.

menses et d'autant plus que, dans une association bien
établie, les dépenses sont toujours moindres que dans
les exploitations particulières (1). » Au reste, la vie
sera dure, dans la colonie, où tout le monde, employé
suivant ses forces, sera rationné et discipliné militai-
rement (2).

Mais aussi rigoureuse que puisse paraître une telle
organisation, il ne faut point voir dans cette hiérarchie
et dans cette réglementation minutieuse un instrument
d'oppression vis-à-vis des ouvriers. Provenant tous de
l'élection, les chefs n'auront en fait d'autres devoirs que
de « régulariser le travail et d'exécuter la volonté générale (3) ». Et cette discipline ne serait-elle pas la
vraie liberté ? Liberté d'autant plus grande que, grâce
à un système particulier de répartition, l'ouvrier ne
serait enchaîné à la colonie par aucun lien économique: en quittant l'atelier agricole pour rentrer à l'usine,
il ne perdrait aucun de ses droits au produit, même
différé, de son travail. « On prélèvera sur les bénéfices de
chaque établissement une somme destinée à créer une
masse individuelle. Ce fonds constituera une véritable
caisse d'épargne qui délivrera à chaque ouvrier au
moment de son départ une action dont le montant sera
réglé d'après ses jours de travail, son zèle et sa bonne
conduite (4). » Mais avant d'opérer ce prélèvement, une
part des revenus servira à assurer la nourriture des fa-

1. *Ibid.*, p. 134.

2. *Ibid.*, p. 132.

3. *Ibid.*, p. 132.

4. *Ibid*, p. 128.

milles des travailleurs, une autre à créer des œuvres d'assistance et à accroître sans cesse le capital et la puissance de l'association par l'achat de nouvelles terres.

Quels résultats le prince Louis-Napoléon attend-il de cette institution ? L'amélioration de la condition physique et morale des ouvriers, un développement considérable et harmonieux de toutes les branches de la production (1), en un mot l'extinction du paupérisme. Ce système d'échanges de travailleurs entre l'agriculture et l'industrie, doit être en effet particulièrement favorable à la santé des ouvriers qui se trouveront ainsi employés à un labeur salubre. D'autre part, le défrichement des terres incultes et l'accroissement des surfaces mises en cultures doivent retenir loin des agglomérations industrielles beaucoup d'individus qui, sans cela, auraient été grossir dans les villes la masse des sans-travail, « car il est sûr que l'ouvrier, certain de trouver dans les colonies agricoles une existence assurée, n'acceptera du travail dans l'industrie privée qu'autant que celle-ci lui offrira des bénéfices au delà de ce strict nécessaire que lui fournira toujours l'Association générale (2) ». Par ce système, l'équilibre entre l'offre et la demande du travail sera donc établi, et il n'y aura plus pour les ouvriers ni chômages redoutables, ni baisses de salaires, grâce à l'initiative des prud'hommes qui canaliseront utilement toutes les activités disponibles.

1. *Ibid.*, p. 144.
2. *Ibid.*, p. 128.

Bien plus, cette mise en valeur de sols neufs, cette reconstitution artificielle de la grande propriété collective (s'opposant au morcellement qui tend à ruiner l'agriculture), non seulement abaisserait sur le marché le prix du pain et de la viande, mais aussi augmenterait d'un quart la valeur du revenu brut de la France. Et cet accroissement de richesses donnerait à toutes les branches du travail national une activité immense (1). Car la stagnation des affaires, le fait qu'il y a « le dixième de la population qui meurt de faim en présence de millions de produits manufacturés qu'on ne peut pas vendre et de milliers de produits du sol qu'on ne peut consommer (2) », n'est pas causé par la surproduction industrielle, mais parce que la population ouvrière ne reçoit qu'un salaire trop faible pour satisfaire ses besoins. L'accroissement du revenu brut de la France dû à l'association agricole, se répartissant entre les membres de la classe ouvrière, augmenterait son pouvoir d'achat et donnerait ainsi une très grande intensité au commerce intérieur (3).

1. *Ibid.*, p. 144.

2. *Ibid.*, p. 148.

3. Il est intéressant de rapprocher de l'ensemble de ce projet, une proposition exposée par Vidal, au nom de Louis Blanc, à la Commission du Luxembourg : « Il faut peupler les campagnes désertes du trop-plein des villes ;... l'émigration volontaire d'un certain nombre de travailleurs aura pour résultat de rendre meilleure la condition des ouvriers des villes, de diminuer le nombre des bras sans emploi, d'absorber une partie du travail offert, par conséquent... de faire hausser le taux de la main-d'œuvre ou le prix des salaires. Il faut créer des ateliers ou des colonies agricoles. »

Le prince Louis-Napoléon, proposant un remède au paupérisme, un système destiné à améliorer le sort de la classe ouvrière, essayait, semble-t-il, de concilier dans ce projet nouveau les tendances des divers plans de réformes proposés de 1830 à 1840, mais qui comportaient tous comme moyen primordial l'association. Ainsi ces colonies agricoles qui doivent consacrer à l'augmentation de leur puissance économique une partie de leurs bénéfices, sans laisser aux travailleurs associés aucun espoir de partage du capital, ne ressemblent-elles pas à ces associations philanthropiques que Bucher et *l'Atelier* avaient conseillées ? Cette hiérarchie, créée par l'élection, mais quand même si despotique, semble très apparentée à celle que Fourier plaçait à la tête du phalanstère. Et même ce projet de colonisation agricole avait été depuis longtemps proposé par les sociétés d'économie sociale chrétienne et essayé avec succès en Hollande (1).

Si la première élection du prince Louis-Napoléon à l'Assemblée Constituante semble surtout due au prestige de son nom, il est certain que les idées sociales qu'il avait émises ont été un élément important de ses succès ultérieurs. Car la propagande bonapartiste qui s'organise subitement, ne se contente pas de remplir ses journaux de paroles plus ou moins authentiques de l'Empereur ou de critiques acerbes contre la royauté

1. Cf. Cahen. *L'économie sociale chrétienne et la colonisation sous la Restauration et la monarchie de Juillet. Revue d'Econ. Politique,* 1903, p. 530.

déchue. Mais elle présente comme l'interprète désigné des aspirations populaires, celui qui « dans les cachots de Ham, s'occupait de l'amélioration du sort de la classe ouvrière en faisant publier son ouvrage sur le paupérisme, ouvrage saisi par la police de Louis-Philippe (1) » ; elle en fait le champion des réformes sociales : « La République de Février a pour mission de prévenir la lutte entre le pouvoir et le peuple en organisant la Commune, en associant le capital et le travail... La véritable égalité est donc l'association du maître et du salarié : il n'y a pas de fraternité possible sous l'esclavage du salaire (2). » Sa popularité bénéficiait aussi dans les classes ouvrières de ses relations avec les chefs populaires, particulièrement avec Louis Blanc (3), — relations dont il faisait grand bruit, — et, aux élections de 1848, dans les ressemblements, les cris de : Vive Napoléon ! alternaient avec ceux de : Vive

1. Extrait d'une affiche annonçant la candidature de Louis Bonaparte, cité par Taxil Delord, t. I, p. 65, V^e édit.

2. Pour des extraits des journaux bonapartistes en 1848, Cf. Thirria. *Napoléon III avant l'Empire*, t. I, p. 275, 310, 312.

3. Après l'avoir raillé de ses échecs, Louis Blanc eut des entrevues avec Louis Bonaparte pendant l'internement de ce dernier au fort de Ham. « Il se mit à me parler de l'urgence des réformes sociales, et ses vues à cet égard ne me paraissaient pas beaucoup différer des miennes », écrivait Louis Blanc, *Hist. de la Révol. de 1848*, t. IV, p. 213-220. Lorsque Louis Bonaparte démissionna, après sa première élection à la Constituante, il alla à Londres et rendit visite à Louis Blanc qui s'y était réfugié après les journées de Juin. Aussi, au moment du coup d'État, le bruit de l'adhésion de Louis Blanc à la politique de Bonaparte, circulait si vivement que Proudhon s'informa directement auprès de l'exilé et en reçut une lettre de vives protestations. Cf. Proudhon. *Correspondance*, t. IV, p. 210 à 225.

Barbès ! « car les amis du prince pour trouver facilement accès auprès des ouvriers ont représenté leur patron comme le champion des idées socialistes (1) ».

Mais, pour chercher à se concilier les travailleurs, cette candidature ne devait pas effaroucher non plus les classes bourgeoises ; car si les partisans de Bonaparte promettaient aux ouvriers leur prochain affranchissement économique dans une société régénérée, ne garantissaient-ils pas aussi le maintien de l'ordre, la paix et une énergie suffisante pour terrasser le socialisme. « Le socialisme, la peur qu'il a inspirée à une partie de la nation sont pour beaucoup dans ce résultat », disait au lendemain de son élection à la présidence, le chroniqueur du *Journal des Économistes* (2).

Essayant ainsi de concilier en sa faveur des groupes aux opinions si diverses et aux intérêts si opposés, une extrême réserve lui était nécessaire quand les circonstances le forçaient à exposer ses projets de réformes ; le 27 novembre 1848, dans un manifeste préparant sa deuxième élection à l'Assemblée Constituante, il s'exprimait ainsi : « Encourager les entreprises qui, en développant les richesses de l'agriculture, peuvent... donner du travail aux bras inoccupés ; pourvoir à la vieillesse des travailleurs par des institutions de prévoyance ; introduire dans nos lois industrielles les améliorations qui tendent, non à ruiner le riche au profit du pauvre, mais à fonder le bien-être de chacun sur la

1. La Gorce. *Histoire du Second Empire*, t. I, p. 304.
2. *Journal des Économistes*, 15 déc. 1848, p. 120.

prospérité de tous », telles sont les grandes lignes de son programme. Et le *Journal des Économistes* trouvait « vagues et ressemblant à des formules de protocole (1) ».

Élu par des partis dont les souhaits étaient inconciliables il devait donc, pendant toute la durée de sa présidence, chercher à leur donner des raisons nouvelles de croire en lui. Mais ce n'était pas sur le terrain de la réforme sociale qu'il pouvait espérer créer entre eux une entente durable. Obligé de louvoyer, il promettait aux classes bourgeoises, effrayées du « Spectre Rouge » (2), la paix intérieure et extérieure nécessaire à la prospérité de leurs affaires, et seul, il leur semblait pouvoir les protéger contre les menaces de la démagogie (3). Aux ouvriers il annonçait de grands travaux leur assurant pour longtemps des salaires rémunérateurs. Mais surtout, tandis que la majorité de l'Assemblée Législative, hésitant à accomplir les réformes économiques préparées par la Constituante, et divisée sur la conduite à tenir aux élections de 1852, n'avait montré d'homogénéité que pour combattre, par

---

1. *Journal des Économistes*, 15 déc. 1848, p. 118.

2. Titre d'une brochure de Romieu, l'un de ses partisans.

3. « Le cri de réélection et de propagation des pouvoirs de Louis-Napoléon était poussé partout ; il l'était dans les conseils généraux, il l'était dans les campagnes, il l'était dans l'armée ; le même courant d'opinion qui en 1848 avait porté les masses vers Napoléon, — lequel n'était alors connu que par les plus détestables antécédents, — existait en 1851 car il avait pour mobiles la peur et la nécessité. » Odilon Barrot, *Mémoires*, t. IV, p. 116.

une nouvelle loi électorale (1), les candidatures républicaines, le Prince-Président, qui s'était tenu en dehors de la préparation de cette loi, eut l'occasion de se porter bruyamment comme défenseur des intérêts populaires et du suffrage universel. Le message qui inaugura la reprise des travaux législatifs, le 4 novembre 1851. dénonce ce conflit. Déjà, à Dijon, le Prince-Président... avait ouvertement annoncé sa campagne contre l'Assemblée Législative. « Depuis trois ans, dit-il, on a pu remarquer que j'ai toujours été secondé quand il s'est agi de combattre le désordre par des mesures de compression. Mais lorsque j'ai voulu faire le bien, prendre des mesures pour améliorer le sort des populations, je n'ai rencontré que l'inertie (2). »

Dans son message du 4 novembre 1851, il insiste encore une fois sur les « dissentiments regrettables » qui se sont élevés entre lui et l'Assemblée ; il affecte de grandes craintes pour l'ordre, il redoute une diminution de travail, une augmentation de la misère. Et il propose nettement le rétablissement du suffrage universel (3).

Cette question d'électorat alliait donc momentané-

1. La loi du 31 mai destinée à « moraliser le suffrage universel », proposée à la suite d'élections qui avaient augmenté de 20 membres le groupe des montagnards, avait été votée en trois semaines. Elle supprimait la capacité électorale pour plus de 3 millions d'électeurs, en exigeant d'eux un domicile continu de trois ans dans le canton, et en étendant beaucoup les cas d'indignité. Guizot lui-même estimait que l'on avait été trop loin. Odilon Barrot était inquiet.

2. Message, 4 novembre 1851. *Œuvres*, t. III, p. 222.

3. *Ibid.*, p. 248.

ment, par force, à l'Elysée, la minorité républicaine de l'Assemblée qui ne pouvait ni défendre une loi restrictive du suffrage universel ni combattre sans se nuire la réforme dont le Président prenait l'initiative. Quant aux ouvriers, lassés de privations et de luttes, satisfaits par la reprise commençante du travail et pleins de gratitude pour celui qui voulait leur faire rendre leurs droits politiques, ils abandonnent leur liberté à Louis Bonaparte (1), espérant qu'il pourra bien, enfin, leur donner ce « Gouvernement fort » que Louis Blanc désirait autrefois pour eux : « Un gouvernement fort, parce que dans le régime d'inégalité où nous végétons encore, il y a des faibles qui ont besoin d'une force sociale qui les protège... Nous voulons un gouvernement qui intervienne dans l'industrie parce que, là où l'on ne prête qu'aux riches, il faut un banquier social qui prête aux pauvres. En un mot, nous évoquons l'idée du pouvoir parce que la liberté d'aujourd'hui est un mensonge et que la liberté de l'avenir doit être une réalité (2). »

1. « Nous travaillons ! cela va bien ! nous disent les héros du faubourg de plus en plus fanatiques du régime impérial. » Proudhon. *Correspondance*, 11 déc. 1852, édit. 1875, t. V.

« La nation en ce moment est folle de peur des socialistes et du désir passionné de retrouver le bien être. En cet état, elle est incapable, et, je le dis à regret, indigne d'être libre. Et toute tentative qu'on ferait pour rétablir les institutions de la liberté, échouerait contre les idées et les mœurs. » Extrait d'une lettre de A. de Tocqueville du 13 déc. 1851. Cité par Pierre Marcel. *Essai politique sur A. de Tocqueville*, p. 447.

2. Louis Blanc. *L'Organisation du travail*. Introduction, p. XXIV et **XXV**.

Aussi le coup d'État semblait à la masse des électeurs (1), surtout aux 3 millions de paysans et d'ouvriers auxquels il proposait de rendre la capacité politique, une heureuse phase de la lutte du Président contre l'Assemblée réactionnaire, une garantie pour le maintien de la République.

1. « Louis Bonaparte apparaissait à la fois au peuple comme le défenseur de son droit, à la bourgeoisie comme le protecteur de ses intérêts. » Proudhon. *La Révolution sociale...* p. 43.

DEUXIÈME PARTIE

L'EMPIRE AUTORITAIRE

CHAPITRE PREMIER

Les mesures de défiance envers les groupements ouvriers

Le désordre des esprits, l'affolement des uns qui redoutaient un bouleversement économique, la colère des autres contre l'Assemblée, ouvriers et paysans qui préféraient se donner librement un maître que perdre l'égalité politique conquise par la dernière révolution, telles ont été en définitive les causes du succès du plébiscite.

Mais le régime nouveau, par cela même qu'il procédait du suffrage universel, ne pouvait être indépendant des partis qui en avaient amené le triomphe, ne pouvait leurrer complètement leurs espoirs, et l'Empire, dès son origine, allait se trouver engagé dans un conflit d'intérêts et de tendances où il était forcé de prendre parti pour se maintenir.

Entre des vœux opposés, quel devait être son choix ? Allait-il devenir cet empire démocratique qui semblait à Proudhon emprisonné, devoir dériver nécessairement des faits, allait-il chercher à « faire des citoyens avec les serfs de la glèbe et de la machine ; changer en sages des croyants ahuris ; produire tout un peuple avec les plus belles des races ; puis, avec cette génération transformée, révolutionner l'Europe et le monde (1) ». Allait-il au contraire continuer la lutte engagée par la Législative contre les idées de Février et évoluer vers l'établissement d'un régime analogue à celui de Juillet ?

C'est ce dernier parti que prit l'Empire ; il ne craignait en effet plus rien des classes ouvrières ou paysannes encore pleines d'enthousiasme pour celui qui s'était présenté à elles comme le candidat des réformes.

Privé de ses chefs dispersés, emprisonnés, exilés, le peuple ne pouvait protester utilement. Du reste, les classes populaires, depuis la répression de juin, n'osaient plus manifester d'exigences. On dirait presque qu'elles avaient oublié leur aspiration idéale vers l'égalité. Pendant toute la durée de l'Assemblée Législative, tous les partis de gauche s'étaient unis, et ce n'était plus pour essayer d'arracher des mesures économiques favorables aux classes ouvrières ; mais la lutte pour l'intégrité du suffrage universel, pour la liberté politique, était devenue presque leur exclusive préoccupation. Bien plus, les vœux mêmes des ouvriers font écho à ceux des classes conservatrices. Ils demandent eux aussi l'ordre, la paix intérieure qui, seule, pourra leur rendre le travail plus abondant et la vie moins dure après les années de crise que l'industrie vient de traverser.

---

1. Proudhon. *La Révolution sociale...* p. 80.

Car ils sont las d'agir par eux-mêmes, excédés de révoltes vaines et durement réprimées ; ils doutent de la République, ils ont perdu la confiance dans leur idéal, dans leurs chefs, en eux-mêmes, et attendent de la bienveillance de l'Empereur, l'amélioration de leur sort. Nul plus que Bonaparte ne s'est engagé envers eux ; ils se livrent à lui avec confiance, décourageant leurs anciens chefs. « Rien, rien à attendre du peuple », écrit Proudhon le 23 février 1852 (1) à ceux qui voudraient essayer encore quelque chose pour sauver la République.

Il n'est donc pas étonnant que le gouvernement impérial se soit d'abord orienté conformément aux désirs des « anciens partis », des légitimistes ou des bourgeois orléanistes, peu dangereux pour lui à cause de leur persistant antagonisme politique. Car ils s'étaient ralliés, eux aussi, mais sans confiance, à Bonaparte, n'attendant de lui que le rétablissement de l'ordre, quittes à se débarrasser ensuite de celui qu'ils avaient poussé en avant au moment du péril.

Comme ils paraissaient constituer dans la majorité plébiscitaire l'élément à la fois le plus instable et le plus fort (tant par leurs traditions auxquelles ils n'avaient point renoncé et leur étroite union avec l'Église, que parce qu'ils représentaient les grandes fortunes territoriales et mobilières, et qu'ils disposaient ainsi d'un puissant faisceau d'intérêts communs), toute la politique du commencement du Second Empire et particu-

_____

1. Proudhon. *Correspondance*, tome IV, p. 224, édition 1875.

lièrement sa politique sociale a dû leur être subordonnée. Aussi, quels qu'aient pu être les ambitions et les goûts de Louis Bonaparte, il lui fallait paraître décidé à accomplir dès son arrivée au pouvoir l'œuvre qu'ils attendaient de lui, c'est-à-dire écraser les menées républicaines et rétablir l'ancien ordre des choses, troublé par la Révolution de Février. A la crainte de mécontenter les anciennes classes dirigeantes, s'ajoutait une pression exercée sur Louis Bonaparte par les puissances étrangères craignant que l'avènement d'un régime **vraiment** démocratique, n'ait à l'étranger des répercussions semblables à celles qui avaient suivi 1830 et 1848. Aussi, avant de reconnaître la nouvelle forme du gouvernement, elles en exigèrent presque des **ga**ranties. « C'est dans cet ordre d'idées (pousser Louis Bonaparte à établir un gouvernement conservateur pour « rassurer les anciens souverains et les disposer à l'admettre des leurs »), que je travaille par l'intermédiaire de Flahaut, à lui faire comprendre qu'il est de son intérêt d'inspirer confiance à l'Europe, de faire oublier ce que son avènement a d'irrégulier et d'inquiétant, et à cet effet de donner à son pays des institutions aussi conservatrices que possible (1). » Il n'est donc pas étonnant que la législation ouvrière des premières années du Second Empire, ait eu pour caractère d'être répressive et d'être un essai de reconstitution de l'ancien ordre de chose économique.

Ayant pour mission d'anéantir toute l'œuvre sociale

---

1. De Hübner. *Mémoires*, 17 décembre 1851, t. I, p. 46-47.

de la Seconde République, il est naturel que le gouvernement dictatorial se soit d'abord attaqué à l'association : n'avait-elle pas été considérée comme le symbole d'un ordre de choses nouveau, le moyen entrevu
pour améliorer la situation économique des ouvriers en
les affranchissant progressivement du salariat. Depuis
longtemps, la majorité de l'Assemblée Législative l'avait
dénoncée comme étant le socialisme même, la cause
de « l'anarchie dans l'industrie (1) ». Si le gouvernement du coup d'État s'attaque tout de suite au principe
d'association, c'est que cette réaction contre les doctrines économiques des premiers temps de la révolution
lui semblait aussi nécessaire pour étouffer la propagande républicaine qui aurait pu persister dans les
groupements ouvriers (qu'il assimilait à peu près aux
sociétés secrètes) (2). Une action énergique devait
donc garantir la stabilité du gouvernement nouveau ;
de là le décret des 8-25 décembre 1851 (3) et celui du
25 mars 1852 qui abroge le décret de l'Assemblée Constituante du 28 juillet 1848.

L'ensemble des textes nouveaux supprime complè-

---

1. Thiers, dans les conclusions de son rapport sur l'Assistance publique, le 22 janvier 1850.

2. « Des faits déplorables, qui ne sont point oubliés ont montré ce
que le génie du mal savait tirer de l'Association pour la ruine du travail, la haine et la perte de la société. » Rapport de M. de Persigny,
sur les sociétés de Secours Mutuels, 26 mars 1852.

3. Le décret du 25 décembre 1851 donne à l'administration le pouvoir de fermer les cabarets, qui « sont devenus en grand nombre des
lieux de réunions et d'affiliation pour les sociétés secrètes et ont favorisé d'une manière déplorable les progrès des mauvaises passions. »

tement la liberté d'association proclamée par le Gouvernement Provisoire et la Constitution du 4 novembre 1848, liberté qui avait été déjà reconnue par l'Assemblée Constituante dans la loi du 28 juillet : elle n'avait établi, en effet, des restrictions à cette liberté que vis-à-vis des sociétés secrètes, qu'elle interdisait, ou des clubs qu'elle soumettait à certaines mesures de police administrative (déclaration, responsabilité du bureau).

A la suite du coup d'État, au contraire, la nouvelle Constitution ne dit mot de la liberté d'association et le décret du 25 mars 1852, rendu à la veille de la réunion des nouveaux corps de l'État, supprime formellement dans ses deux paragraphes les droits de réunion et d'association. Tous les groupements semblent donc de nouveau soumis aux articles 291 et suivants du Code pénal, et à la loi du 10 avril 1834 dont l'application se trouve facilitée par les mesures policières des 8 et 29 décembre 1851.

Cette législation restrictive, inspirée par des motifs politiques quoique applicable à toutes sortes de groupements, fut surtout appliquée aux groupements ouvriers. Mais elle ne pesa pas de la même manière sur toutes les variétés d'associations, selon leur vitalité et selon qu'elles semblaient plus ou moins imprégnées de l'esprit de 1848.

C'est ainsi que l'on voit les compagnonnages (1) à peu près indemnes de toute poursuite. S'ils ressemblent

1. Pour les détails sur les compagnonnages, Cf. Martin Saint-Léon. *Histoire des corporations de métiers*, et Office du travail. *Les Associations professionnelles ouvrières*, t. I.

aux sociétés secrètes par leurs rites jalousement tenus secrets et l'obligation au serment, ils doivent à ces formes traditionnelles d'avoir peu subi l'influence du mouvement social des années quarante. Ils ont, en plus, beaucoup perdu de leurs forces. Depuis le renouvellement de l'industrie par le machinisme et l'introduction de la division des tâches, le long apprentissage qui était la raison d'être du Tour de France, est moins nécessaire; car, dans beaucoup de professions, l'ouvrier se spécialisera dès son entrée à l'atelier ; les communications de toutes sortes étant devenues faciles, l'hospitalité de la Mère devient en même temps moins précieuse pour l'ouvrier errant. La déchéance déjà sensible de l'institution, une tradition ancienne montrant le compagnonnage admis par tous les régimes depuis la Révolution, le fait qu'il ne pouvait être mal vu des légitimistes ou des orléanistes aux yeux desquels il ne présentait pas le péril d'une nouveauté, expliquent les tolérances du gouvernement impérial.

Et cependant le compagnonnage n'a pas été complètement exempt de tracasseries policières ; en 1855, au moment où la préparation de l'Exposition Universelle raréfiait la main-d'œuvre disponible, se dessine un mouvement ouvrier tendant à créer une augmentation des salaires. La société l'Union, à laquelle on attribuait l'organisation des grèves qui éclatèrent alors, vit ses archives et sa caisse saisies dans toutes les villes où elle possédait des ramifications. Si à Paris, après une enquête de trois mois, elle put se remettre à fonctionner librement, il n'en fut pas de même dans plusieurs villes de province, particulièrement à Bordeaux où elle resta interdite pendant huit années (1), et à Marseille où le préfet confisqua définitivement la caisse avec les livres. La société ne put s'y reconstituer qu'en 1863, mais on lui interdisait de s'affilier avec des groupements étrangers à la ville et d'instituer en faveur de ses membres une caisse de secours en cas de chômages.

Tandis que l'ancienneté des compagnonnages leur avait valu une certaine indulgence de la part du gouvernement, la police impériale poursuivait au contraire avec une opiniâtreté implacable les autres formes d'association. Depuis que la République les avait laissé s'organiser et fonctionner librement, elles s'étaient développées d'une manière soudaine, inattendue. L'idée sociétaire ne hantait-elle pas depuis longtemps les travailleurs. Répandues dans les ateliers, ces idées d'associations devaient fatalement se résoudre d'abord en une tentative d'organisation de la classe ouvrière pour obtenir une modification des conditions du travail. Quel que soit le but avoué de ces groupements, sociétés de secours mutuels ou associations ouvrières de production, on pourrait se convaincre par leurs statuts et par leurs actes, que, pour la plupart, leur but dépasse la satisfaction des intérêts individuels, de leurs membres : c'est une préoccupation professionnelle (2) qui les unit,

1. Lexis. *Gewerckvereine und Unternähmervebände in Frankreich*, p. 144.

2. Dans les rapports des délégations ouvrières à l'Exposition de Londres en 1851, cette idée de la nécessité d'un groupement professionnel est souvent exprimée ; et Glotin. *Étude... sur les syndicats professionnels*, 1892, p. 108.

surtout, c'est le problème social qu'ils espèrent résoudre.

Parmi les associations les plus suspectes au gouvernement nouveau, les Associations ouvrières de production devaient leur défaveur à la nouveauté de leur formule et à l'ampleur de leur programme.

Créées sous l'inspiration de la Commission du Luxembourg et à la suite de la loi du 5 juillet 1848, elles avaient été considérées dès l'origine comme un essai de réalisation des idées socialistes, comme une tentative pour l'abolition du salariat. Déjà mal vues de l'Assemblée Législative, — aux applaudissements de la majorité de l'Assemblée, Amable Dubois avait déclaré qu'elles étaient « inutiles et même dangereuses », — elles étaient devenues un objet d'épouvante pour beaucoup de gens : l'association des tailleurs d'habits dut s'adresser à 17 propriétaires, avant d'en trouver un qui consentît à leur faire un bail, sachant qui ils étaient, quoique offrant de payer d'avance ! (1) Composées en majeure partie d'adeptes des idées républicaines, elles auraient pu se transformer en centres d'opposition politique contre le gouvernement impérial ; aussi il s'acharna à détruire les sociétés ouvrières de production les plus vivaces, que des mesures politiques prises contre leurs dirigeants n'avaient pas réussi à faire sombrer (2).

1. Merlin. *Les Associations ouvrières et patronales*, p. 324 (1899); de même pour la société des maçons, Hubert Valleroux. *Les Associations coopératives*, p. 108 (1884).

2. Dans l'Association des tourneurs en chaises, beaucoup de membres se croyant compromis se retirèrent et faillirent amener la dissolution de l'association.

Aux associations constituées d'après des statuts analogues à ceux que proposait en 1848 la Commission d'encouragement (1), l'administration nouvelle oppose que, n'étant pas rigoureusement conformes aux principes du Code du commerce, ne rentrant pas dans les cadres prévus par l'article 19 pour les sociétés commerciales (socitétés en nom collectif, ou en commandite, ou anonymes autorisées par règlement d'administration publique), elles ne constituent que des associations d'individus illégales, depuis que les décrets de 1851 et de 1852 ont rendu leur vigueur à la loi du 10 avril 1834 et aux articles 291 et suivants du Code pénal. De celles qui s'étaient formées selon les règles commerciales, on exigeait le remboursement immédiat des subventions qu'elles avaient pu recevoir sur les trois millions votés par la Constituante. Mesure qui fut périlleuse pour beaucoup : l'Association des ouvriers en limes, constituée dès 1848 en société en nom collectif, sommée de restituer les 10.000 francs qu'elle avait obtenus comme prêt d'encouragement, faillit se dissoudre, mais réussit à les rembourser. Pour cela, « on fut obligé de supporter les pires privations (2) ». Les so-

1. Créée en exécution de la loi du 5 juillet 1848, la commission d'encouragement était chargée principalement de la répartition des subsides « aux associations industrielles entre ouvriers, et entre patrons et ouvriers, qui lui présenteront des garanties sérieuses de succès et de durée ». Elle se réservait le droit de contrôler les opérations de ces sociétés. Elle se trouvait donc appelée à s'occuper des statuts des associations, et elle proposa un type de statuts moins voisin de l'association complète que de la participation aux bénéfices.

2. Office du Travail. *Les Associations ouv. de production*, p. 194. Sur

ciétés de consommation qui avaient surgi en grand
nombre du mouvement de 1848, sous forme de cafés et
de restaurants, ont toutes succombé à la réglementation minutieuse et aux tracasseries de la police administrative (1).

Mais tandis qu'à Paris l'Empire ne se risquait à sévir directement contre les Associations ouvrières de
production que muni d'arguments juridiques, il agissait en province avec moins de ménagements (2). Dans
la région de Lyon (3), où des sociétés apeurées avaient
déjà liquidé d'elles-mêmes, le maréchal de Castellane
prenait un arrêté ainsi conçu : « Article 1er. Les sociétés
fraternelles (c'est-à-dire les associations ouvrières) sont
dissoutes et il sera procédé à leur liquidation. Article 2.
Cette liquidation aura lieu en présence du commissaire
de police. » Il réussit à y anéantir momentanément un
brillant mouvement coopératif. Il amenait ainsi, en
particulier, la dissolution de la Société Fraternelle des
ouvriers cordonniers, en pleine prospérité, et forçait à

39 associations subventionnées en 1848, 9 seulement subsistaient encore en 1853.

1. J. Cherbuliez. Des Associations ouvrières. *Journal des Économistes*. 1860, p. 172.

2. A Sedan, les membres des associations ouvrières étaient tout
simplement mis en état d'arrestation. A Limoges le gérant et plusieurs
membres de la Société fraternelle des ouvriers porcelainiers, furent
emprisonnés Cela n'amena cependant pas sa dissolution. Très pros-
père, elle avait depuis sa fondation, en 1850, remboursé presque intégralement l'emprunt de 46.000 francs qu'elle avait contracté pour se
constituer. *Office du Travail*, tome III, p. 534.

Cf. Flottard. *Le Mouvement coopératif à Lyon et dans le Midi
de la France*, 1869.

la liquidation une société formée pour la vente des denrées alimentaires au millier d'adhérents qu'elle comptait, la Société des Travailleurs Unis (1).

Quoique les Sociétés de Secours Mutuels aient été des manifestations déjà anciennes de l'idée de solidarité, l'expansion qu'elles prirent entre 1848 et 1852 en devenant le noyau d'organisations ouvrières, les rendit vite suspectes à la police impériale. Les entraves du Code pénal et de la loi du 10 avril 1834 enlevées, les sociétés de secours mutuels avaient profité pour se développer de la merveilleuse confiance qu'inspirait alors l'association. A un régime de tolérance et de tutelle administratives, succédait l'indépendance absolue. Leur création ou leur fonctionnement n'étaient plus soumis à aucun contrôle et la loi du 15 juillet 1850 n'impose à leur liberté qu'une limite, celle de conformer strictement leurs actes à leur but, et elle leur

1. « Cette société, dite des Travailleurs Unis, a duré jusqu'au 2 décembre, époque à laquelle elle a été dissoute par l'autorité militaire, laissant une situation des plus prospères qui s'est traduite, nonobstant les pertes d'une liquidation brusque, par une distribution aux associés de dix fois leur mise primitive. » (Déposition du Dr H. Couturier à la Chambre de Commerce de Lyon, dans l'*Association*, 26 janvier 1866, p. 57.) Cette dissolution avait été prononcée quoique la société ait été fondée comme société commerciale, sous la forme commanditaire et avec la protection municipale, et elle était restée complètement en dehors de la politique. (Cf. lettre des gérants de la Société des Travailleurs Unis au maréchal de Castellane, publiée par l'*Économiste français*, mai 1866). Au mois de mai 52, elle renaissait sous la dénomination nouvelle de Société agricole de Beauregard. A Lyon, les sociétés réussirent à continuer à fonctionner, mais clandestinement, sans acte social, ni engagement d'aucune sorte entre les membres.

donne en échange des garanties contre les empiéte-
ments injustifiés du pouvoir (1).

Si l'Assemblée législative, en leur offrant d'augmenter leurs droits par la reconnaissance d'utilité publique, cherche à en favoriser et aussi à en diriger en
partie le développement, elle laisse à celles qui veulent
rester indépendantes toute latitude pour se développer
à leur guise. Aussi, profitant de la législation nouvelle,
les sociétés de secours mutuels qui se créent se distinguent tout à fait des sociétés dont les origines sont
antérieures à 1848. Ces dernières, qui avaient généralement un caractère charitable très net dû à l'intervention désintéressée de personnes riches voulant bien
contribuer aux charges sans se réserver aucun avantage
en retour, comprenaient le plus souvent comme participants des individus appartenant à toutes les professions. Les sociétés nouvellement créées, au contraire,
et surtout les sociétés libres, ne comprennent le plus
souvent que des membres cherchant dans ces associations une garantie efficace contre les vicissitudes de la
vie ; elles ont donc un caractère strictement mutualiste,
sans aucune idée de charité. Surtout, elles ont une tendance à se former entre gens de même métier : (2) les

1. Loi 15 juillet 1851, art. 12. « Les autres sociétés de secours mutuels
actuellement constituées ou qui se formeront à l'avenir, s'administreront librement, tant qu'elles ne demanderont pas à être, reconnues
comme établissements d'utilité publique. Néanmoins elles pourront
être dissoutes par le gouvernement, le Conseil d'État entendu, dans
le cas de gestion frauduleuse ou si elles sortaient de leur condition
de sociétés mutuelles de bienfaisance. »

2. « A Paris, avant le décret de 1852, il y avait à peu près 4 sociétés professionnelles contre 3 qui admettaient les individus de toutes

risques étant à peu près identiques pour tous, la garantie sera vraiment mutuelle et moins d'aléas seront
à craindre pour l'avenir de la société.

Mais ce qui poussait les ouvriers, même avant 1848,
à n'admettre dans leurs sociétés de secours mutuels
que des gens de la même profession, ce n'était pas
seulement le souci d'assurer un équilibre plus certain
entre les personnes et les charges éventuelles de l'association, mais surtout la conviction qu'ils ont des
intérêts communs à défendre. L'idée d'une organisation
du travail abolissant la concurrence, a dirigé tout le
mouvement social qui a précédé 1848. Et, parallèlement
à cette idée, s'est développée et répandue la conviction
que l'union des travailleurs par des liens corporatifs
serait la condition de cette organisation nouvelle, et
qu'une semblable union leur était dès maintenant indispensable pour défendre leurs intérêts, pour amener,
« la substitution de l'émulation à la concurrence hostile
entre les ouvriers (1) ».

Cette attitude de groupement de défense professionnelle, de résistance, qui, durant tout le régime de tolérance, avait été soigneusement dissimulée sous le

les professions. A Lyon, la fabrication des étoffes de soie a donné
naissance à 11 sociétés composées, soit de chefs d'ateliers exclusivement, soit d'ouvriers à façon, soit des uns et des autres ; 60 autres
professions ont aussi formé autant d'associations n'admettant que des
ouvriers de la même industrie. » Laurent. *Le Paupérisme et les Associations de prévoyance*, 2ᵉ édition. 1865, tome II. p. 2.

1. Extrait des statuts de la Société générale des ouvriers du bronze,
créée en 1850. Les statuts de cette société contiennent une déclaration
où elle indique son but.

couvert de l'assistance mutuelle, s'affirme avec le régime de la liberté. Les sociétés de secours mutuels libres tendent ouvertement à devenir l'organe corporatif, elles préparent ou soutiennent les grèves du métier, cherchant à imposer aux patrons le contrat collectif, le maintien du taux des salaires et même une diminution de la durée du travail (1).

Il n'est donc pas étonnant que le gouvernement impérial, lié aux partis conservateurs, et se trouvant en présence de ce commencement d'organisation de la

1. La Société de secours mutuels des chefs d'ateliers et ouvriers rubanniers qui commença à fonctionner le 28 octobre 1848, avait pour but l'allocation du secours au cas de maladie, et, si possible, aux veuves et aux orphelins. Mais elle avait aussi pour but de réglementer les conditions de travail (elle obtint la fixation de la journée à 12 heures de travail et elle fit adopter un tarif de façons. Dissoute le 3 janvier 1852 par le maréchal de Castellane, comme dangereuse pour l'ordre public, elle ne put obtenir ensuite d'être autorisée. *Office du Travail*, *op. cit.*, p. 344.

La Société typographique était aussi un type de groupement professionnel. Elle comportait une caisse centrale d'assurances en cas de maladie et pratiquait l'assistance par le travail dans un atelier coopératif, qu'elle avait créé (sous forme de société en commandite), le Comptoir typographique. Elle fut dissoute en 1852. Au point de vue strictement professionnel, elle réussit à obtenir la création de la Commission arbitrale permanente qui avait rédigé un tarif en 1842. Revisé en 1848, ce tarif fonctionna jusqu'en 1854 où la chambre des maîtres imprimeurs refusa de remplacer les membres sortants de la Commission arbitrale. Au point de vue des intérêts généraux des ouvriers, la Société typographique recommandait dans ses statuts « la solidarité la plus complète entre toutes les corporations ouvrières, le maintien des prix de main-d'œuvre, la propagation de l'esprit de l'association générale » *Office du Travail*, tome 1, p. 118 et 15 ; de même la Société fraternelle des ouvriers fondeurs, *ibid.*, I, p. 218.

classe ouvrière qui ne sépare guère ses revendications économiques de l'affirmation de ses droits politiques, n'ait craint d'y laisser croître d'opposition, et n'ait pas tardé à sévir contre elles.

Avant le 2 décembre, le gouvernement avait déjà pris des mesures de sûreté à l'égard des sociétés de secours mutuels, et par le décret du 14 juin-9 juillet 1851 il en avait organisé la surveillance. Ce décret exige non seulement qu'elles communiquent à l'administration, quand elles en seront requises, les procès-verbaux de leurs réunions, leurs registres et leur comptabilité (tenue dans la forme fixée par le ministre), mais qu'elles fournissent annuellement au maire de la commune où elles ont leur siège, un état de leur situation. Ce même décret ajoute aux causes de dissolution l'inobservation des règles nouvelles. Cependant, au coup d'État, les groupements mutualistes dont le caractère politique ou professionnel n'est point trop apparent, semblent devoir rester en dehors des poursuites et paraissent devoir profiter de la neutralité, certains même de la bienveillance, du nouveau régime.

Le décret du 26 mars 1852 rendu sous la dictée du Prince Président (2) indique d'une manière très nette l'attitude que le gouvernement se propose de prendre à l'égard des sociétés de secours mutuels, et la circulaire ministérielle du 29 mai précise encore : le Gouvernement veut non seulement favoriser ces sociétés,

---

1. *Recueil Duvergier*, 1851, p. 273-274.
2. Rapport Persigny. *Mon.*, 28 mars 1852.

mais contribuer directement à leur vulgarisation ; cependant il n'entend pas réserver à quelques-unes le monopole de l'assistance et il ne semble pas s'opposer à ce que des sociétés indépendantes libres se constituent et continuent à fonctionner.

Ce décret encourage les sociétés de secours mutuels en établissant un type spécialement favorisé, les sociétés approuvées. En créant cette forme nouvelle, le gouvernement espère pouvoir utiliser dans l'intérêt de sa politique les groupements mutualistes qu' « il a voulu élever à la dignité d'institutions publiques » (1). Son but étant de faire dévier à son profit le mouvement professionnel qui, pour se développer, empruntait de plus en plus la forme mutualiste, il s'efforce d'attirer les classes ouvrières par des avantages considérables dans des organisations qu'il serait à même de surveiller et de diriger. Les pouvoirs de tutelle organisés par le décret pour les sociétés approuvées sont très grands : par ordre, dans toutes les localités qui en seraient susceptibles, le maire et le curé doivent joindre leurs influences pour créer une société du type nouveau. Les ressources de ces sociétés, provenant de cotisations dont le montant serait réglé d'après des tables officielles de mortalité, seront accrues des versements des membres honoraires, et déposées quand elles atteindront un certain chiffre à la Caisse d'Épargne ou à celle des Dépôts et Consignations. Mais les statuts devront limiter le but de la société, au paiement des frais funéraires, ou

---

1. Circulaire Persigny, 29 mai 1852.

à donner des secours temporaires, mais en aucun cas des secours de chômages. « Dans aucun cas, écrit M. de Persigny, vous n'approuverez la promesse de secours de chômages ; cette condition porterait en elle le germe de toutes les grèves et l'espérance de toutes les coalitions (29 mai 1852). » Et l'insistance avec laquelle le ministre le signale, cette interdiction montre que cette réglementation des sociétés mutualistes était en grande partie destinée à calmer les craintes des conservateurs, à maintenir à tout prix l'ordre économique menacé, aux yeux de certains, par les groupements professionnels. Enfin, si elles comprennent assez de membres honoraires, elles pourront même accorder des pensions de retraites à quelques-uns des sociétaires, mais ce ne sera point un droit pour eux et l'administration se réserve le droit d'écarter certaines candidatures.

En échange de cette soumission, ces sociétés seront approuvées, ce qui leur permettra de prendre à bail un immeuble ou d'accepter sans autorisation particulière des libéralités moindres de 5.000 francs. Les communes devront leur fournir un local et leurs actes seront exempts des droits de timbre et d'enregistrement. Quant à leurs membres le diplôme de sociétaire remplacera pour eux le passeport et le livret.

Mais le gouvernement ne se soucie pas seulement de multiplier le nombre des sociétés approuvées ; il veut surtout guider l'action de ces groupements et en faire un instrument de stabilité pour sa politique. Il s'attribue en effet la nomination du Président (témoignage du « haut intérêt » qu'il porte à ces sociétés ainsi que garantie de leur soumission à ses désirs), et il exige qu'elles comprennent des membres honoraires dont les cotisations donneront aux associations un caractère charitable. C'est une condition indispensable pour leur approbation : dans sa circulaire aux préfets, M. de Persigny insiste beaucoup sur ce point : parmi les avantages de cette collaboration entre assistés et assistants, il voit surtout un gage de paix sociale. Il y voit aussi un moyen capable de protéger de tout esprit de politique de classe les sociétés approuvées, car, « composées seulement de membres participants, non seulement les sociétés sont trop restreintes dans leurs ressources, et par conséquent dans les secours qu'elles procurent, mais elles prennent trop souvent un caractère d'exclusivisme et d'hostilité tout à fait contraire à l'objet de leur fondation... elles séparent les hommes qu'elles avaient pour but d'unir (1) ». Pour qu'elles ne puissent pas disposer d'une trop grande force, le décret limite le nombre des membres comme il impose

1. Circulaire Persigny, 29 mai 1852. Il est intéressant de noter combien ces sociétés approuvées ressemblent à celles que dépeignait le Prince-Président à l'inauguration de la caisse de secours mutuels et de retraites pour les ouvriers en soie, à Lyon, le 16 août 1850 : « Les sociétés de secours mutuels telles que je les comprends ont le grand avantage de réunir les différentes classes de la société, de faire cesser les jalousies, qui peuvent exister entre elles, de neutraliser en grande partie le résultat de la misère en faisant concourir le riche, involontairement, par le superflu de sa fortune, et le travailleur par le produit de ses économies, à une institution où l'ouvrier laborieux trouve toujours conseil et appui... On réconcilie les classes et on moralise les individus. »

un maximum à l'encaisse. Enfin, pour empêcher les sociétés de secours mutuels approuvées de prendre le caractère de ces groupements si redoutés par les patrons, le ministre de l'Intérieur, M. de Persigny, recommande aux préfets que, « dans les villes populeuses, les sociétés s'organisent par circonscriptions et admettent des ouvriers de différents états ; l'organisation par métiers... présente, en réunissant les forces et les volontés d'un corps d'état tout entier, en lui donnant une caisse commune, une dangereuse facilité de coalition (1) ». Par les pouvoirs de dissolution et de suspension dont le préfet dispose presque sans recours, tant sont généraux les termes du décret, le gouvernement tient les sociétés de secours mutuels approuvées dans la plus étroite dépendance.

Cependant le gouvernement ne compte pas imposer cette organisation à toutes les associations de prévoyance. Désireux d'étendre son action sur les sociétés existantes il accorde à celles qui sont déjà reconnues d'utilité publique le bénéfice des dispositions nouvelles (il y en a de plus libérales que certains articles de la loi de 1850, notamment les dispositions qui autorisent le paiement de pensions de retraites, ce qui leur était complètement interdit jusqu'alors) ; il offre son approbation aux sociétés libres déjà existantes qui voudront plier leurs statuts à la règle nouvelle et il se montre même assez peu exigeant : « Si elles demandent l'approbation, vous vous empresserez de les accueillir et vous

1. Circulaire du 29 mai 1852.

n'exigerez de changement dans leurs règlements que pour les dispositions en opposition flagrante avec l'esprit des décrets. »

Le décret de 1852 semblait devoir laisser aussi indépendantes que sous le régime précédent, dans leur formation et leur existence, les sociétés libres qui ne chercheront pas à bénéficier des avantages de la loi. Ceci paraît résulter clairement de l'article 18 du décret du 25 mars : « Les sociétés non autorisées, actuellement existantes ou qui se formeront à l'avenir, pourront profiter des dispositions du présent décret en soumettant leurs statuts à l'approbation du préfet ». Il n'y a là aucune menace pour la liberté des sociétés de secours mutuels, aucune contrainte ne sera exercée pour les amener à prendre la forme nouvelle. Bien plus, la situation de ces sociétés qui voudront conserver leur indépendance est formellement précisée par la circulaire de M. de Persigny aux préfets, en date du 29 mai. « En favorisant ainsi les sociétés approuvées, le décret ne change rien à la situation de celles qui existent et qui ont été fondées sous un autre régime ; le gouvernement n'a nulle intention de les détruire tant qu'elles seront fidèles aux lois et règlements qui régissent la matière ; l'article 12 de la loi du 15 juillet 1850 leur est toujours applicable (1). » Il semble donc que ces socié-

1. Loi du 15 juillet 1850, art. 12.

§ 3. — Les autres sociétés de secours mutuels actuellement constituées ou qui se formeront à l'avenir, s'administreront librement tant qu'elles ne demanderont pas à être reconnues comme établissements d'utilité publique.

§ 4. — Néanmoins, elle pourront être dissoutes par le gouvernement.

tés dont l'article 18 du décret du 25 mars 1852 s'occupe sans les interdire, sont licites, et que, soumises par une circulaire interprétative du décret à une législation déterminée, elles auraient pu se développer librement. Cette liberté des sociétés mutualistes semble d'autant plus évidente que le décret du 25 mars suit de bien près le décret rétablissant pour les associations de toutes sortes le régime prohibitif d'avant la République. Une exception formelle est donc apportée au régime général du droit d'association, en faveur des sociétés mutuelles. Elles jouiront d'un régime de liberté, quelles qu'elles soient, liberté garantie par l'application de l'article 12 de la loi du 15 juillet 1850 qui soumet à un régime et à des conditions spéciales leur dissolution par voie administrative.

Mais la crainte de les voir se transformer, soit en groupements professionnels menaçants pour les intérêts des patrons, soit surtout en associations politiques, inspire au gouvernement qui prépare déjà la restauration de la dignité impériale, la circulaire du 28 octobre, signée par M. de Maupas, le ministre de la Police, mais, en réalité, concertée avec les ministres de l'Intérieur et du Commerce (1). On est alors en présence d'un revirement complet : au lieu d'une politique reconnaissant la liberté pour les associations mutualistes

le Conseil d'État entendu, dans le cas de gestion frauduleuse ou si elles sortaient de leur condition de sociétés de secours mutuels ou de bienfaisance.

1. Cf. Lebon. *Recueil des Arrêts du Conseil d'État*, 1856, p. 352; et Dalloz, Répertoire, *Secours publics*, § 237.

indépendantes, elles deviennent suspectes. Et il semble bien, qu'on doive attribuer ce changement à la crainte que les partis extrêmes, républicains reprenant en secret la propagande révolutionnaire, monarchistes essayant, à la voix de M. Guizot, de réaliser la fusion des deux dynasties royales, n'acquièrent auprès des classes pauvres une influence trop considérable qui pourrait devenir dangereuse pour le régime nouveau (1).

Cette circulaire d'octobre nie catégoriquement l'existence d'un droit qui soit spécial aux sociétés de secours mutuels. Aussi leur survivance ne dépend plus que du bon vouloir des préfets. C'est ce que décide l'arrêt du Conseil d'État du 8 mai 1856, rendu à propos de la société de secours mutuels de Bourgueuil, quoiqu'elle ne soit « point sortie de la condition de société mutuelle de bienfaisance et qu'aucune circonstance ne révélait de sa part une intention de désordre ». Cet arrêt, qui déboutait les membres opposant à l'arrêté de dissolution pure et simple pris par l'administration, les formes prescrites par l'article 12 de la loi de 1850, se fondait sur la « différence de principes qui, par suite du changement de gouvernement, existe entre la législation actuelle et la législation à laquelle appartenait l'article 12 de la loi de 1850. »

1. Telle est bien la raison de ce changement de politique. L'annotateur de l'arrêté du Conseil d'Etat du 8 mai 1856, dit que les associations de bienfasance doivent être atteintes car elles sont susceptibles de constituer, les cas échéant, des associations politiques, car « se mettre en contact avec les classes pauvres, organiser un ensemble de mesures destinées à leur soulagement, c'est ce qu'on peut imaginer de plus simple pour se créer une influence ». *Ibid.*, p. 342.

A la suite de ces décrets, beaucoup de sociétés mutualistes ouvrières furent forcées de se dissoudre, les unes à la suite de poursuites ou de grèves de la corporation, les autres parce qu'elles étaient mises en demeure de renoncer à leur caractère professionnel (1). Ainsi combattus, les groupements professionnels durent renoncer à exister sous la forme de sociétés mutuelles. De 1853 à 1860, ils disparurent à peu près complètement, ne reparaissant qu'au moment des grèves où des sociétés de résistances, constituant presque des sociétés secrètes, prenaient la direction du mouvement ouvrier. Mais le gouvernement avait atteint son but : les ouvriers étaient restés divisés et incapables de s'opposer aux exigences patronales, et les sociétés de secours mutuels, disciplinées et surveillées, ne pouvaient plus devenir des foyers de propagande démocratique.

Quoique armé de façon à pouvoir faire échec à toutes les tentatives d'action collective des classes ouvrières contre l'autorité ou l'ordre économique établi, le gouvernement a cru bon de prendre, en plus des mesures générales de police, des dispositions préventives contre les travailleurs qu'il redoute toujours et que leurs aspirations anciennes rendent encore suspects. Le

1. La Société fraternelle des ouvriers fondeurs, invitée en 1852 à supprimer les secours de chômage et à se transformer en une simple société de secours mutuels, préféra la dissolution. *Office du Travail. Les associations professionnelles ouvrières*, I, 218. La Société générale des ouvriers chapeliers, autorisée en 1852. fut dissoute en 1853 par un arrêté du préfet de police pour avoir soutenu une grève partielle de la corporation.

17 avril 1852, le ministre de la Police signale (1) qu'il y aurait à réglementer, dans l'intérêt bien entendu des ouvriers et dans l'intérêt de l'ordre et de la tranquillité publique, le mouvement d'immigration des travailleurs vers Paris qui se produit tous les ans à cette époque. Il donne l'ordre aux préfets de ne laisser « délivrer aux ouvriers de passeports qu'avec une extrême rigueur, et qu'autant qu'ils justifieront de ressources suffisantes pour s'y rendre et y vivre pendant un mois sans travail ». Mais la défiance du ministre M. de Maupas est telle que le gouvernement dépose un projet de loi « relatif aux interdictions de séjour dans le département de la Seine et dans les communes de l'agglomération lyonnaise » (2), projet qui autoriserait l'administration à interdire cette résidence aux individus qui n'y ont pas leur domicile, s'ils ont subi depuis moins de dix ans une condamnation pour rébellion, mendicité, vagabondage ou coalition, ou s'ils n'ont pas dans les lieux indiqués de moyens d'existence. Votée par 119 voix contre

---

1. Cf. *Moniteur*, 19 avril 1852, et les protestations du journal *Le Siècle*. Article de M. Léon Plée, 20 avril 1852. « Nous savions depuis longtemps que le gouvernement cherchait à résoudre la très importante question du placement des ouvriers, mais nous ne pensions pas qu'il interviendrait par une sorte de prohibition pour équilibrer sur la surface du territoire le nombre des travailleurs... la Constitution de 1852 nous garantit la liberté individuelle, cette liberté nous semble menacée du moment que la police centrale intervient par simple voie de réglementation facultative, dans l'équilibre de l'offre et de la demande et prend d'elle-même des mesures restrictives de la convention des travailleurs. »

2. *Moniteur*, 28 juin 1852, séance du 26. Loi votée par 119 voix contre 19.

19, malgré les justes avis de certains députés qui y voyaient « une confiscation de la liberté individuelle », cette loi complétait les mesures par lesquelles le gouvernement, déjà si fortement armé contre tous ceux qui auraient pu être des auteurs de troubles, voulait assurer le calme dans les milieux ouvriers.

Mesures politiques peut-être, mais qui, particulières aux ouvriers, montrent dans quelle suspicion étaient tenues les classes ouvrières par celui qui s'était annoncé comme leur émancipateur. Ceci nous permettra par conséquent de douter un peu des intentions égalitaires, bienveillantes, dont le gouvernement a souvent fait parade devant les premières années du Second Empire.

CHAPITRE II

La législation ouvrière de l'Empire autoritaire

L'ordre étant rétabli par les décrets de la dictature qui paraissaient suffisants pour empêcher de se manifester et, à l'occasion, pour combattre toute revendication collective des classes ouvrières, le gouvernement devait employer toutes ses forces à hâter le relèvement de l'industrie pour s'attacher, non seulement les ouvriers avides de travail et de bien-être, mais encore plus les conservateurs. A une époque où les affaires nombreuses, les emplois rémunérateurs offerts aux activités et aux capitaux présentent aux individus l'occasion de la fortune, les convoitises se détournent de la conquête du pouvoir politique et le gouvernement doit même bénéficier de la gratitude de ceux dont il fait si bien les affaires.

Pour favoriser l'expansion industrielle, après avoir encouragé la création des sociétés de crédit mobilier, des sociétés de crédit foncier (et amené la fusion de ces dernières en un établissement unique contrôlé par l'Etat), réorganisé la Banque de France, le gouvernement essaie de « répondre aux vœux exprimés par un assez grand nombre de conseils qui demandent la révision complète de la législation industrielle » (1).

Cette révision de la législation industrielle, le gouvernement dictatorial l'avait déjà commencée au lendemain du coup d'État par la réglementation du placement des ouvriers. Dans la première séance de la commission qui avait été réunie pour étudier les moyens à employer, le 12 janvier 1852, le gouvernement avait fait une déclaration précisant très clairement quelle attitude il se proposait de prendre dans tous les cas où il pourrait avoir à intervenir dans les questions du travail. « Le Gouvernement, disait le ministre de l'Agriculture et du Commerce, n'a pas de système préconçu, mais il est déterminé à faire tout ce qui est raisonnablement et humainement possible pour améliorer le sort des classes ouvrières sans encourager parmi elles d'injustes exigences ; il entend accorder ce que l'équité réclame de manière à assurer la bonne intelligence entre les divers éléments de la société industrielle... *Sans vouloir tout réglementer ni entraver la liberté du travail le gouvernement considère comme un devoir d'intervenir et de faire sentir son action toutes les fois qu'il se manifeste des abus dans l'ordre industriel. La doctrine du « laisser-faire, laisser-passer » a eu de funestes conséquences qui doivent servir de leçons (2).* »

Améliorer le sort des classes laborieuses, assurer la paix et la stabilité à l'industrie par une intervention

1. *Mon.*, 2 mars 1852, Exposé des motifs.

2. *Office du Travail. Le placement*, 1893, p. 130 et 131,

systématique mais modérée du pouvoir, tel est donc le plan que l'Empire va essayer de réaliser.

C'est dans « l'intérêt des classes laborieuses et pour régulariser et moraliser l'institution des bureaux de placement » (1), que le gouvernement dictatorial commence à intervenir directement dans la réglementation du travail quand il promulgue le décret du 25 mars 1852.

Les entreprises de bureaux de placement qui étaient libres depuis la suppression des corporations avaient suscité sous tous les régimes des plaintes nombreuses. La deuxième République avait déjà essayé de remédier aux abus dont se plaignaient les ouvriers, mais ses efforts avaient été vains (2), car elle n'avait pas voulú porter atteinte, par une réglementation trop stricte, au principe de la liberté du travail. En juillet 1851 l'Assemblée Législative avait mis à l'étude un projet tendant à organiser des bureaux officiels de renseignements pour remédier au fait qu' « un grand nombre de propriétaires et de patrons manquent souvent

1. Exposé des motifs du décret du 25 mars 1852.

2. Le 8-10 mars 1848, le Gouvernement Provisoire avait créé dans toutes les mairies des bureaux de placement « dressant des tableaux statistiques de l'offre et de la demande du travail », pour faciliter les rapports entre les personnes qui cherchent un emploi et du travail, d'une part, et celles qui demandent des travailleurs ou des employés, de l'autre. Le préfet de police Caussidière interdit même à la suite de certaines réclamations, le placement libre (25 mars), et confia le service du placement aux associations ouvrières ou à des préposés nommés par les ouvriers. Mais un jugement dénonça l'illégalité de cette mesure et le placement libre reparut.

d'ouvriers pour des travaux urgents, faute de renseignements sur les lieux où ils pourraient s'en procurer ; tandis que, d'autre part, dans le même moment, de nombreux ouvriers n'ont pas d'ouvrage faute d'indications sur les personnes qui pourraient leur en fournir (1) ».

Ce sont ces travaux préparatoires qui, après le 2 décembre, ont été repris par la commission. Elle n'admit pas la gestion par l'État des bureaux de placement. Elle craignait qu'on y voie une atteinte à la liberté du travail ou même une application de certaines doctrines socialistes. Elle craignait surtout que, dans les cas de manque de travail, on en fasse remonter la responsabilité au gouvernement qui s'était chargé de le répartir. Aussi le décret institua seulement la réglementation et la surveillance administratives des bureaux de placement, non seulement au nom de l'intérêt des ouvriers, mais dans l'intérêt de l'ordre public qui aurait moins de chance d'être troublé par des chômages. Mais ces préoccupations de police n'ont eu qu'une place accessoire dans l'esprit du gouvernement et on n'en trouve nulle trace dans les circulaires ou dans l'ordonnance rendue par le préfet de police, pour faciliter l'exécution de la loi (2). L'autorisation préalable à l'ouverture d'un bureau de placement, la fixation des

____

1. *Office du Travail. Le placement*, 1893, p. 128.

2. Cependant dans la séance du 26 janvier 1852, la commission était d'avis que « le placement intéresse trop directement l'ordre public pour que la raison de le réglementer ne soit pas d'elle-même évidente ». *Office du Travail. Le placement*, 1893, p. 133.

tarifs, la surveillance administrative, n'ont vraiment pour but que de rendre moins onéreuse et plus facile la recherche de travail pour les ouvriers.

Mais le Gouvernement du coup d'État n'était pas entièrement libre de réaliser le plan d'intervention qu'avait ébauché le ministre du Commerce. Quelle qu'ait été la sympathie personnelle de Louis Bonaparte pour les classes ouvrières, il était arrêté dans ses initiatives par la crainte de s'aliéner, en les inquiétant, ceux qui avaient fait tous leurs efforts pour rendre la République impossible et le coup d'État désirable. Toute intervention du Gouvernement dans le contrat de travail était du socialisme aux yeux de ceux qui avaient eu pour but, dans le coup de main du 2 décembre, « de mettre, pour réparer leurs fortunes délabrées, leur domination à la place des libertés publiques (1) ». Le Gouvernement, d'autre part, que le décret du 22 janvier sur les biens de la famille d'Orléans (2), venait déjà de brouiller avec les orléanistes, ne pouvait braver plus longtemps les menaces des journaux des anciens partis, effrayés déjà par les succès des républicains aux élections de 1852, et qui commencent à suspecter les intentions de Louis Bonaparte et à lancer des cris d'alarme (3).

1. Dunoyer. *Le Second Empire*, 1865, t. I, p. 230.

2. Biens dont une partie avait été affectée à des institutions intéressant directement les ouvriers : Sociétés de secours mutuels, etc...

3. « Louis Bonaparte est arrêté net dans ses projets socialistes... Les banquiers boudent, la bourgeoisie se range du côté de Cavaignac ; *la Patrie, le Constitutionnel* protestent avec indignation contre

Aussi, menacé de la défection de ceux que leurs intérêts avaient d'abord attachés à sa cause, au lieu de procéder à une revision impartiale des règlements industriels, au lieu de chercher comme s'y était engagé son ministre à « accorder ce que l'équité réclame, à assurer la bonne intelligence de tous les divers éléments de la société industrielle », le gouvernement se voit forcé de prendre en mains les intérêts des partis dont l'hostilité lui serait le plus redoutable.

Pour activer l'essor de l'industrie, il commence par proposer des mesures destinées à rétablir la discipline et la hiérarchie dans l'atelier, à restaurer le principe d'autorité. Mais l'application de ces lois comportera toujours l'intervention permanente du pouvoir.

C'est dans un esprit nettement hostile aux ouvriers que le Gouvernement présenta le 2 mars 1853 au Corps Législatif un projet (qui devint la loi du 1er juin 1853), organisant à nouveau les conseils de prud'hommes. Le Gouvernement y dénonce à grand fracas les méfaits de la législation de la République, « l'ordre public compromis... les assemblées électorales et les conseils eux-mêmes dont les réunions ont été livrées aux passions politiques et l'administration a été obligée d'en dissoudre plusieurs (1) », et avoue hautement que son but

les bruits calomnieux de socialisme gouvernemental, et, pour arrêter le Président, compromettent ainsi sa politique. » Proudhon. *Correspondance*, 6 mars 1852, t. IV, p. 232. Le 8 décembre 1852, le journal *L'Assemblée Nationale* se plaignait déjà de voir la rigueur faire place à un excès de clémence.

1. *Mon.*, 2 mars 1853. L'exposé des motifs ne cite cependant aucun

est de réprimer l'esprit de désordre et de rétablir la hiérarchie dans l'industrie.

Mais le gouvernement et la commission ne croient pas possible, ni prudent, de revenir purement et simplement à la législation en vigueur avant la deuxième République. Car, « passer d'un régime qui consacre la domination de l'ouvrier, dit le rapporteur, M. Curnier, à un régime qui consacrerait d'une manière formelle la domination du patron, ce serait jeter une profonde irritation au sein des masses et, par conséquent, accroître un antagonisme qu'un gouvernement prudent et sage doit s'attacher par-dessus tout à détruire (1) ». Mais pour essayer de faciliter le fonctionnement de conseils prud'hommes, le gouvernement devait cependant modifier le décret du 28 mai 1848 dans un sens opposé aux idées de l'Assemblée Constituante, car il avait eu pour résultat en diminuant la situation privilégiée que les décrets du 11 juin 1809 et du 3 août 1810 (généralisant l'organisation créée en 1806 pour la fabrique de Lyon), avaient accordée aux patrons, de pousser ceux-ci à se soustraire à la juridiction consulaire. Aussi la loi nouvelle, tout en conservant le principe

cas de dissolution ; aucun n'est cité non plus pendant la discussion ou dans les rapports. Nous n'avons pu en trouver que deux cas, dans lesquels il n'est du reste pas fait mention de violences, à Douai (D. P., 1850.4.82) et à Marseille (D. P., 1850.4.198). Sans compter la dissolution des conseils de Lyon et Saint-Étienne où la législation antérieure à 1848 avait été remise en vigueur, « considérant que les décrets de 1848 n'ont pu s'appliquer à la constitution particulière des fabriques de Lyon et de Saint-Étienne » (D. P., 1852.4.77).

1. *Mon.*, 1853. Rapport Curnier. Supplément E, p. XVII.

d'égalité de représentation des éléments patronaux et ouvriers que la dernière loi avait voulu établir, s'attache, pour faciliter l'œuvre de conciliation et d'arbitrage des conseils de prud'hommes, à supprimer les dispositions qui avaient suscité la défiance des patrons ; en particulier elle classe à nouveau parmi les ouvriers, les contremaîtres et chefs d'ateliers que la Constituante rangeait parmi les patrons, pour l'éligibilité et l'électorat.

Mais des préoccupations d'un ordre tout à fait indépendant des encouragements à donner à l'extension industrielle, ont inspiré au législateur d'autres dispositions destinées à assurer cette hiérarchie à laquelle la majorité des membres de l'Assemblée était tellement attachée et que certains même croyaient compromise à jamais par le projet. Ces dispositions, qui sont des précautions contre l'esprit de turbulence des ouvriers, sont destinées à évincer du conseil et de s on corps électoral les travailleurs qui n'auraient pas été déjà à même de fournir des preuves de leur attachement au régime, de leur esprit conservateur.

Si la loi proclame l'égalité de représentation entre patrons et ouvriers, elle n'en donne en réalité que l'apparence. Car la modification des conditions de l'électorat et d'éligibilité qu'elle comporte, a une portée toute différente selon la catégorie d'individus à laquelle elle s'applique. Ces conditions nouvelles sont 25 ans d'âge (au lieu de 21), 3 années de domicile (au lieu de 6 mois) et 5 ans d'exercice de la profession ou de patente. Mais tandis que cela ne diminue pas beaucoup le nombre des électeurs patronaux, attachés à la ville

où ils exercent leur industrie, ces modifications aboutissent à éliminer toute une partie de la classe ouvrière,
tous les éléments flottants et jeunes de la population
ouvrière, mais surtout les « ouvriers compagnons », les
« nomades » (1), attirés partout où la loi de l'offre et
de la demande leur fait espérer une utilisation plus
profitable de leur énergie, tous très redoutés des patrons et de l'autorité qui ne les connaissent pas et n'ont
sur eux que peu de prise.

Cette suspicion envers la fraction la plus mouvante
des travailleurs, le désir de reconstituer une hiérarchie
qui garantirait la discipline des ouvriers sous la domination capitaliste, a dirigé l'œuvre du gouvernement
bien plus que le désir de rétablir l'égalité de représentation dans les conseils. Le rapporteur ne le cache
pas (2) : non content de manifester la très grande défiance qu'il éprouve pour les ouvriers compagnons il
croit bon d'excuser la commission de sa modération apparente. Car, si elle n'a pas proposé de « limiter le
nombre des ouvriers compagnons qui entreront dans
les conseils », pour assurer aux chefs d'ateliers la place
qui leur revient, c'est que les conditions de l'électorat
(art. 4 et 5 du projet) ont limité considérablement le
nombre des ouvriers compagnons électeurs ou éligibles,
parce qu'ils sont bien moins stables que les chefs d'ateliers. Ensuite, si la mesure proposée est nécessaire,
comme elle se concilie très bien avec les principes sur

1. Rapport Curnier. *Mon. Sup. E*, p. XVII, col. 4.
2. *Mon.*, 1853. Rapport Curnier. Supplément E, p. XVII, col. 4.

lesquels la loi est basée, le gouvernement pourra y recourir sans avoir besoin d'une autorisation particulière. Le pouvoir exécutif dispose donc pour l'avenir du droit des ouvriers.

Au lieu de faire cesser l'antagonisme entre patrons et ouvriers, cette loi qui satisfait entièrement aux revendications des premiers, semble simplement changer les bénéficiaires de l'injustice reprochée à la loi de 1848. En présence des trois intérêts divergents des patrons, des chefs d'ateliers ou contremaîtres, et des ouvriers, la loi de la Constituante, par mesure d'apaisement, avait surtout cherché à satisfaire les revendications ouvrières. Mais cette loi n'était qu'une loi provisoire (1). La loi du 1ᵉʳ juin 1853 est au contraire une loi définitive, prélude d'une révision générale des règlements industriels ; mais quoique la même division d'intérêts ait été constatée par toute l'Assemblée, rien n'a été prévu pour apporter une atténuation à l'inégalité établie par la loi : elle ne s'est préoccupée que d'assurer une représentation suffisante à l'élément patronal.

Mais si le gouvernement, cédant aux sollicitations des industriels, croyait devoir modifier en leur faveur l'organisation des conseils de prud'hommes, il ne voulait pas cependant laisser échapper l'occasion d'y acquérir une influence souveraine. Disposé à réagir contre la législation de 1848, trop libérale au gré des

____

1. Cf. *Moniteur*, 1848, p. 1165, col. 3 ; le rapporteur Leblond, *ibid.*, p. 1153, col. 2 ; Waldeck-Rousseau. « C'est donc un décret provisoire et il faut apprécier les inconvénients de ce décret provisoire par l'état actuel des choses. » P. 1174.

classes riches, l'Empereur leur fait payer ces concessions par un accroissement de sa propre puissance en s'attribuant la nomination du Président. Au lieu d'être élu par le conseil parmi ses membres, soit librement (suivant le régime du décret de 1806), soit alternativement dans l'un des éléments qui le composent (régime de la loi de 1848), le président, choisi librement par le pouvoir, est en quelque sorte chargé par lui de « départager les intérêts », de « communiquer à tout le conseil une impulsion déterminée (1) ». Malgré cette atteinte à l'indépendance du conseil, la commission du Corps législatif se rallia, mais difficilement, à cette disposition en « reconnaissant qu'on ne se trouve pas dans des conditions ordinaires et considérant surtout que la mission de la Chambre est de concourir à la restauration du principe d'autorité ». Cette même raison emporta le vote final de la loi par le Corps législatif (qui, sous peine de faire échouer l'ensemble du projet, devait voter le texte accepté par le Conseil d'État), malgré une opposition vigoureuse contre cet article qui constituait aux dires du rapporteur et du gouvernement « l'innovation la plus importante du projet de loi (2) ».

Cette réforme de l'organisation des conseils de prud'hommes n'était qu'une partie de la refonte générale de la réglementation industrielle qu'avaient réclamée les fabricants pour donner au travail et aux affaires les moyens de se développer vigoureusement. La législa-

1. *Mon.*, 1853, p. 457, M. Vernier.

2. *Mon.*, 1853, p. 457, M. Vernier.

tion sur les livrets (1) leur accordait de trop grands avantages pour qu'ils ne demandent au gouvernement de faire revivre les dispositions que la résistance passive des ouvriers avait laissé tomber en désuétude.

Mais tandis que, dans la nouvelle loi relative aux conseils de prud'hommes, le gouvernement s'efforce, tout en y augmentant son autorité, de satisfaire aux réclamations des industriels aux dépens des avantages concédés en 1848 aux ouvriers, ceux-ci sont moins sacrifiés dans la loi du 22 juin 1854. N'allons-nous pas nous trouver enfin en présence d'un acte par lequel l'Empereur aurait voulu attacher à sa politique les classes ouvrières en améliorant réellement leur sort, non plus par des réformes semblables aux lois sur les sociétés de secours mutuels, sur les bureaux de placement ou sur les conseils de prud'hommes, qui ne pourraient que très lentement et d'une manière très indirecte adoucir la condition des travailleurs, mais en faisant intervenir ouvertement la loi en leur faveur. Le remaniement de la législation des livrets ouvriers réussira-t-il à en faire vraiment « une institution bienfaisante et protectrice à l'égard de l'ouvrier, qui lui assure l'appui de l'autorité et devient pour lui un titre irrécusable à la confiance et à l'estime (2) » ?

Si l'on se borne à comparer les dispositions de la loi

1. Pour tout ce qui a trait à l'étude historique et critique de la législation des livrets, Cf. M. Sauzet. Le livret obligatoire des ouvriers. *Revue critique de législation et de jurisprudence*, 1890.

2. Ainsi est-il qualifié dans une ordonnance du préfet de police Piétri. Ordonnance 15 octobre 1855. *Moniteur*, 6 novembre, p. 1230.

nouvelle avec l'ancienne réglementation de la loi de
1851 ou de la loi de l'an XIII, il semble que le souci
d'améliorer la condition des ouvriers ait bien plus guidé
le gouvernement que le désir de « mettre le livret en
harmonie avec la situation économique du pays (1) ».

Car la loi de 1854 ne se borne pas à maintenir les
dispositions de la loi du 14 mai 1851, qui avait « modifié
heureusement » et avait restreint dans d'étroites limites
les prérogatives excessives du patron. Le maximum
des avances consenties par l'employeur qui peuvent
être inscrites au livret est maintenu par la loi à 30 fr.,
malgré l'insistance de la commission : celle-ci, voyant
dans l'inscription des engagements pris un moyen de
moralisation, aurait voulu que le montant intégral de
la dette pût être porté au livret. Enfin, reprenant un
projet élaboré en 1846, la loi conforme la règle à
l'usage général en interdisant toute annotation défavorable ou même favorable à l'ouvrier.

Mais la principale innovation du législateur consiste
dans l'article 6 qui accorde à l'ouvrier le droit de conserver son livret en sa possession. Doit-on voir dans cette
mesure à l'apparence libérale un témoignage réel de
la confiance du gouvernement dans l'ouvrier ? Non ;
l'exposé des motifs du projet gouvernemental, bien
loin de prescrire la remise du livret à l'ouvrier, fait
une règle « absolue » du dépôt entre les mains du
patron, règle équitable, prétendent les rapporteurs du
Conseil d'État, « le livret étant le seul titre qui puisse

1. Exposé des motifs. Sirey. L. A., 1854, p. 124, col. 1.

assurer au chef de l'établissement l'exécution des obligations contractées (1) ». Une importante minorité de la commission s'était, au contraire, montrée opposée au principe du dépôt obligatoire et l'avait combattu en proposant un amendement (2). L'introduction de la disposition définitive constituant l'article 6, n'est donc pas due aux intentions libérales du gouvernement, mais bien plutôt à ce que l'Empire voulait « élargir le nombre des professions assujetties au livret (3) ». Car la disposition primitive (article 4 du projet) était en fait inapplicable aux ouvriers travaillant pour le compte de plusieurs patrons, et le gouvernement avait dû admettre à l'obligation du dépôt, une exception formelle en leur faveur (article 4 du projet). Ayant relevé cette contradiction qu'elle représentait comme une source d'inégalité entre les ouvriers, la commission obtint que le gouvernement se ravise, et, de l'obligation absolue au dépôt, il en vint à imposer dans tous les cas la remise du livret à l'ouvrier.

Le deuxième rapport Bertrand (4) signale combien ce revirement, cette adhésion du Conseil d'État aux objections de la minorité de la commission, a été rapide et complet. Le rapporteur juge que le texte nouveau constitue un progrès vers l'application du « principe d'égalité », et félicite le gouvernement d'avoir adopté cette modification « qui va faire cesser un témoignage

---

1. Sirey. L. A., 1854, p. 128, col. 1.

2. Premier rapport Bertrand (de l'Yonne). Dalloz, 1854.4.120, col. 1.

3. Sirey, 1854, p. 129, col. 2.

4. Dalloz, 1854.1.122.

de cette dépendance presque absolue de l'ouvrier vis-
à-vis du maître », qui caractérise l'ancienne législation, mais qui n'est plus en rapport avec l'état social
du moment. On verra, du reste, que cette remise du
livret entre les mains de l'ouvrier était une pure satisfaction d'amour-propre pour lui : il n'en était pas plus
libre, par la nécessité où il était d'obtenir du patron
son congé d'acquit, et parce qu'il se trouvait encore
soumis à la surveillance administrative grâce à un
registre de police imposé à l'employeur.

Ce n'est donc point dans le seul but d'être agréable
aux ouvriers, que le gouvernement a admis la disposition définitive de l'article 6. Il se trouvait contraint
à cela pour ne pas laisser en dehors de la loi un trop
grand nombre de salariés, qu'il lui aurait été difficile
de pouvoir surveiller sans elle. Et l'on s'aperçoit vite
que telle est la véritable raison d'être de la loi : l'exposé des motifs avait assez clairement annoncé que le
projet devait « généraliser l'usage du livret sans cependant le faire sortir du cercle de l'industrie... en
élargissant le nombre des professions qui y sont soumises et en y donnant une sanction », et il le justifiait
par cette considération que « au point de vue de l'ordre
public, l'utilité du livret est incontestable (1) ».

Cette raison d'ordre public, qui a toujours été la
base de la législation du livret (2) et a contribué à lui

---

1. Exposé des motifs. Sirey. L.A., p. 127.

2. L'édit du 10 septembre 1741 qui prescrivait à tout ouvrier l'obligation d'avoir un livret et de se faire enregistrer dès son arrivée au
greffe de police de la ville où il voudra travailler, avait été fait « pour

donner un caractère policier bien plus que celui d'une réglementation industrielle, avait été invoquée dès le lendemain du coup d'État par le préfet de police Piétri qui demandait avec instance une refonte de la loi (1). Cette même raison a motivé la loi nouvelle : « Une loi sur les livrets a pour but de faire prescrire certaines formalités reconnues nécessaires dans un but de sûreté générale », disait le Président du Conseil d'État, M. Baroche, dans la discussion au Corps législatif (2). Aussi

entretenir la subordination dans les pays manufacturiers ». Dans la circulaire du 4 nivôse, an II, le ministre de l'Intérieur écrivait aux préfets : « Cet arrêté forme le complément des mesures de police qui doit régir nos fabriques », et Chaptal, dans l'*Industrie Française* (1819, t. II, p. 344), disait que l'avantage du livret était de « mettre l'administration à portée de surveiller et de suivre cette classe nombreuse de citoyens. Le gouvernement doit assurer l'exécution de ces mesures, non seulement parce qu'elles intéressent essentiellement le bien de l'industrie, mais encore parce qu'elles mettent entre ses mains un moyen puissant d'exercer une bonne police ».

1. « Est arrivé l'Empire... la première chose que fit le préfet de police de cette époque, M. Piétri aîné, à la suite des événements de 1851, fut de demander au ministre de vouloir bien user de la période dictatoriale où l'on se trouvait... pour faire régulariser la loi sur les livrets... A la date du 10 septembre 1852, le même préfet écrivit au ministre de l'Intérieur et à celui du Commerce pour leur dire qu'il insistait de la façon la plus pressante sur sa précédente demande » Commission d'enquête, 1868. Délibération sur les questions des livrets. M. Mettetal, t. I, p. 20.

2. *Mon.*, 2 juin 1854, p. 603, col. 1. Ce n'est pas dans ce but de sûreté publique que les industriels avaient réclamé la révision de la loi du livret, mais en vue d'une réglementation purement industrielle. Dans le rapport sur la loi relative aux Conseils de Prud'hommes, il est dit incidemment : « Nous ne pouvons nous empêcher d'exprimer

tout l'effort du législateur a été de rendre l'institution plus souple, plus apte à renseigner le pouvoir sur l'état, la vie de chaque ouvrier.

Pour rendre vraiment efficace la législation sur les livrets, il fallait d'abord la pourvoir d'une sanction qui obligerait surtout les patrons à l'appliquer (1). « Toute la loi est dans l'article (2) », objectait le commissaire du gouvernement Vuillefroy aux députés qui faisaient remarquer que la peine prévue en cas d'inobservation de la loi, spécialement dans le cas de récidive, applicable également à l'employé et à l'employeur, porterait plus rudement sur celui-ci. Inégalité qui semble voulue par la loi, car la responsabilité du patron est grande, la loi en faisant un auxiliaire de la police par la tenue obligatoire d'un registre (reproduisant les principales annotations à ajouter au livret), qui doit toujours être à la disposition de l'administration (3).

Mais il ne suffisait pas d'établir une contrainte, il

le vœu qu'on efface tout ce qui tend à imprimer au livret un caractère de mesure de police, ce serait le plus sûr moyen d'assurer l'exécution de la loi. »

1. L'article 3 de l'arrêté de frimaire an XII n'édictait aucune peine contre l'employeur de l'ouvrier sans livret, mais comportait une sanction pénale contre celui-ci. « Tout ouvrier qui voyagerait ainsi sans livret visé sera réputé vagabond et pourra être arrêté et puni comme tel. » La peine contre l'ouvrier seul avait donc été insuffisante pour faire appliquer la loi.

2. *Mon.*, 2 juillet 1854, p. 603, col. 2.

3. Ordonnance de police et circulaire, 15 octobre 1855. *Moniteur*, 6 novembre 1855, p. 1230.

fallait rendre l'institution du livret acceptable pour tous. Pour cela, il lui fallait heurter moins visiblement l'égalité ; il devenait nécessaire de supprimer certaines obligations impopulaires (par exemple, celle qui privait l'ouvrier de la possession de son livret), et qui, mal vues de tous, avaient rendu inapplicables les anciennes lois.

Mais ce qui met encore plus en lumière le caractère de mesure d'ordre public, particulier à la législation du livret, c'est la différence de régime que le gouvernement établit entre les ouvriers de l'industrie et les ouvriers agricoles en ne soumettant pas ceux-ci à la loi. Malgré l'avis du Conseil général de l'Industrie, des Arts et des Manufactures, qui, consulté par le Gouvernement de Juillet, avait émis le vœu de voir étendre l'obligation du livret à tous ceux qui « louaient leurs bras », malgré les efforts de la commission (1) insistant dans le même sens, la loi ne fut établie que pour les travailleurs de l'industrie. Car parmi eux, seulement, l'influence d'agitateurs politiques pourrait être dangereuse, et des espérances pouvaient naître que le gouvernement serait appelé à combattre. Il y avait donc intérêt à pouvoir les surveiller individuellement, tandis que rien n'était à redouter des ouvriers agricoles ignorants et isolés.

Malgré ses apparences libérales, cette loi, inspirée par tant de défiance envers les ouvriers, aboutit à les mettre dans une situation presque analogue à celle des

1. Rapport Bertrand. Dalloz, 1854. 4.119, col. 1 et 2.

individus placés sous la surveillance de la haute police, quand le gouvernement eut rendu, conformément
à l'article 10 de la loi, le règlement d'administration
publique (1) « déterminant tout ce qui concerne la
forme, la délivrance et la tenue des livrets » et imposant aux autorités locales des dispositions spéciales en
matière de police (art. 14), relatives, par exemple, à
l'emploi des livrets comme passeports. Par l'application de cette loi, des rapports constants avec la police
sont devenus inévitables à l'ouvrier : à Paris, même
muni d'un congé régulier de son patron, il ne peut
changer d'atelier sans faire viser son livret ; arrivant
de province, il n'a pas le droit de se servir de ce « titre à la confiance » que l'administration lui impose
sans le faire préalablement enregistrer. Enfin, après
chaque visa, un bulletin est envoyé à la préfecture de
police, et le préfet attache « la plus grande importance » à cette opération de surveillance.

Sous l'empire d'une législation aussi pointilleuse,
aussi soupçonneuse envers les ouvriers, il n'est pas étonnant que la répression des coalitions se soit effectuée
d'une manière rigoureuse, parfois même un peu brutale. La coalition n'est-elle pas, en effet, un signe de
mécontentement ? Et n'importait-il pas avant tout au
gouvernement de calmer ou d'étouffer toute inquiétude ?
En présence d'une situation qui pourrait être exploitée

1. Cf. Instruction sur le service des livrets ouvriers... du 15 octobre 1855, accompagnant l'arrêté du 13 octobre 1855. *Mon.*, 1855, 6 novembre, p. 1229.

par les partis contre le régime, n'était-il pas du devoir
de cette police politique, — qui aux dires de M. Persigny (1) lui-même, à aucune époque, ne s'était exercée
avec plus d'autorité et n'avait rencontré moins d'obstacle, — de réprimer promptement cette agitation dont
une loi prévoyante faisait un délit ? Des raisons politiques poussaient donc le pouvoir à s'inspirer des idées
exprimées par de Vatimesnil, le rapporteur en 1849 de
la loi sur les coalitions : « Le mot de coalition, disait-
il, implique l'idée d'un pacte répréhensible... La coalition est un concert illicite entre individus, qui n'ont
d'autre intérêt commun et d'autre but que de contraindre la volonté d'autrui, de détruire la concurrence et
de créer des prix factices (2). » Et puis, la coalition étant
ainsi entendue, sa répression devenait si favorable aux
industriels, dont l'empire voulait faire ses alliés !

Il importait au gouvernement d'empêcher les ouvriers
de faire peser leur volonté collective pour la fixation du
taux des salaires, salaires qui, à cette époque, auraient
pu subir une élévation puisque l'abondance des entreprises raréfiait la main-d'œuvre au même moment où le
perfectionnement de l'industrie rendait le travail plus
productif, où la confiance, favorisant la circulation des
capitaux, avait amené une baisse de l'intérêt de l'argent.
Cette répression des coalitions constituait un encouragement réel à l'industrie : outre la sécurité plus grande
ainsi donnée aux affaires, elle empêchait les revendications collectives de se produire et d'amener une

1. *Mon.*, p. 673, col. 1, circul. 20 juin 1854.
2. *Mon.*, 1849, p. 2998.

hausse des salaires, et la marge du gain à effectuer restant plus considérable, cela excitait d'autant l'initiative des industriels.

Les statistiques (1) nous montrent qu'à aucune époque la répression des coalitions n'a été plus vive : les motifs les plus futiles entraînaient des arrestations et des poursuites. A Courrières, en janvier 1853, certains ouvriers ayant exprimé leur mécontentement au sujet d'une augmentation de tâche que l'on disait projetée, des mandats d'amener furent lancés, pour cause de coalition, et pourtant on n'avait eu à constater aucun désordre grave (2). A Pithiviers, 14 bûcherons inculpés de coalitions étaient tous frappés d'une punition de prison (3). Mais, l'année 1855 fut la plus chargée de répressions, d'autant plus que les coalitions furent souvent violentes, et que le caractère commun à la plupart de ces ententes était d'être un mouvement corporatif. Profitant de l'insuffisance de la main-d'œuvre, les ouvriers s'efforçaient de faire élever leurs salaires ou d'obtenir pour toute la profession une réglementation nouvelle des conditions du travail. C'est dans ce but que les fondeurs en bronze déclarèrent la grève : il s'agissait d'obtenir le remplacement du poussier de charbon employé pour le moulage par la fécule, moins nocive pour les ouvriers.

1. *Office du Travail, Les Associations professionnelles ouvrières,* tome I, p. 40; Lagardelle. *L'évolution des syndicats ouvriers en France,* p. 144.

2. *Moniteur,* 15 janvier 1853, p. 59. col. 3.

3. *Moniteur,* 8 janvier 1853.

CHAPITRE III

Les mesures tutélaires en faveur des ouvriers

Pour assurer sa propre stabilité, le Gouvernement du 2 décembre avait dû chercher à se concilier les conservateurs en les rassurant sur le péril socialiste, en admettant leurs réclamations contre la législation sociale de la deuxième République et en essayant de leur procurer l'occasion de développer leur prospérité industrielle. Il ne pouvait pas cependant rester complètement indifférent aux vœux et aux besoins des classes ouvrières. Car si, au lendemain du coup d'État, la masse des travailleurs, désorganisée et affamée, paraissait beaucoup moins redoutable pour l'Empire qu'une coalition des anciens partis, elle pouvait, avant les élections prochaines, se reprendre, et retirer alors l'approbation qu'elle avait donnée au plébiciste. L'Empire ne devait pas oublier qu'il était une « démocratie couronnée ». Pour se maintenir, il avait donc à compter avec le suffrage universel qui, en 1858, où le Corps législatif devait être renouvelé, allait rendre pour quelques minutes au peuple l'usage de sa souveraineté. Le gouvernement sentait alors la nécessité d'écarter cette menace du suffrage universel que dépeignait plus tard le légitimiste Dunoyer. « Là où le chef du gouvernement est consti-

tutionnellement déclaré responsable, il y aurait contradiction à dire qu'il ne pourra jamais être révoqué...
En usant comme il l'a fait de sa souveraineté en faveur
de l'établissement politique qui régit la France, le
peuple ne s'est pas dépouillé de son droit. Il le conserve intact avec la faculté de repentir. Partant il
pourra modifier quand il lui plaira les résolutions qu'on
a obtenues de lui (1). »

C'est cette menace du suffrage universel qui force le
gouvernement à user de diplomatie avec les classes populaires ; c'est la crainte de s'aliéner cette majorité instable, le désir de conserver sa confiance, qui semblent
avoir constamment poussé Napoléon III à accompagner
chacun des actes par lesquels il restreignait les libertés publiques ou assurait plus fortement la domination
de la bourgeoisie industrielle, de quelque autre disposition dans laquelle il aurait l'occasion d'affirmer, au
contraire, sa sollicitude pour les classes ouvrières. Car,
avec une complète absence de vie parlementaire, avec
un Corps législatif qui, ne pouvant prendre l'initiative
d'aucune proposition de loi, n'avait même pas le pouvoir d'amendement, et un Sénat toujours docile qui
devait se borner à examiner la constitutionnalité des mesures votées par l'autre Chambre, les dispositions légales nouvelles ressemblaient étrangement à des actes
d'autorité du pouvoir central, c'est-à-dire de l'Empereur, seul responsable devant le suffrage universel. Lui

---

1. Dunoyer. *Le Second Empire et une seconde restauration.* Londres, 1865, t. I, p. 17 et 18.

seul devait donc subir le contre-coup de l'opportunité
ou de l'impopularité de ces mesures.

Il devait donc s'efforcer de paraître réaliser ces traditions napoléoniennes dont il s'était dit l'héritier, ces traditions qui « avaient cette singulière fortune de garantir les conditions hiérarchiques sur lesquelles repose
la société, et en élargissant devant les masses les perspectives de travail, et en donnant satisfaction à leurs
instincts démocratiques, de pouvoir les arracher à des
illusions funestes (1) ». Sous peine de perdre la confiance de la majorité d'entre ceux qui lui avaient donné
leurs votes, il ne pouvait pas se contenter de rétablir
un système politique et économique à la Guizot; son
affaire n'était pas seulement de « bien faire les affaires
du peuple », de satisfaire « la grande société saine et
tranquille », mais il devait s'efforcer, au moins en apparence, d'améliorer le sort des classes pauvres pour
en acquérir les bonnes grâces. Beaucoup d'ouvriers
avaient déjà voté pour ce Louis Bonaparte qui avait dit
qu'un gouvernement devait être « le moteur bienfaisant
de l'organisme social (2) ». Ceux-ci avaient espéré,
après le rétablissement du suffrage universel, l'avènement d'un Empire démocratique qui se chargerait de
mener à bien les réformes que la République elle-même
n'avait pu faire aboutir. Comme Président, n'avait-il
pas contracté cet engagement, dans une circonstance
où ses paroles ne pouvaient manquer d'être entendues

1. Audiganne. *Les populations ouvrières*, 1860. Introduction au
tome II, p. 11.

2. *OEuvres de Napoléon III*, tome I. *L'Idée napoléonienne*, p. 21.

des classes ouvrières, le 11 novembre 1849, à la distribution des récompenses à l'Industrie Nationale : « Au gouvernement appartient d'établir et de propager les bons principes d'économie politique, d'encourager, de protéger, d'honorer le travail national. Il doit être l'instigateur de tout ce qui tend à élever la condition de l'homme... Réalisons au profit de ceux qui travaillent ce vœu philanthropique d'une part meilleure dans les bénéfices, et d'un avenir assuré. »

Mais une fois assurés l'ordre dans la rue, la discipline et la hiérarchie dans l'atelier, il ne fallait pas cependant, pour garantir au régime nouveau l'appui du peuple, pour en conserver et en obtenir encore l'adhésion, que le gouvernement réveille par des réformes trop profondes le souvenir des anciennes espérances populaires ou autorise des revendications nouvelles. Le gouvernement devait donc éviter de laisser à un mécontentement quelconque le temps de produire une agitation. Pour étouffer toutes les défiances, il allait commencer par donner satisfaction aux intérêts matériels immédiats des ouvriers : il fallait que l'empereur soit généreux, qu'il réponde à ce souhait du peuple que rapportait Proudhon méprisant : « Il dit... : « Barbès « a demandé pour nous un milliard aux riches : Bona-« parte nous le donnera ! » Largesse, comme au temps des rois ; c'est tout le socialisme du peuple (1). »

Les largesses de l'Empereur ne devaient pas se faire attendre dans des circonstances où les souffrances populaires auraient pu le mettre en péril.

1. Proudhon. *La révolution sociale...* p. 52.

Du travail, c'était le premier don qu'il avait à faire aux ouvriers ; c'était ce qu'ils attendaient le plus de lui. La crise de 1847, suivie et aggravée par les inquiétudes de Février et les journées de Juin, avait laissé les affaires dans un état de marasme tel que la confiance ne pouvait se rétablir que sous la garantie d'un gouvernement fort. Pour les ouvriers, fatigués de grèves vaines, l'abondance de travail leur présentait à nouveau des perspectives de prospérité matérielle depuis longtemps disparues. Pour le gouvernement, créer et encourager de nouvelles entreprises, c'était satisfaire les capitalistes par la promesse de nouveaux profits, mais l'abondance de l'ouvrage offert aux ouvriers constituait surtout un gage de paix intérieure, de discipline des travailleurs. Napoléon Ier aurait dit : « L'ouvrier manque de travail ; il est alors à la merci de tous les intrigants, on peut le soulever : je crains des insurrections fondées sur le manque de pain : je craindrais moins une bataille contre 200.000 hommes. » L'héritier de l'idée napoléonienne devait donc, par politique et par tradition (1), assurer de l'ouvrage aux bras inoccupés.

Aussi, dès le commencement de 1853, on voit se multiplier les décrets autorisant de grands travaux publics, canaux ou chemins de fer. Dans toute la France s'ouvrent des chantiers entre lesquels se divisent les masses de chômeurs, et dans les régions les plus in-

---

1. Cf. André Hallais. Haussmann et les travaux de Paris. *Revue Hebdomadaire.* 5 fév. 1910, p. 32 et 37.

dustrielles, les villes sont autorisées à contracter des emprunts pour se renouveler ; elles remplacent par des voies larges et droites les rues tortueuses et propices à l'émeute (1), bordées de maisons insalubres.

Les campagnes elles-mêmes sont prises de cette fièvre des grands travaux : quoique l'émigration vers les villes, en raréfiant la main-d'œuvre, ait fait sensiblement hausser les salaires des ouvriers agricoles, plusieurs décrets répartissent des fonds entre les communes rurales pour y effectuer des travaux utiles (2).

Mais quelle qu'ait été partout la rapidité de la reprise du travail, la récolte de céréales de 1853 fut tellement déficitaire que le gouvernement eut vraiment à craindre « les insurrections fondées sur le manque de pain ». Aussi l'initiative officielle se manifeste ici avec vigueur et unité. Quoique conçues pour aider les classes pauvres pendant la durée de la crise, les mesures adoptées sont des mesures générales, appelées à profiter à toutes les classes de la société, et l'organisation qui a été créée à Paris pour lutter contre le renchérissement de la vie est susceptible d'être adoptée aux nécessités locales par les municipalités des autres villes où la

1. Cette crainte de l'émeute a empêché l'Empire d'arrêter les grands travaux. En 1858 des membres du Corps législatif combattant une demande de crédits pour de nouveaux travaux, M. Nogent Saint-Laurent défendait le projet gouvernemental, car il « portait l'empreinte de la grandeur nationale, du pain assuré pour dix ans à la population ouvrière et l'émeute supprimée par la destruction des vieux quartiers ».

2. Décrets des 15 déc. 1853 ; 16 janv., 1er févr., 26 févr., 20 déc. 1854 ; 22 sept. 1855.

hausse excessive des vivres risquerait de provoquer des manifestations de mécontentement des travailleurs. L'intention politique qui dirige l'action toute puissante de l'Empereur n'est pas dissimulée ; c'est le désir de maintenir le calme, et la menace, quelquefois, accompagne le geste secourable. « Si, malgré vos efforts, quelques agitateurs essaient d'exploiter au profit de leurs passions ou de leur folie les souffrances du peuple, écrit le ministre de l'Intérieur aux préfets en 1855, en pleine crise, répétez aux classes laborieuses que l'agitation et le désordre n'ajouteraient pas à la récolte un seul grain de blé, mais porteraient une rapide atteinte à la confiance, au travail, et ne feraient qu'aggraver la misère... Il ne faut pas qu'ils l'oublient, l'Empereur, qui fait pour la France tant de choses grandes et glorieuses, saurait bien en même temps y maintenir le calme et la tranquillité que son énergique volonté nous a rendue (1). »

Une série de mesures essaya de combattre le renchérissement des denrées. Pour favoriser l'importation des blés, on dut successivement lever la surtaxe sur les grains et farines transportés sous pavillon étranger (décret du 3 août 1853), suspendre momentanément l'échelle mobile en décrétant l'entrée libre des céréales et abaisser sur les chemins de fer et les canaux les tarifs de circulation (2 et 5 septembre 1853).

Mais la hausse du blé continuant (2), une délibéra-

1. Circ. Billault aux préfets en date du 22 oct. 1855.

2 D'après les mercuriales publiées par le *Moniteur* à la fin de chaque mois, on vit le prix du blé, à Paris, varier de 19 francs l'hectolitre (prix minimum, au mois de juillet 1853), à 33 fr. 41 (prix maximum) le 30 novembre de la même année.

tion de la Commission municipale de Paris, du 14 septembre 1853, autorisait le préfet, pour maintenir la taxe du pain à 0 fr. 40, à indemniser les boulangers de leurs pertes, calculées d'après leur production. A la suite de fraudes, le gouvernement reprit le plan que le ministre Montalivet avait présenté à Napoléon Ier en 1810, pendant une disette semblable, et institua par le décret du 27 décembre 1853 une « caisse de service de la boulangerie ». Cette caisse était destinée à stabiliser le prix du pain, à le maintenir à un taux modéré en temps de crise, compensé par un cours légèrement surélevé dans les années normales, en « avançant aux boulangers le montant de la différence en moins qui pourra exister entre le prix de vente du pain réglé par la taxe municipale et le prix résultant de la mercuriale. Pour se couvrir de ses avances, elle recevra en compensation la différence en plus (1) » (art. 5).

Mais une série de récoltes médiocres, la guerre de Crimée privant la France des importations de la Russie Méridionale, empêchaient le prix de revient du

1. La limitation du nombre des boulangeries et l'organisation corporative de cette profession, qui avait été tacitement reconnue par l'arrêté du 19 vendémiaire an X, rendait possible l'application du décret du 27 décembre 1853. Tous les achats de céréales devaient être déclarés à la caisse de la boulangerie, qui devenait l'intermédiaire obligé des paiements En retour de ces dispositions (destinées à renseigner l'administration sur l'état du marché et à éviter des fraudes), la caisse devint aussi pour les boulangers un établissement de crédit qui consentait des avances sur les dépôts de garantie et la réserve de farine obligatoires. Pour des détails concernant l'histoire de la boulangerie, Cf. Thèse Louis Lambert. Paris, 1899.

pain de redescendre à un taux inférieur à celui du tarif, malgré de nouvelles mesures particulières, comme
l'interdiction de la distillation des grains (décret du
6 octobre 1854). La ville de Paris qui garantissait les
bons à court terme émis par la caisse, se vit contrainte
en 1856 de faire un emprunt de 50 millions et d'établir des impositions extraordinaires, et elle dut relever
la taxe du pain.

Une récolte très abondante en 1857 mit fin à cette
longue crise, et la caisse de la boulangerie, récupé-
pérant ses avances par le maintien de la taxe du pain
à un prix élevé, put arriver lentement à liquider son
passif. Aussi onéreuse pour les contribuables et les
consommateurs qu'ait été cette manière d'atténuer la
crise, le gouvernement avait réussi à en diminuer l'a-
cuité et, du moins à Paris, à éviter des souffrances
brusques aux populations ouvrières (2).

Le gouvernement avait aussi à s'inquiéter d'une autre question qui n'était pas moins importante pour les
ouvriers : celle de leur logement.

A la suite de l'épidémie de choléra de 1849, le rapport de M. de Riancey à l'Assemblée nationale et celui
du Dr Bouvier à l'Académie de médecine, montrèrent
que dans certains quartiers où l'industrie avait agglo-
méré les ouvriers, la densité et le degré d'aisance de
la population influaient sur la mortalité. Comme remède,
ils concluaient à la nécessité d'aérer ces quartiers, d'as-

1. Sur les résultats de la caisse de la boulangerie, Cf. article de
Ambroise Clément. *Journal des Économistes*, juillet 1859, p. 29 et 30.

sainir les logements, mais surtout d'améliorer le sort des classes pauvres. Au cours de la discussion de la loi de 1851 sur les logements insalubres, Wolowski avait proposé, en outre des grands travaux d'assainissement projetés, de faire construire en même temps par l'État des petits logements hygiéniques. Mais par crainte de ce socialisme municipal, la loi de 1851 n'a pas voulu consacrer cette obligation. La loi se borne à donner aux municipalités le pouvoir de prescrire les mesures d'assainissement qui leur paraîtraient indispensables, et, en cas de non exécution, les autorise à provoquer des poursuites contre les propriétaires ou à interdire la location des logements malsains.

Les grands travaux exécutés dans Paris pendant la présidence de Louis Bonaparte et après le coup d'État, l'immigration continue des travailleurs venant des provinces, aggravèrent la situation en forçant les ouvriers à s'entasser davantage ou à s'éloigner de leurs ateliers : pour y remédier, le gouvernement fut contraint à intervenir directement. Sur les biens provenant de la famille d'Orléans, 10 millions furent attribués à l'amélioration des logements ouvriers (1). Ils furent en grande partie distribués comme subventions aux groupements financiers qui firent construire la cité Napoléon ou les maisons du boulevard Mazas. Mais ce n'étaient pas en réalité des maisons ouvrières. Deux millions affectées directement à la création des petites

1. Décret du 23 janvier 1852.

maisons d'un loyer maximum de 200 francs, servirent à la construction des cités ouvrières (1).

Malgré ces mesures la question des logements devint tellement pressante à cause des continuelles démolitions, que, pour calmer les impatiences et les inquiétudes qui se manifestaient dans la population ouvrière de Paris, le gouvernement se voyait obligé de livrer à une vraie publicité les mesures prises et les projets à l'étude : « La spéculation commence à se porter vers des constructions nouvelles qui... donneront aux classes laborieuses des habitations plus saines et plus commodes, disait le *Moniteur*. De son côté, le gouvernement se préoccupe des embarras momentanés de la classe ouvrière... et l'administration recherche tous les autres moyens de remédier aux inconvénients de cette situation (2). » Les journaux officieux exposent les avantages de ces combinaisons nouvelles, et le *Siècle* du 18 mai 1853 résume et apprécie la campagne de publicité du gouvernement : « Une note publiée par le *Moniteur* et affichée sur tous les murs de Paris et de la banlieue, annonce que le gouvernement s'est entendu avec des entrepreneurs pour construire des habitations particulières aux ouvriers... D'après la note, le gouvernement n'en restera pas là, des casernes civiles seront aussi construites pour les employés... bref pour tous ceux qui

1. Pour le peu de succès auprès des ouvriers de ces mesures d'assistance, Cf. Corbon. *Le secret du peuple de Paris*, 1863. « Le peuple n'a montré nul empressement à les habiter, écrit Corbon à propos des cités ouvrières. Le peuple n'aime pas qu'on le parque. » P. 208.

3. *Moniteur*, 21 avril 1853.

ne voudront pas accepter le tarif des propriétaires. Nous ne disons pas : voilà du socialisme, parce que c'est un mot qui sonne mal aujourd'hui, mais on ne peut cependant se dissimuler que cela y ressemble un peu :« L'État, dit Cabet dans son *Icarie*, fera bâtir des habitations communes (1). »

Mais malgré les efforts du gouvernement pour s'attacher les classes ouvrières par la satisfaction de leurs intérêts matériels, il risquait de se les aliéner en luttant, comme il n'avait cessé de le faire, contre toutes les formes d'association qui pouvaient constituer un groupement professionnel. Car beaucoup de ces associations centralisaient divers services, assistance, placement, instruction professionnelle (2), etc., utilisés par leurs membres ou même par tous les ouvriers du métier. L'Empire devait donc, sous peine de provoquer un profond mécontentement dans les professions qui s'étaient autrefois organisées, créer de toutes pièces ou améliorer des institutions analogues, capables d'offrir aux ouvriers plus d'avantages que les associations détruites, sans qu'elles risquent cependant d'acquérir ce caractère corporatif que redoutait si fort le gouvernement et contre lequel il a toujours lutté. Plus encore que les idées personnelles de l'Empereur, le souci de faire à peu près équilibre par des dispositions bienveillantes aux mesures rigoureuses qu'il prenait contre la

1. Cf. autres articles. *Siècle*, 16 et 17 mai 1853.
2. Cf. *Office du Travail. Le placement*, 1894, t. I, p. 469.

classe ouvrière, semble avoir constamment dirigé la politique des premières années du second Empire. Ceci est particulièrement visible dans les textes qui réglementent d'une façon nouvelle les sociétés de secours mutuels.

La liberté d'association supprimée, si les sociétés de secours mutuels doivent perdre le caractère de groupement professionnel qui est commun à beaucoup d'entre elles, si elles sont mises en demeure de se dissoudre ou de demander l'approbation administrative, le décret donne en compensation une personnalité civile à peu près complète aux sociétés approuvées et la faculté de servir des pensions de retraite à leurs membres (ce qu'interdisait la loi du 15 juillet 1850). Le président est nommé par le chef de l'État, l'approbation est liée à la stricte conformité des statuts à ceux que l'administration propose, mais ces sociétés ne participent-elles pas aux libéralités de l'Empereur (1) ? Si elles ne sont plus des sociétés purement mutuelles, en échange du caractère de patronage charitable qu'elles acquièrent par les cotisations des membres honoraires, elles offrent à leurs participants des avantages matériels plus considérables et moins onéreux que les sociétés libres. De plus la loi semble consacrer un véritable privilège au profit des membres des sociétés de secours mutuels approuvées : munis de leur diplôme de mutualiste, ils sont dispensés de passeports (2) et

---

1. Décret du 26 avril 1856 « portant constitution de fonds de retraites pour les sociétés de secours mutuels approuvées ».

2. Avantage plus apparent que réel, les membres des sociétés de secours mutuels étant généralement sédentaires. D'autre part, l'arrêté

cessent d'être astreints aux obligations du livret (1). Enfin, non seulement le diplôme de mutualiste serait pour l'ouvrier un titre à la confiance des patrons, à la bienveillance des pouvoirs publics (2), mais il suffirait même à établir, entre mutualistes qui n'auraient point d'autres liens, des rapports d'aide et d'assistance réciproques, analogues, semble-t-il, à ceux que devaient offrir les compagnonnages au temps de leur prospérité (3).

ministériel du 5 janvier 1853 (Répertoire Dalloz. *Secours publics*, § 259, note) qui déterminait à quelles conditions seront délivrés les diplômes prend des dispositions pour éviter que le sociétaire puisse être à la fois possesseur de son diplôme et d'un passeport ou d'un livret ouvrier. Il oblige les sociétés à tenir la police au courant, dans les 48 heures, de toutes les exclusions et sorties volontaires de la société. Cet arrêté constitue la base de rapports suivis qui n'auraient pas eu à exister, si le gouvernement n'avait voulu utiliser les sociétés de secours mutuels comme un procédé indirect pour la surveillance des ouvriers. Voir l'article du *Siècle*, 11 janvier 1853.

1. Décret du 26 mars 1852, article 12, et loi du 22 juin 1853, article 16.

2. Circulaire ministérielle du 29 mai 1852.

3. « L'ouvrier qui voyage avec son diplôme de sociétaire trouve presque partout des confrères qui l'accueillent avec empressement... et lorsqu'il tombe malade loin de sa famille et de son pays, il est traité comme un ami au milieu de populations où il croyait être indifférent. » Rapport sur la situation des sociétés de secours mutuels, présenté par la commission supérieure d'encouragement et de surveillance, 1857.

TROISIÈME PARTIE

L'ÉVOLUTION DE L'EMPIRE (1858-1864).

CHAPITRE PREMIER

Hésitations et essais d'intervention

Les années de prospérité économique qui suivirent
l'avènement du Second Empire pouvaient offrir au gouvernement l'occasion d'atténuer la rigueur de son attitude envers les populations ouvrières. Les mesures
d'ordre qu'il avait commencé par prendre, lui avaient
acquis la confiance des conservateurs : la prospérité industrielle s'était annoncée durable et avait suivi de si
près la proclamation du régime nouveau, qu'elle paraissait provenir uniquement du nouvel état de choses ; et
l'oubli où semblaient être subitement tombées les doctrines de 1848, faisait attribuer à l'Empire le mérite
d'avoir triomphé du socialisme. En même temps, la légère augmentation des salaires qui avait eu pour cause
l'abondance du travail avait modéré les plaintes des
ouvriers, et, momentanément, les dangers du chômage
et de la misère. Le gouvernement n'était donc plus

acculé, pour remédier rapidement à des souffrances trop vives, à la nécessité de prendre des mesures fragmentaires, d'urgence, pour contenter ou contenir les désirs des ouvriers. Profitant des bonnes dispositions unanimes à son égard, il se serait trouvé, semble-t-il, dans les conditions les plus favorables pour améliorer le sort des classes ouvrières.

Mais les soucis d'une politique extérieure aventureuse, reléguèrent bien vite à l'arrière-plan les projets économiques de l'ancien conspirateur. La classe ouvrière, du reste, en majorité ralliée au gouvernement qui lui avait rendu des salaires suffisants, — malgré la hausse des loyers et des objets d'alimentation, — était toute à la joie des satisfactions physiques et, ses chefs dispersés, ses organisations détruites, elle semblait avoir renoncé à ses espérances de 1848. Elle ne réclamait rien, étant, du reste, dans l'impossibilité de se faire entendre et personne n'osant élever la voix pour elle. Elle s'était encore ralliée à l'Empire pour sa politique extérieure dont les actes étaient généralement approuvés des masses et de la plupart de leurs chefs, malgré les inquiétudes que provoquaient parfois les nouvelles de la guerre. Mais, pour presque tous, la lutte contre la Russie n'était-elle pas la revanche de 1815 (1)? La victoire en-

1. « Comme toi, j'aurais désiré que nous n'eussions pas la guerre, écrivait Barbès, le 18 septembre 1854, de Belle-Isle où il était enfermé. Mais puisque l'épée est tirée, il est nécessaire qu'elle ne rentre pas dans son fourreau sans gloire. Cette gloire profitera à la nation qui en a besoin, plus que personne. Depuis Waterloo nous sommes les vaincus de l'Europe, et pour faire quelque chose de bon, même chez nous, je crois qu'il est utile de montrer aux étrangers que nous savons

thousiasmant les masses, y raffermissait opportunément le bonapartisme et réveillait en elles les traditions glorieuses de l'Empire. Et cependant, à ce moment même, les procureurs impériaux signalaient dans leurs rapports la réapparition d'un mouvement populaire (1).

Au lendemain des victoires de Crimée l'Empire aurait été plus libre que jamais pour faire aboutir des réformes sociales ; il n'avait même plus à craindre une agitation révolutionnaire qui pourrait être provoquée par les partis politiques. Tous avaient évolué (2). Les républicains s'étaient ressaisis après le coup d'État, mais avaient renoncé à la tactique des coups de force, comprenant leur inutilité. L'Empire ne leur paraissait plus être l'œuvre du seul Bonaparte, mais de tous ceux qui, désirant un pouvoir fort, avaient été en réalité ses complices. Aussi les républicains répudiaient les exagérations des exilés, les anciennes doctrines socialistes, effrayantes pour beaucoup et discréditées par leurs

manger de la poudre. Je plains notre parti s'il en est qui parlent autrement. » « Nous avons voulu et aimé la guerre d'Orient, écrivait Louis Havin dans *Le Siècle* du 24 août 1856, en vue de l'honneur et des intérêts de la civilisation, en vue de la liberté et de l'indépendance des peuples. »

1. « Le gouvernement a un besoin énorme d'une victoire et il veut l'avoir à tout prix... Les procureurs impériaux signalent de toutes parts que la démagogie relève la tête, etc.; de Bordeaux à Brest on conspire à ciel ouvert. Il lui faut une victoire ou tout est perdu. » Proudhon, 5 septembre 1855. *Corresp*, t. VI, p. 242, et circulaires, 23 septembre 1853, et *Histoire socialiste*, t. X, p. 180.

2. La politique extérieure approuvée par tous les partis. Cf. Émile Ollivier. *L'Empire libéral*, tome III, p. 5.

échecs, qui leur paraissaient maintenant dangereuses (1).
Ils ne comptent pas sur une révolution populaire, mais
ils considèrent la conquête pacifique du pouvoir politique comme un acheminement vers la liberté et aussi
comme le moyen d'affranchir peu à peu, mais d'une
manière définitive, les classes souffrantes. En attendant, sans renoncer à leur idéal, ils conseillent la propagande calme, l'attente, et approuvent eux aussi la
politique extérieure de l'Empire (2). Les socialistes eux-
mêmes, désarmés, paraissent accepter les événements
et, jusqu'à un certain point, faire confiance à l'Empire.
« Je n'ai plus d'autre pensée, écrit Proudhon (3), que
de tirer le meilleur parti des situations nouvelles pour
la gloire du pays, le bien-être des masses et le progrès de l'humanité. »

1. Pascal Duprat, Ledru-Rollin, dans un appel à tous les démocrates d'Europe leur recommandent d'éviter les utopies dangereuses du
socialisme, dont les excès ont causé la réaction. Dans *Le Siècle*, Eugène Pelletan dans un appel « à la jeunesse » recommande aussi le
calme, la pondération dans les théories, sans rien abandonner de
l'idéal. « Le monde est en suspens. L'idée du passé et l'idée de la
démocratie tour à tour victorieuses et vaincues, vont à la fin livrer
leur dernière bataille. Elles sont là en ce moment face à face, au port
d'arme, le regard dans le regard n'attendant que le signal. Rejette
loin de toi toute témérité de pensée...l'esprit de système est un opium
qui commence par bercer les rêves et qui finit par les tuer... Tiens-
toi à la liberté... car la liberté est la seule conciliation de notre pays. »
10 août 1853.

2. « Cette politique est soutenue par l'opposition libérale essentiellement dévouée à la cause des nationalités, de la liberté, du progrès,
des idées démocratiques. » Louis Jourdan, *Le Siècle*, 31 janvier 1854.

3. Proudhon. Lettre au prince Napoléon, 7 janv. 1853. *Correspondance*, tome V, p. 154.

Du côté des anciens partis, le gouvernement ne doit avoir aucune crainte : les légitimistes et les orléanistes sont toujours plus divisés par les négociations difficiles pour une entente destinée à réaliser la « fusion » des deux branches de la famille royale. Chez les bourgeois l'activité commerciale et la hausse constante des prix ont enlevé toute velléité d'opposition. Les catholiques approuvent l'intervention en Crimée, qui affirme l'union du Pape et de l'Empire, et la volonté du gouvernement de ne pas abandonner à la Russie orthodoxe le protectorat des chrétiens d'Orient.

La politique industrielle de l'Empire, qui, pour hâter le développement de l'industrie et de la richesse, favorise la concentration des entreprises et des capitaux, n'est pas moins bien vue, même de ceux qui n'en profitent pas directement. Tandis que pour les républicains, au moment de la guerre de Crimée, le travail devient un devoir national pour tous ceux qui ne se battent pas (1), cette prospérité de l'industrie est aux yeux de beaucoup de démocrates, l'agent de la Révolution. Telle est l'idée de Proudhon qui se lance de toutes ses forces dans les affaires : « Tous ceux qui s'occupent d'affaires ne pouvant servir autrement la révolution, abrègent cette transition déshonorante (l'Empire)... en poussant au mouvement qui s'accomplit sous l'apparente initiative de l'Empereur. » En con-

---

1. « Le véritable patriotisme de ceux qui ne se battent pas, consiste à créer, à activer, à alimenter le travail sous tous ses aspects, dans tous ses modes d'activité. » Louis Jourdan. *Le Siècle*. 23 février 1854.

tribuant à hâter cette évolution de l'industrie, Proudhon croit accélérer « la transformation de la propriété,
l'abolition de l'intérêt de commerce, de la rente, la
dissolution de la féodalité financière et son remplacement par des sociétés ouvrières... Laissez dix ans de
ce travail s'effectuer, laissez entrer la masse ouvrière
dans la participation de toutes ces grandes sociétés,
laissez expirer la propriété ancienne sous l'expropria-
tion pour cause d'utilité publique, la solidarité politique, la police et la réglementation du sol, etc... ; laissez enfin se former les cadres de ce monde nouveau et
poindre son nouvel esprit, et vous verrez alors ce que
pèsera la botte impériale (1). »

Ainsi approuvé, mais pour des motifs si différents,
dans les actes de sa politique extérieure et bénéficiant
de la reconnaissance de tous ceux dont la prospérité
commerciale augmentait la fortune ou améliorait le
sort, l'Empereur se trouvait dans des conditions favorables pour développer l'idée napoléonienne, au moins
pour faire aboutir quelques réformes destinées à « faire
régner », comme il l'avait promis, la bonne intelligence
entre les divers éléments de la société industrielle.

Il se trouvait, du reste, poussé à intervenir dans les
conditions du travail, non seulement par les idées qu'il
avait si souvent exprimées autrefois, mais aussi par son
entourage, en grande partie composé de saint-simoniens. Si plusieurs d'entre eux, grisés par le succès de

1. Proudhon. *Correspondance*, 29 mars 1853, t. V, p. 195 et s.

leurs affaires, par les résultats considérables obtenus‘
ont montré peu de désintéressement et ont oublié que
le développement de l'industrie ne devait être envisagé
que comme un moyen de réaliser la fin de la doctrine
saint-simonienne, — l'affranchissement matériel et la
rénovation morale de la classe la plus nombreuse
et la plus pauvre, — l'idée saint-simonienne avait
cependant tellement pénétré dans l'entourage de l'Empereur, qu'elle y était devenue une doctrine quasi officielle. Faisant appel à l'autorité pour réaliser le bien-
être de l'humanité, les doctrines saint-simoniennes ne
pouvaient être mal vues du pouvoir. Du reste Enfantin et la plupart de ses disciples n'avaient point été
des républicains irréductibles (1), quoiqu'ils aient voulu
apporter leur contribution à l'œuvre économique de la
deuxième République. Mais la propagande de leurs
journaux, *la République*, *le Crédit*, *la Politique Nouvelle*, était demeurée sans effets. Conformément aux doctrines de Saint-Simon, ils manifestaient, quoique ralliés à la République, moins de confiance dans le libre
jeu des forces individuelles qui n'aboutit qu'au désordre, que dans l'autorité, pour réaliser le bonheur social et individuel (2). En conséquence ils s'adressaient
toujours au Gouvernement pour obtenir les réformes

1. Quelques-uns cependant étaient restés dans l'opposition républicaine, comme Louis Jourdan, le rédacteur du *Siècle*.

2. En 1831, après l'insurrection de Lyon, Enfantin écrivait dans *le
Globe* : « Les classes ouvrières ne peuvent s'élever qu'autant que les
classes supérieures leur tendent la main... C'est de ces dernières que
doit venir l'initiative. »

espérées, les entreprises particulières leur paraissant insignifiantes, incapables d'opérer la conciliation des intérêts. Cette autorité bienfaisante, Napoléon III leur semble la personnifier (quoique *le Crédit*, voyant en lui un instrument de réaction, l'ait d'abord vivement combattu quand il était président), depuis qu'il a su leur inspirer confiance par des paroles progressives. « Armer pour la guerre nouvelle, dit Enfantin, c'est déclarer que la France, le Gouvernement français, l'Empereur, sont des agents providentiels de cette élévation des classes inférieures, des plébéiens vers le patriciat, de cet annoblissement progressif de la race humaine, de l'agrandissement continu de sa moralité, de son intelligence et de son bien-être (1). » Napoléon III ne pouvait guère rester insensible à une si flatteuse sollicitation, tellement conforme à ses goûts.

Dans l'entourage de l'Empereur, l'intervention du pouvoir paraît une condition moins indispensable à l'amélioration sociale ; mais il est indéniable qu'un mouvement nouveau, succédant à la réaction individualiste qui avait précédé et suivi le coup d'Etat, opposait aux pures doctrines du « laisser-faire » la nécessité d'une action directe, exigeait l'action continue et clairvoyante du pouvoir, non plus pour faciliter simplement la production, mais pour améliorer le sort des travailleurs.

Cette tendance à chercher en dehors de l'activité libre de l'individu un moteur de progrès se retrouve

_____

1. Cité dans Charléty. *Histoire du Saint-Simonisme*, 1896, p. 410. Pour les relations des saint-simoniens et du pouvoir, Cf. Weill. *L'École saint-simonienne.*

même chez quelques-uns de ceux qui se disent adver-versaires de l'intervention du pouvoir. Ainsi Auguste Comte, dont les idées et l'influence se répandent de plus en plus après le 2 décembre, n'admet pas l'intervention de l'État dans le régime économique. Mais cela vient de ce qu'il a confiance dans l'action d'un pouvoir autre que l'initiative individuelle, dans le pouvoir spirituel, dans l'autorité de sacerdoce (1). Seul, il pourra imposer aux riches le respect de leurs obligations morales envers les pauvres, contraindre ces mêmes riches à donner aux prolétaires les garanties morales et matérielles qui leur sont dues, quand ce serait même en usant de sanctions temporelles, la confiscation temporaire ou définitive. Le positivisme est donc bien éloigné des doctrines du laisser-faire.

Le bouillonnement des idées de 1848 une fois apaisé, l'opinion qui consiste à confier à l'Etat une mission de contrôle et d'impulsion pour améliorer le sort de l'individu, se répand même parmi les disciples de Bastiat et de Say. S'ils ont pu applaudir à l'échec des théories socialistes, la révolution a fait ressortir des inégalités et des souffrances auxquelles l'initiative individuelle était insuffisante à remédier. Courcelle-Seneuil, quoique libéral intransigeant, ne se montre pas seulement par-

1. Dans cette question du rôle initiateur du pouvoir spirituel, on peut retrouver la filiation étroite qui rattache le positivisme au saint-simonisme primitif dont il est issu : « La religion doit diriger la société vers le grand but de l'amélioration la plus rapide possible du sort de la classe la plus pauvre. » Saint-Simon. *Nouveau christianisme*, p. 104, édit. 1832.

tisan de l'instruction obligatoire qui serait d'après lui « une sorte de compensation établie au profit du pauvre, pour les avantages nombreux que la constitution et la société assurent à ceux qui ont eu des aïeux plus actifs, plus prudents, plus forts (1). » Mais il ne refuse pas à l'Etat le rôle d'initiateur. « L'emploi de l'autorité dans les réformes économiques est à la fois très nécessaire et très délicat (2). » Il recommande même pour accélérer le progrès « une forte initiative de l'autorité dans l'enseignement primaire et professionnel, dans les grands travaux publics ». Bien plus, et cette indication pourrait être précieuse pour le gouvernement, cette action économique de l'Etat serait, d'après lui, le moyen de prévenir les crises révolutionnaires et d'y remédier. « Toutes les fois que dans un pays les gouvernants et les gouvernés ont été assez aveugles pour laisser arriver un de ces cataclysmes sociaux appelés révolutions, écrit-il en 1857, on peut affirmer que de grandes réformes qui étaient nécessaires n'ont pas

1. Courcelle-Seneuil. *Traité d'Economie politique* (publié en 1857), tome I, livre II, ch. XII, p. 458, 3ᵉ édit. (1891). Courcelle-Seneuil espère beaucoup de la diffusion de l'instruction : « Celui qui ne possède pas ce minimum d'instruction, sans lequel le citoyen ne peut raisonner ses droits, ses devoirs et ses intérêts... quelle que soit la situation que la loi lui fasse, est toujours dans une certaine mesure dans la situation d'un enfant mineur. » T. II, liv. I, ch. X, p. 297. « La diffusion de l'instruction primaire est indispensable au jeu régulier de l'appropriation des fonctions et des richesses par la liberté, une nécessité d'ordre et de salut public, et, à défaut des particuliers, le gouvernement doit y pourvoir et faire en sorte qu'elle soit donnée partout et à tous. » *Ibid.*, p. 299.

2. *Ibid.*, t. II, liv. I, ch. XII, p. 356.

été faites... C'est par l'autorité qu'il faut les accomplir avec vigueur, avec fermeté, mais avec une mesure qui en assure la durée (1). »

De tous les partisans de l'intervention, c'est Dupont-Wite, dans *L'Individu et l'État* (1857) qui a le plus nettement déterminé et justifié pour le pouvoir le rôle d'agent de progrès social. L'État, selon Dupont-White, doit agir non seulement pour maintenir l'ordre, qui n'est pas moins nécessaire à l'individu qu'à lui-même, mais pour élever l'homme en dignité, pour l'affranchir en hâtant le progrès. Et le pouvoir a même un droit de contrainte, car l'avènement de la démocratie en fait le représentant de la collectivité ; il en condense la volonté, — qui doit être éclairée, — de sorte que, quelle que soit l'action du pouvoir, elle ne peut être contraire à la liberté. Cette action de l'État sera d'autant plus indispensable et efficace, que lui seul peut entraîner la multitude qu'on ne peut convaincre par le raisonnement. Dupont-White en arrive à conclure que « la meilleure hypothèse politique est la constitution qui permet à un peuple d'accomplir la plus grande somme de progrès, c'est-à-dire la constitution qui compte plus sur l'État que sur l'individu », et que « la civilisation moderne, loin de contraindre l'État à une sorte de retrait d'emploi, le condamne au contraire à un surcroît d'attributions (2) ».

Puisque les conseillers comme les adversaires de

1. *Ibid.*, t. II, liv. I, ch. XII, p. 359.

2. Cf. à propos de *L'Individu et l'État*, l'art. de Eugène Pelletan, *Revue de Paris*, 1er mars 1857.

l'Empire reconnaissaient à la fois l'utilité de l'intervention de la loi dans les questions industrielles pour améliorer le sort des travailleurs, il paraîtrait logique que Napoléon III, cédant aux sentiments bienveillants qu'il avait si souvent exprimés quand il était président et qu'il n'avait jamais formellement reniés depuis, ait essayé de faire aboutir quelques-unes des mesures urgentes qu'il avait inscrites dans son programme au moment de son élection à la présidence. Malgré l'attitude que les circonstances et son intérêt lui avaient imposé, il persistait à croire à la nécessité de l'intervention du pouvoir, à l'efficacité d'un paternalisme éclairé, et ses ministres se faisaient les interprètes de cette confiance : « Un gouvernement stable et fort, écrivait le ministre de l'Intérieur, Billault, peut seul apporter au sort de l'ouvrier ces améliorations que les agitateurs lui promettaient en vain (1). »

Et cependant, on est en peine pour trouver un plan d'ensemble auquel pourraient correspondre les quelques mesures disparates dues à l'initiative officielle en faveur de la classe ouvrière, pendant la période de calme intérieur qui s'étend de 1853 à 1858. Mais cela ne tiendrait-il peut-être pas à ce que l'état de guerre rendait plus hasardeuses des réformes trop considérables ? Peut-être aussi craignait-on, à ce moment de guerres nationales, de donner naissance à une opposi-

---

1. Rapport Billault, sur l'établissement d'asiles à Vincennes et au Vésinet pour les ouvriers convalescents ou mutilés dans leurs travaux *Mon.*, 11 mars 1855.

tion des conservateurs, affolés par des mesures de socialisme gouvernemental (1) ? Mais il est intéressant de remarquer à propos de ces interventions particulières, qu'elles correspondent toutes comme but et comme moyens de réalisation, au programme trop vaste du président, et, qu'à certaines occasions, où sa parole ne pouvait manquer d'avoir une grande portée, l'Empereur ne craignait pas de signaler encore les méfaits de l'industrialisme. Dans son discours d'ouverture de la session législative de 1857, il constatait combien les ouvriers bénéficiaient peu des progrès et de la prospérité de l'industrie, et il affirmait la nécessité, — et sa volonté, — de leur venir en aide. « La civilisation, disait-il, quoiqu'elle ait pour but l'amélioration morale et le bien-être matériel du plus grand nombre, marche, il faut le reconnaître, comme une armée. Ses victoires ne s'obtiennent pas sans sacrifices et sans victimes... De là la nécessité, sans arrêter le progrès, de venir en aide à ceux qui ne peuvent suivre sa mar-

1. La susceptibilité des conservateurs était grande. Dans son rapport à l'Académie des Sciences morales et politiques, sur le *Traité d'Économie politique* de Villiaumé, Hippolyte Passy protestait contre une conception subversive de l'économie politique à laquelle Villiaumé donnait pour objet « le plus grand bien possible pour le plus grand nombre. » « Du moment où l'on admet qu'il y a à agir particulièrement en faveur d'une fraction quelconque de la société, fût-ce de la plus nombreuse, écrivait Hippolyte Passy, on ne fait plus de l'économie politique, on fait du socialisme ! » (*Journal des Economistes*, 15 août 1857). A la même époque, on proposa d'ouvrir à la même académie, une discussion sur le socialisme, que certains considéraient comme une « doctrine morte... dont nos enfants riraient bien ». Mais la majorité s'y opposa par peur de réveiller le monstre.

che accélérée. Eclairer et diriger, voilà notre devoir (1). »

En 1855, dans un cas particulier auquel le développement rapide de l'industrie donnait une grande importance, le gouvernement avait pris l'initiative de mesures garantissant la sécurité des ouvriers. Le 7 avril, il avait déposé un projet concernant les contraventions aux règlements sur les appareils et bateaux à vapeur (2), projet de loi destiné à assurer l'exécution des dispositions préventives et pénales existantes, et à compléter les dispositions de règlements d'administration publique déjà anciens. L'insistance des commissaires du gouvernement, parmi lesquels se trouvait Michel Chevalier, réussit à triompher des longues hésitations de la commission du Corps législatif, en majorité composée d'industriels. Ceux-ci voyaient avec peu de faveur une réglementation nouvelle, qui risquerait, d'après eux, d'apporter des entraves à la prospérité de l'industrie ou de faire naître des inquiétudes qui pourraient la compromettre. M. Schneider, qui déposa son rapport presque un an après la présentation du projet de loi, se fait d'abord l'écho des résistances nombreuses qu'avait rencontrées le principe d'une intervention légale. « Nous avons été unanimes à penser que ce n'est presque jamais sans de graves inconvénients, que l'on fait

1. *Moniteur*, 15 février 1857, p. 189.

2. *Mon.*, 17 nov. 1855, p. 1246. Loi du 21-26 juillet 1856. « La pensée de cette loi date de vingt ans », disait le rapport du Conseil d'État en rappelant qu'un projet analogue avait été déposé en 1835, délibéré à la Chambre des Pairs le 14 fév. 1848, discuté au Conseil d'État en 1849.

intervenir une législation spéciale et surtout une législation pénale dans le domaine de l'industrie ; cés lois sociales sont le plus souvent inefficaces pour prévenir ou pour réprimer des abus qui se transforment incessamment, et dont il est d'ailleurs fait prompte justice, soit par la législation ordinaire, soit par l'opinion publique,soit encore par l'intérêt personnel mieux entendu. Et d'un autre côté, l'industrie, si mobile de sa nature, si multiple dans ses procédés, a surtout besoin de liberté ; tout ce qui la réglemente sans nécessité absolue, est une entrave à ses progrès, tout ce qui l'inquiète la compromet ». Mais le rapporteur est forcé de reconnaître que cette loi, à l'étude depuis 1835, est nécessaire, car le législateur doit placer la vie des individus au-dessus des intérêts étroits de l'industrie. « C'est un devoir de chercher les moyens qui peuvent assurer une observation plus générale et plus complète de ces règlements, puisque ce serait ajouter à la sécurité publique... quand la vie des hommes est aussi gravement intéressée, la législation doit être aussi bien préventive que répressive (1). »

Durant ces quelques années de complète paix intérieure, le gouvernement ne manifeste guère plus l'intention d'intervenir dans la réglementation du travail ; c'est à peine si l'on entend parler de quelques enquêtes qui avortèrent. En 1856 *la Presse* (2) annonçait, d'après *l'Indépendance Belge*, une enquête sur le pau

---

1. Rapport. *Moniteur*, 30 juin 1856. Annexe L., p. LI, n° 286.
2. *La Presse*, 5 juillet 1856.

périsme en France. Une autre enquête eut lieu en 1858
dans des conditions tout à fait insolites : l'origine en
était une circulaire confidentielle du 10 juillet 1858,
adressée aux préfets par le ministre du Commerce. Il
demandait surtout des renseignements statistiques sur
les établissements industriels des villes, comparative-
ment à ceux installés dans les campagnes ; enfin deux
questions se rapportaient aux rapports des patrons et
des ouvriers, et à la situation des classes laborieuses.
Pour l'une et l'autre de ces enquêtes, les résultats furent absolument nuls (1).

A la même époque, le gouvernement annonçait vainement l'intention de faire respecter la loi de 1841 sur
le travail des enfants dans l'industrie. En 1855 il chargeait de cette surveillance les membres du conseil d'hygiène et les inspecteurs des enfants assistés. Mais
n'ayant obtenu ainsi aucun résultat, il saisissait le Conseil d'Etat, en 1858, d'un projet de révision de la loi
de 1841. Ce projet s'inspirait des derniers travaux de
la Chambre des Pairs et proposait la création de fonctionnaires spéciaux pour exercer sur les ateliers une
surveillance effective. Mais le projet n'eut aucune suite
et la loi ne fut pas plus appliquée que précédemment (2).

Mais à la législation ouvrière de cette époque de
l'Empire, on doit joindre d'autres mesures, qui semblent participer de l'idée de charité, d'assistance, et

1. Audiganne. *Mémoires d'un ouvrier de Paris* (1873), p. 50.
2. Cf. Hugues. *L'inspection du travail*, p. 24, 1907.

qui, pour ne pas impliquer la reconnaissance d'un devoir social envers les moins favorisés, sont cependant
des marques d'intérêt de l'Empereur et de son gouvernement envers les travailleurs. Malgré l'étroitesse
de leur champ d'application et leur caractère faculta-
tif, certaines d'entre elles comportaient des germes de
développement tels qu'elles auraient pu améliorer sensiblement la situation des ouvriers en diminuant pour
eux les perspectives de souffrances en cas de maladie
ou pendant leur vieillesse.

L'une de ces mesures n'intéressant directement que
les ouvriers parisiens, est le décret du 8 mars 1855 (1),
établissant à Vincennes et au Vésinet des asiles pour
les ouvriers convalescents ou mutilés dans leurs travaux.

Les arrêtés du 15 décembre 1848 et la circulaire du
22 octobre 1851 avaient rendu obligatoire une retenue
de un pour cent sur la valeur de l'ensemble des travaux publics concédés à l'adjudication. Cette retenue
était destinée à assurer un traitement ou des secours
à l'ouvrier ou à sa famille, ou une indemnité en cas
d'incapacité permanente de travail ou de mort. Mais
ce prélèvement avait un caractère particulier au chan-
tier : si les indemnités payées n'absorbaient pas la retenue faite, l'excédent était remboursé à l'entrepreneur.

Le décret de 1855 donne au contraire à ces retenues

____

1. *Moniteur* 11 mars 1855, p. 277. Texte du décret et rapport Billault.

obligatoires le caractère forfaitaire d'une prime d'assurance. S'il ne rend pas obligatoires pour tous les entrepreneurs et pour tous les industriels des versements analogues, il leur donne, ainsi qu'aux sociétés de secours mutuels, la faculté de « s'abonner ». Cette création, cette caisse des invalides civils, n'avait pas été instituée au seul bénéfice des ouvriers parisiens. Elle était appelée, dans l'esprit de l'Empereur, à acquérir un grand développement. « Si, comme tout le fait espérer, cette première œuvre est couronnée de succès... tous les grands centres industriels existant sur la surface de l'Empire pourront successivement en recevoir le bienfait. » Cette sorte d'assurance ouvrière ne demandant aux ouvriers aucun sacrifice, n'aboutit pas à grand'chose parce qu'elle n'était pas obligatoire. C'est à peine si dans quelques-uns des grands centres de production, à Rouen, à Mulhouse, on vit plus tard s'élever quelques asiles analogues à ceux de Vincennes et du Vésinet. Mais, malgré cet échec, l'Empire ne renoncera pas à essayer d'organiser une sorte d'assurance ouvrière, seulement on ne cherchera plus à lui donner le caractère charitable qu'avaient les fondations de Vincennes et du Vésinet : durant la préparation de la loi du 15 juillet 1868 créant des caisses d'assurances en cas de décès ou d'accidents résultant du travail agricole ou industriel, le décret du 8 mars 1855 sera rappelé comme un précédent, et non pas seulement comme un essai infructueux.

A ces mesures presque exclusivement charitables, dont l'application aurait pu améliorer un peu la situa-

tion des ouvriers, il faut rattacher les tentatives nombreuses du gouvernement pour faire organiser dans
tous les cantons où il n'existait point d'hôpital, des
services de médecine gratuite, dont les ouvriers des
champs auraient surtout bénéficié. Mais le gouvernement n'a pas voulu en faire une obligation pour les communes, et il n'a pas voulu avoir recours à l'intervention
de la loi. Par diverses circulaires (1) le ministre insistait auprès des préfets pour faire établir par les conseils généraux des médecins cantonaux, et se proposait de répartir une subvention entre les départements
qui en auraient organisé ce service. Mais le gouvernement redoutait de s'aventurer en cette matière : une
intervention légale ne rappellerait-elle pas, ne risque-
rait-elle pas de fonder le droit à l'assistance qui avait été
proclamé en Février ? Cette crainte avait déjà causé
l'échec, sous la seconde République, du projet Dufaure, le 6 juillet 1849, et des propositions de la Commission d'assistance de l'Assemblée législative. Aussi
le gouvernement se contente d' « encourager autant

1. Circul. 3 avril 1852, 15 avril 1854, 26 juin 1855, 22 août 1855.
Cette mesure avait des antécédents. La loi du 24 vendémiaire an II,
titre V, art. 18, reconnaît « l'obligation de secourir les indigents
ruraux en état de maladie, domiciliés de droit ou non ». Une proposition Salvandy en 1847 tendait à faire instituer des médecins rému-
nérés par les départements, pour donner des soins aux indigents de
la campagne. Le 6 juillet 1849 le projet Dufaure prévoyait l'organisation de comités cantonaux et d'un conseil supérieur d'assistance,
et la proposition Bertholon créait deux places de médecins rétribués
par canton n'ayant pas d'hôpital.

qu'il dépend de lui (1) » ces institutions et il lui semble pourtant qu'à l'absence de soins pour les pauvres de la campagne, « la charité, la justice et la bonne politique veulent un remède (2). » Ces efforts ministériels n'aboutirent à faire établir ce système que dans trente-six départements en 1857 ; mais il fut presque abandonné ; au moment de sa création, des objections étaient déjà faites à ce mode de secours ; on lui reprochait de laisser trop de misères de côté et d'être stérile comme résultat, à cause du dénûment des malades, de leur isolement et du manque de soins.

Quelque insignifiantes qu'aient pu être dans leurs résultats ces interventions du pouvoir en faveur de la classe ouvrière, elles produisaient au moins un effet, c'était d'affirmer hautement que l'Empereur n'avait pas renoncé aux idées qu'il professait autrefois dans ses brochures. Elles contribuaient aussi à faire admettre plus facilement par les travailleurs la souveraineté absolue de ce gouvernement, qui continuait à se prévaloir de ses origines démocratiques, et l'exercice, parfois un peu rude pour eux, de cette souveraineté. Mais ces mesures tutélaires ont été prescrites par le ministre avec une telle insistance, comme des preuves de la sollicitude charitable de l'Empereur, que l'on y est plutôt frappé par l'appel très pressant à la reconnaissance de leurs bénéficiaires éventuels, que par une ex-

______

1. Circul. de M. Billault, ministre de l'Intérieur, aux préfets, 26 juin 1855, circulaire reproduite dans Watteville, *La législation charitable*, 1862, t. II, p. 255.

2. 15 août 1854. *Mon.*, 19 août 1854.

pression bien nette du désir de faire cesser l'injustice d'inégalités ou des souffrances trop grandes. On ne trouve dans les exposés des motifs, dans les rapports, dans les circulaires, où ces projets de lois sont étudiés, aucun effort pour expliquer l'intervention du pouvoir, soit par des considérations de justice, soit par le souci de sauvegarder la dignité humaine, d'accroître la valeur morale ou même physique de l'individu. De sorte que ce qui nous apparaît comme le seul but visé par ces mesures, c'est le maintien à tout prix, par tous les moyens, de l'ordre dont le rétablissement avait été pour beaucoup la raison d'être et l'excuse du coup d'Etat. De même qu'il avait été impitoyable envers les travailleurs pour faire accepter sa domination des classes riches, aussitôt arrivé à cela, il avait voulu s'attacher définitivement, par une affectation bruyante de sympathie, les classes ouvrières que la prospérité générale avait rendues moins suspectes. Aussi, malgré la publication à cette époque des œuvres de Napoléon III, — ce qui équivalait à une reconnaissance publique des idées du prétendant, — on ne doit pas, semble-t-il, donner une autre portée à ces essais de réformes. Telle était l'opinion d'Armand de Melun qui, pendant la durée de l'Assemblée législative, avait été le champion de l'intervention légale en faveur des pauvres : « Louis-Napoléon Bonaparte était très disposé à faire le bien à condition que son pouvoir et sa popularité en auraient tout l'honneur (1). » Et Karl Marx exprimait la même idée d'une manière encore plus frappante : « Bona-

---

1. Cité par Ferdinand Dreyfus, *op. cit.*, p. 126.

parte aurait voulu se poser comme le bienfaiteur patriarcal de toutes les classes... Bonaparte aurait voulu être l'homme le plus obligeant de France, et convertir toute la propriété, tout le travail de la France en une obligation personnelle pour lui (1). »

Le désir de gagner la confiance des classes ouvrières ne faisait cependant pas renoncer le gouvernement à user des mesures de rigueur qu'il avait prises contre elles après le coup d'État. Car les agglomérations industrielles étaient restées des foyers d'opposition : de toute association ouvrière de production, de toute société de secours mutuels, le gouvernement craignait de voir naître une agitation politique. Les mouvements populaires, comme celui de la Marianne, en 1855, les rapports annuels des procureurs généraux au ministre de la Justice, montraient que malgré le calme apparent, nombreux étaient les ouvriers qui n'avaient pas renoncé à leurs espoirs de 1848 (2). Ce n'était cependant plus par un coup de force que la majorité d'entre eux comptait en hâter la réalisation, mais par la conquête du pouvoir par le suffrage universel. Aux élections de 1857, cette opposition, jusque-là muette, paraît redoutable pour l'Empire : les candidats républicains se présentent comme les champions de la liberté et des réformes sociales (3), réunissent un nombre considérable de suf-

---

1. K. Marx. *Le 18 brumaire de Napoléon Bonaparte.*

2. Cf. *Hist. Socialiste*, t. X, p. 94 et suiv.

3. Proclamation de Ranc, candidat en 1857. « L'amélioration morale et matérielle du sort de ceux qui souffrent, des travailleurs, le déve-

frages, malgré la propagande abstentionniste des démocrates exilés et de Proudhon ; à Paris même ils conquièrent la majorité des sièges, et deux élus refusent le serment, affirmant ainsi l'attachement de leurs mandants aux idées républicaines et l'opposition irréductible de la classe ouvrière à l'Empire.

Aussi le gouvernement abandonne la politique des ménagements et des concessions à la classe ouvrière : conservateurs et bonapartistes s'effraient de l'agitation démocratique (1). Après l'attentat d'Orsini, en 1858, le gouvernement de Napoléon III qui se croit menacé réagit « contre la politique de coquetterie avec les démocrates, que ce prince a suivie depuis le coup d'État et dont Billault était le principal agent (2) ». Avec le général Espinasse, que la peur de la démagogie avait fait nommer ministre de l'Intérieur, il n'est plus question de politique ouvrière : le gouvernement confond et frappe indistinctement toutes les velléités d'opposition, celle de Montalembert comme celle de Proudhon.

Tout espoir de réformes sociales semblait devoir être abandonné après l'attentat d'Orsini : la loi de sûreté générale, plus soupçonneuse encore que les décrets de la dictature, n'aurait toléré l'expression

loppement du commerce, de l'industrie et du crédit, voilà son but (de la démocratie) ; la liberté, voilà ses moyens. » *Hist. soc.*, t. X, p. 103.

1. Cf. Proclamation du général Espinasse, 9 février 1858, et le rapport de Morny sur la loi de sûreté générale

2. De Hubner. *Mémoires*, 8 février 1858, t. II, p. 103 ; et Proudhon. *Correspondance*, t. VIII, 13 sept. et 5 déc. 1858.

d'aucun vœu populaire ; le gouvernement, d'autre part, semblait avoir renoncé pour longtemps à la conquête pacifique de la démocratie ouvrière. Mais une décision imprévue de Napoléon III, l'intervention française en Italie, attribuée généralement à un incident du procès d'Orsini, amena un revirement subit de la politique impériale : l'application des lois dictatoriales fut un peu moins rigoureuse, l'adhésion des républicains à la guerre rendant l'Empire plus indulgent pour eux.

Mais la guerre d'Italie fut l'origine de conflits intérieurs tels que l'Empire se vit forcé, pour assurer sa stabilité d'accroître les libertés politiques constitutionnelles et fut entraîné, peu à peu, à donner une satisfaction progressive aux revendications ouvrières.

Quand il cédait ainsi aux influences du Palais-Royal et à ses propres sympathies, au moment où il se décidait à intervenir en Italie, l'Empereur voulait paraître fidèle à la tradition révolutionnaire qui avait donné à la France la mission d'initiatrice de la liberté, à cette politique des nationalités si bien accueillie du peuple au moment de la guerre de Crimée. Il comptait concilier à ce bonapartisme libéral les partisans des idées républicaines. Son calcul était juste. L'Empereur, à son départ pour la guerre, traversait les faubourgs au milieu des acclamations ouvrières et Jules Favre apportait à la tribune l'adhésion de l'opposition démocratique à l'aide donnée pour l'affranchissement de l'Italie.

Mais la politique contradictoire suivie par le gouvernement, politique émancipatrice à l'extérieur, autoritaire et répressive à l'intérieur, n'allait pas tarder à ranimer les mécontentements. Les conséquences de cette contradiction, et l'impossibilité où le gouvernement allait se trouver de limiter au refoulement des Autrichiens le mouvement national italien, et de l'empêcher de porter atteinte à la souveraineté du Saint-Siège, avaient déjà été signalées par Jules Favre et Plichon au Corps législatif (1), le premier acclamant la liberté qui, par la force des choses, devait refluer en France, le second la redoutant. L'émancipation du territoire italien laissée incomplète aux préliminaires de Villafranca, la souveraineté temporelle du pape menacée par l'élan que l'intervention française avait donné aux libéraux italiens et par le prestige que venait d'acquérir la maison de Savoie, cela privait à la fois l'Empire de l'appui des anciens partis mécontents et des démocrates non satisfaits. D'autant plus vigoureusement pris à partie qu'il s'affaiblit en hésitant et en se contredisant sans cesse, pour essayer de contenter l'un et l'autre des partis aux vœux opposés (2), le gouvernement se trouve

1. Cf. séance 29 avril 1859. *Mon.*, 2 mai, p. 502. J. Favre « La politique du gouvernement a été la politique traditionnelle de la France. Briser les chaines des esclaves, chasser les dominateurs qui n'ont jamais su s'imposer que par la violence, voilà la mission de la France. » Plichon : « Ce n'est pas seulement la sécurité extérieure qui pourra être compromise par cette guerre, mais encore la paix intérieure du pays. On ne pourrait être révolutionnaire en Italie et rester conservateur en France et à Rome »

2. Expédition de Syrie où nos soldats vont lutter « là où des ancêtres héroïques avaient glorieusement porté la bannière du Christ », qui finit par l'intervention d'une commission internationale impo-

attaqué par les catholiques qui entraînent une grande partie des populations rurales, et groupent autour d'eux les « classes ingouvernables » (1), financiers ou industriels protectionnistes redoutant les conséquences des traités de commerce déjà annoncés, orléanistes qui n'ont pas pardonné la spoliation des biens particuliers de la famille royale en janvier 1852. Le gouvernement est encore menacé par les républicains déçus par une retraite prématurée, auxquels l'amnistie du 17 août 1859 n'a nullement fait oublier les brutalités du coup d'Etat ou de la loi de sûreté générale, et dont l'influence est accrue par le retour des condamnés qui bénéficient du prestige de l'exil.

A la même époque se fait durement sentir une crise économique due au conflit entre républicains et démocrates aux États-Unis, aux krachs d'Angleterre, au manque de capitaux, raréfiés par les emprunts d'États ou immobilisés dans des opérations à rendement très différé.

Cet état de choses provoquait un malaise général tel, que l'Empereur, dans le discours d'ouverture de la session législative, le 8 février 1859, faisait part de ses inquiétudes aux grands corps de l'État : « Mes-

sée par l'animosité de l'Angleterre. Expédition de Chine pour la protection des missions. Encouragements à la formation de l'unité roumaine et serbe. Contre la politique anglaise et italienne, l'Empire défend l'autorité du pape auquel il veut imposer sans succès une meilleure administration. Cf. le discours d'E. Ollivier, pendant la discussion de l'adresse en 1865, où il note les hésitations et l'évolution de la politique impériale. *Mon.*, 5 fév. 1863, p. 168.

1. E. Ollivier, *op. cit.*, IV, p. 14.

sieurs, la France, vous le savez, a vu depuis six ans
son bien-être augmenter, sa richesse s'accroître, ses
discussions intestines s'éteindre, son prestige se relever... et cependant il surgit par intervalles, au milieu
du calme et de la prospérité générale, une inquiétude
vague, une sourde agitation qui, sans cause bien définie,
s'empare de certains esprits et altère la confiance publique. »

Aussi, dès le commencement de la session de 1860,
le gouvernement, attaqué à tout propos, même dans
le Corps législatif jadis si docile, se trouvait acculé à
des modifications constitutionnelles et s'efforçait par
des promesses de concessions, de s'attacher par avance
l'opposition démocratique et les classes populaires (1).
Par l'accroissement des libertés parlementaires (décret
du 2 novembre 1860), l'Empire espérait satisfaire aux
demandes de garanties formulées par tous les partis,
déconcertés des revirements de la politique officielle,
et par le sénatus-consulte du 2 décembre 1861, qui
rendait le Corps législatif effectivement maître de l'établissement et du contrôle du budget, il voulait calmer
les inquiétudes causées par l'augmentation constante
des déficits (2). En associant les grands corps de l'État

1. C'est ce que notait Proudhon le 1ᵉʳ janvier 1860. « Combinant
toutes ces circonstances : 1° le mouvement des idées libérales en
Europe ; 2° l'insuccès complet d'une politique renouvelée de traditions
de 1804 à 1814 ; 3° la situation économique et financière ; 4° le refroi-
dissement du clergé... je suis forcé de conclure à une volte-face du
gouvernement et peut-être à une tentative de rapprochement avec la
démocratie même sociale. » *Correspondance*, t. X, p. 303.

2. Cf. E. Ollivier, *op. cit.*, t. V, p. 8 et 15.

aux actes du gouvernement par le vote d'une adresse où ils pourraient manifester leur adhésion ou insinuer des conseils, en rendant une publicité entière aux débats des deux Chambres, l'Empereur comptait leur faire partager aux yeux des électeurs, la responsabilité de sa politique, les rendre indirectement solidaires de ses actes, et, à la faveur de la publicité de discussion rétablie, opposer les partis aux partis, afin d'en être à la fois le modérateur et le maître. Mais les poursuites contre la Société de Saint Vincent-de-Paul (1) ont rendu définitive la rupture avec les partis catholiques (2); toutes les oppositions réclament une part plus effective de contrôle, de pouvoir, et l'extension des libertés politiques. Le gouvernement ne se résout pas non plus à rallier tous ces adversaires à la fois et à satisfaire les vœux populaires en courant les hasards d'une intervention en Pologne (3). Aussi l'Empire, qui ne peut arrêter

1. La dissolution du Comité central de la Société Saint Vincent-de-Paul montre quel changement radical s'est produit depuis 1859. En 1853, au préfet de la Moselle qui s'inquiète de la propagande très active de la société, le ministre de l'Intérieur écrivait « qu'elle oppose un obstacle sérieux à la propagande révolutionnaire et au développement des associations démagogiques ». En 1861, le gouvernement voulait non dissoudre la société elle-même, mais en prendre la direction, profiter de son influence et prendre le monopole de la charité. Cf. Circul. Persigny, 18 oct. 1861.

2. « Les amis de la veille sont devenus suspects et c'est dans le camp de ceux qu'il n'avait cessé de combattre que le gouvernement va dès ce moment chercher de nouveaux alliés. » Plichon, 7 mars 1861, p. 317, col. 5.

3. « Montalembert en parlait avec la même exaltation que Garibaldi et Kossuth, on entendait les mêmes vœux dans les salons et les caba-

ce réveil du parlementarisme, choisit dans la masse électorale entre les diverses oppositions celle qu'il lui serait le plus profitable de contenter et le plus facile de
diriger ensuite ; il se décide alors à réaliser, sans vouloir trop y paraître contraint par la pression de l'opposition, les souhaits des classes populaires dont il
rend possible l'expression réfléchie en autorisant et
en facilitant l'organisation des délégations ouvrières.
Satisfaire les revendications immédiates de la classe
ouvrière qui se serait ralliée à celui qui prenait l'initiative des réformes sociales, c'était conquérir la gratitude de la masse du corps électoral et barrer la voie
pour des années à la République et au socialisme. Et
le gouvernement commence déjà délibérément cette
politique opportuniste contre laquelle il ne pourra plus
réagir et qu'Émile Ollivier, quelques années plus tard,
définissait ainsi à la tribune en l'approuvant : « Gou-
verner c'est l'art de céder, l'art de céder sans paraître
obéir, l'art de céder à propos aux légitimes aspirations
du peuple (1). »

Rassuré du côté des paysans pour lesquels il n'avait
à peu près rien fait, mais dont il n'avait rien à craindre, Bonaparte étant toujours pour eux, selon l'expression de Proudhon, « le symbole du droit allodial », il
pouvait opposer à l'aristocratie foncière la classe de

rets, dans les sacristies et dans des sociétés secrètes... Dupanloup et
Quinet se discutaient âprement le droit exclusif d'être Polonais. » E.
Ollivier, *op. cit.*, t. VI, p. 99.

1. Séance Corps législatif, 27 mars 1865. Discussion de l'adresse.
Mon., p. 332.

la propriété parcellaire, à la bourgeoisie industrielle qui devenait indépendante depuis qu'elle se croyait lésée par la conclusion des traités de commerce, il allait essayer d'opposer les classes ouvrières satisfaites; de sorte que, comme l'a dit M. Étienne Lamy, « tout poussait le souverain vers des mesures émancipatrices, et sa sollicitude vraie pour les ouvriers, et son génie conspirateur qui lui montrait dans la rivalité des classes le secret de rester entre elles un arbitre tout puissant (1) ».

1. Et. Lamy. *Étude sur le Second Empire...* p. 34 et 35.

CHAPITRE II

Les délégations ouvrières à l'Exposition
de Londres en 1862

Aussitôt que l'Empire essaiera d'entrer dans la voie
des réformes sociales, son initiative se trouvera, sinon
arrêtée, du moins canalisée, par la volonté des classes
ouvrières demandant, la première fois que le gouvernement les consulte, la réalisation d'un ensemble réfléchi de vœux, de revendications. Cette unité, frappante
à la lecture des rapports des délégués-ouvriers à Londres, comment a-t-elle pu se réaliser pendant les
années de silence forcé qui ont suivi le coup d'État, à
un moment où toute manifestation d'esprit corporatif
était non seulement suspecte, mais considérée comme
séditieuse ? Jusqu'à quel point les masses ouvrières
ont-elles pu acquérir une vie propre, constituer véritablement une « classe » homogène, unie par une communauté entière d'aspirations ? C'est ce que nous devons
essayer en premier lieu de déterminer, car le mouvement social qui s'affirme en 1862 s'accentuera sans cesse,
entraînant l'Empire à de légitimes mais tardives concessions.

C'était surtout à des causes économiques qu'était due

la cohésion acquise par les classes ouvrières. Tandis que l'effort du gouvernement impérial avait toujours été dirigé vers la suppression de tout groupement volontaire qui n'aurait pas admis le contrôle de l'administration et son patronage, les conditions nouvelles de la production, les réductions de tarifs annoncées depuis 1856 et la conclusion des traités de commerce qui rendaient menaçante la concurrence étrangère, poussaient au contraire l'industrie à une concentration croissante qui rassemblait dans les mêmes villes et dans les mêmes ateliers des groupes croissants de travailleurs. Les plaintes individuelles avaient d'autant plus de chance d'y trouver un écho que tous subissaient les mêmes conséquences de l'organisation économique, et, quoique la loi ait voulu les empêcher de discuter leurs intérêts communs, leurs souffrances leur étaient trop communes pour qu'ils ne cherchent ensemble une solution générale capable d'y porter remède (1). Et le machinisme, qui a été une des causes de leurs maux, aide, depuis son triomphe, à leur émancipation, non seulement parce qu'il rapproche les ouvriers en les faisant

1. « Plus j'étudie les faits, plus je demeure convaincu qu'à côté des passions de circonstance que les ouvriers puisaient (en 1848) dans les clubs, il en est de permanentes, très réfléchies et très profondes, où ils ne s'inspirent que d'eux-mêmes... *C'est dans le régime même de la manufacture que ces passions ont pris naissance* et s'alimentent, malgré les règlements, malgré les amendes, malgré le silence imposé et les servitudes imposées jusqu'à la minutie, ou plutôt à raison de ces servitudes, de ce silence, de ces amendes ou de ces règlements. » Louis Reybaud. *De la condition des ouvriers en soie*, 1859, p. VII, Introduction.

collaborer à une œuvre commune, mais parce qu'en leur évitant des fatigues physiques inutiles, il les rend plus capables de se développer moralement et intellectuellement (1).

Une vie morale intense s'éveille peu à peu parmi l'élite des travailleurs. La conviction que l'établissement du suffrage universel a mis entre leurs mains un instrument d'émancipation dont ils n'ont pas su faire usage en 1848, le culte de l'égalité (qui était, d'après Corbon (2), avec le sentiment national, le caractère le plus saillant de l'ouvrier parisien), la persistance des idées républicaines (3), sont le fonds de leurs idées politiques. Mais les plus éclairés d'entre eux cherchent quelle combinaison réalisable pourrait donner à l'ouvrier « une garantie contre toute éventualité qui l'obligerait à quêter de la besogne ou à disputer son salaire (4) ». Cette période de travail, Corbon, ancien collaborateur de Buchez à la rédaction de *l'Atelier*, ancien député à l'Assemblée Constituante, et Tolain, tous deux ouvriers,

1. « Toute conquête de l'industrie est une liberté de plus pour l'esprit », écrivait Vacherot (*La démocratie*, p. 162 et 163, 1860). « Oui, dit Beluze, l'ancien icarien, les machines sont des auxiliaires destinées à aider les ouvriers, à diminuer leurs peines, à augmenter leur bien-être ; c'est l'instrument de leur émancipation, ce sont elles qui en feront des véritables citoyens, des hommes indépendants et libres. » *Les associations conséquence du progrès. Le Crédit du travail*. p. 28, 1863.

2. Corbon. *Le secret du peuple de Paris*, p. 91 et 93, 1863.

3. M. Tchernoff, dans *Le parti républicain au Coup d'État et sous le Second Empire* (1906, p. 153) cite des extraits des rapports des procureurs généraux prouvant la persistance des idées républicaines, et leur influence dans les ateliers.

4. Corbon, *op. cit.*, p. 185.

nous la font connaître. « Pendant ces dix années de silence, pendant le calme profond (à peine troublé par la guerre d'Italie), qui avait succédé aux mouvements tumultueux de la place publique, un lent travail d'assi.milation s'était fait dans la partie la plus active et la plus intelligente de la population ouvrière. Pour ne plus s'épancher au dehors, les idées n'étaient pas mortes, les esprits trituraient les théories. Élaguant les exagérations, les utopies impraticables, ils dégageaient les réformes pratiques en les contrôlant rigoureusement par les faits. Comprenant qu'on ne change point en un jour les conditions économiques d'une société, que le principe de l'association s'était heurté devant l'ignorance et l'impatience des masses, on changea de route et, peu à peu, on entendit proposer par les classes ouvrières quelques réformes nettes et précises... Travail profond, ignoré de tout ce qui n'était pas mêlé à la vie intime de l'ouvrier, mais qui n'en a pas moins jeté de profondes racines (1). » Le peuple veut être instruit et éclairé avant d'agir : en 1860 Darimon signale parmi les ouvriers un mouvement « proudhonien », et une délégation indépendante d'ouvriers fait même le voyage de Bruxelles pour demander au maître des éclaircissements sur sa doctrine et une direction d'études (2). Au même moment se fondent des bibliothèques publiques (3) et des publications populaires destinées à l'éducation des travailleurs, et leurs fondateurs sont des ouvriers qui

1. Tolain. *Quelques vérités sur les élections de Paris*, p. 26 (1863).
2. Proudhon, 14 octobre 1860. *Correspondance*, t. X, p. 177.
3. Cf. Tolain, *op. cit.*, p. 27, note 1.

bénéficient pour cela de la tolérance relative du Gouvernement impérial depuis 1860.

C'est le résultat de ces recherches, des tâtonnements des ouvriers en quête des modifications à apporter à l'organisation économique, afin de la rendre moins dure pour eux, c'est l'expression raisonnée des vœux de tous les éléments des populations industrielles, que nous allons trouver épars dans les rapports des délégués ouvriers à l'Exposition de Londres, en 1862 (1).

Une demande fut adressée au gouvernement, au mois de septembre 1861, pour obtenir son aide afin de « faciliter à un certain nombre d'ouvriers parisiens de visiter l'exposition de Florence et l'exposition de Londres ». Mais le refus que le ministre de l'Intérieur, M. Rouher, opposa aux pétitionnaires, ayant été seulement motivé par le fait que l'exposition Italienne était « nationale et partielle », et qu'aucuns fonds n'avaient été destinés à défrayer une mission de cette nature, à la fin de la même année, les mêmes ouvriers joints à quelques autres, réitérèrent leur demande. Il s'adressaient cette fois au président de la commission impériale, le prince Napoléon, très populaire dans les milieux ouvriers pour ses idées libérales, anticléricales, qu'il n'avait pas craint de manifester souvent (faisant ainsi équilibre à l'influence de l'entourage ultramontain de l'impératrice), et populaire aussi pour les relations

---

1. Pour tout ce qui a trait aux délégations ouvrières consulter la thèse Fougère Paris 1905 ; et pour leur organisation, *Brochures ouvrières* : Les délégations ouvrières à l'Exposition de Londres en 1862.

suivies qu'il entretenait avec les anciens chefs de la démocratie, avec Proudhon notamment.

Cette demande ayant reçu un accueil favorable, il fut décidé qu'« une commission ouvrière, formée des présidents des sociétés de secours mutuels professionnelles », aurait le rôle d'« intermédiaire entre la commission impériale et les divers corps de métiers », tant pour le choix des délégués qui devaient être élus dans chaque profession par tous les ouvriers l'exerçant que pour la gestion des fonds destinés à subvenir aux frais des délégations. Le gouvernement et la ville de Paris fournissaient chacun 20.000 francs ; le reste de la somme nécessaire devait provenir de versements volontaires des ouvriers, des sociétés de secours mutuels professionnelles, ou d'une souscription publique ouverte par l'initiative du journal *Le Temps*, dès le mois d'octobre, avant qu'il ne soit encore question d'envoyer officiellement à Londres des ouvriers. A la suite d'élections qui eurent lieu dans le plus grand calme, un millier de délégués traversèrent la Manche.

Étant donné l'importance que ces premières délégations ouvrières acquirent plus tard dans le mouvement d'émancipation des travailleurs, il serait intéressant de déterminer quelle a pu être la part de l'initiative privée des ouvriers et la part du gouvernement dans l'organisation de ces délégations. Faut-il en attribuer la paternité à ce dernier, comme le prétend M. Fougère ? A l'entendre, le gouvernement serait intervenu « non seulement pour protéger et soutenir, mais surtout pour susciter et créer (1) ». Ou doit-on laisser la majeure partie du mérite de leur création aux chefs de l'organisation rudimentaire du prolétariat, reprenant un essai qui n'avait pas été fécond en résultats en 1851, en le modifiant, en l'adaptant aux circonstances, à la mentalité et aux préoccupations des ouvriers parisiens.

S'il est certain que parmi les signataires de la première lettre demandant au gouvernement son concours pour envoyer des ouvriers à Florence sont les ouvriers qui avaient précédemment fait paraître les premières Brochures Ouvrières, particulièrement la plaquette intitulée *Le Peuple, l'Empereur et les anciens partis*, dans laquelle on essayait de propager l'idée d'un césarisme démocratique, populaire, tout à fait conforme aux doctrines du Palais-Royal, — et certaines flagorneries suffiraient à rendre évidente son inspiration officielle, — on pourrait peut-être attribuer la même origine à la demande particulière à l'exposition de Londres. Alors, on ne s'expliquerait pas l'adhésion à cette seconde pétition d'indépendants irréductibles comme Tolain. Mais à comparer dans quel esprit le Palais-Royal aurait entendu créer les délégations ouvrières et leur organisation définitive, on est amené à conclure, — en admettant même que l'idée en aurait été suscitée par l'initiative officielle, — que l'œuvre de la commission ouvrière en est devenue tout à fait indépendante, et comme forme, et comme portée.

---

1. Fougère, *op. cit.*, p. 59.

S'il est vrai que le prince Napoléon ait voulu pousser à l'organisation de délégations ouvrières et ait cherché à leur assigner un but, on ne se hasardera guère en lui prêtant les idées exprimées par le journal *l'Opinion Nationale*, qui était devenu, par la collaboration régulière d'Armand Lévi, l'interprète officieux du Palais-Royal.

Dès le 2 octobre 1861, il conseille vivement aux ouvriers de s'organiser par ateliers, comme les travailleurs d'Angleterre, pour fournir à quelques-uns d'entre eux les moyens de faire le voyage de Londres à frais communs, et il leur reproche leur inertie. En réponse à cet article, une lettre de Tolain (1) expliquait cette insouciance apparente attribuée par les publicistes aux ouvriers. Il en donnait comme raisons les dangers qu'une initiative pareille ferait courir à ses promoteurs, l'impossibilité de se constituer ouvertement en groupes sans s'attirer les tracasseries de la police, — dont dépendait la faculté de se réunir et de s'entendre, — ou les poursuites du gouvernement, et surtout la volonté des ouvriers de n'agir que librement, sans s'engager à accepter tous les conseils ou à subir des entraves de la part de ceux qui prétendaient leur venir en aide. *L'Opinion Nationale,* acceptant ces arguments, fit valoir à son tour l'utilité qu'il y aurait pour le gouvernement lui-même à prouver par des faits « que les représentants des professions peuvent s'assembler et

---

1. *Opinion Nationale*, 17 octobre 1861. La lettre de Tolain et cet article de *l'Opinion Nationale* sont reproduits dans les *Brochures Ouvrières. Les délégations ouvrières*, p. 21.

discuter leurs intérêts sans que l'ordre soit mis en péril ». Et le rédacteur demande au gouvernement, pour cet apprentissage de la liberté civile, « de s'abstenir soigneusement de toute intervention tant qu'on ne sortirait pas de la limite de la question à l'ordre du jour ».

Mais cette indépendance ne devait être nullement concédée dans le but de créer ou de consacrer une organisation des travailleurs. Quand il s'est agi de constituer la commission ouvrière, la commission impériale avait d'abord proposé de la former de membres ouvriers des conseils de prud'hommes, tirés au sort sur leur liste (1). Mais ceux-ci n'étaient en fait les représentants que d'une partie des travailleurs, étant donné les conditions de l'électorat aux conseils et le peu de branches de la production qui y étaient représentées. Et l'on en vint à admettre que la commission ouvrière serait composée des présidents de sociétés de secours mutuels professionnelles : le gouvernement, par les résistances qu'il rencontra chez les ouvriers, avait donc été conduit à charger d'une mission officielle les représentants élus des travailleurs, les chefs de l'organisation corporative qui existait en marge de la loi et malgré elle (2). La Commission impériale, qui

1. *Brochures Ouvrières*. Les délégations ouvrières, p. 17.

2. La reconnaissance des organisations ouvrières, dont le gouvernement utilise les rouages, est encore plus évidente quand on voit la présidence de la commission ouvrière donnée à Chabaud, en sa qualité de « président de la société l'Union du Tour de France, société de bienfaisance qui comprend des bureaux spéciaux de secours

avait offert de prendre à sa charge les dépenses du
voyage, dut s'effacer devant la commission ouvrière
qui, profitant des groupements existants, en créant là où
il n'en était pas, organisait les élections des délégués,
non sans éveiller les craintes du préfet de police, qui
essaya de s'y opposer (1).

Le même esprit d'indépendance a guidé la commission ouvrière quand il s'est agi de déterminer le but
du voyage, et sur quels points porteraient les rapports.
Nulle part *l'Opinion Nationale* n'avait fait allusion à
une enquête sociale dont pourraient être chargés les
envoyés des ateliers, d'une étude des réformes qui
pourraient être tentées en faveur de la classe ouvrière.
L'initiative ouvrière n'y est encouragée que dans un
but strictement utilitaire : pour le perfectionnement et
la défense de l'industrie nationale contre la concurrence étrangère. « La partie ouvrière de la population
parisienne est trop intelligente pour ne pas comprendre qu'il lui est impossible de rester dans cette sorte
d'indifférence et d'inertie ; il y a en elle une puissance
et une vitalité qu'elle a tort de laisser sommeiller, si
elle veut conserver sur les ouvriers des autres nations
cette supériorité qui a, jusqu'à ce jour, assuré notre su-
prématie sur tous les marchés (2). » Dans *l'Opinion*

mutuels pour beaucoup de corporations ». Cf. *Brochures Ouvrières.*
Les délégations ouvrières... p. 4.

1. Fribourg. *Histoire de l'Association internationale des Travailleurs*, p. 149. Le préfet de police Bortelle disait qu'il préférerait voir
abolir la loi sur les associations que de laisser faire le voyage de
Londres; Lexis. *Gewerckvereine...* p. 151-152.

2. *Opinion Nationale,* 14 octobre 1861.

Nationale il n'est donc question que d'un « voyage industriel », dans lequel les ouvriers se mettront au courant des progrès, des améliorations et des innovations
réalisées dans l'industrie. Et ce journal limite de la
même manière le rôle des délégués, même quand la
commission ouvrière s'est trouvée composée d'éléments
tout à fait indépendants du Palais-Royal. C'est encore
par des raisons techniques, le 4 février 1862, qu'il explique la formation des délégations, car l'ouvrier lui
paraît plus apte à saisir les détails de fabrication ou à
maginer l'utilisation nouvelle d'un procédé récent.
Mais ce n'est qu'incidemment, dans le même article,
qu'Armand Lévi envisage la possibilité de l'examen des
produits « au point de vue d'une suffisante rétribution
des salaires ». Le but vrai du voyage des délégués sera
donc, pour le journal officieux, « de leur permettre de
réaliser les améliorations pratiques qu'ils jugeraient
pouvoir être utilement encouragées dans leurs corps
d'états respectifs (2) », de développer le goût et l'intelligence d'une élite d'ouvriers en leur offrant l'occasion de se perfectionner, afin que tous ceux qui vivent
de la même industrie en profitent.

Tout autre, au contraire, a été la conception définitive des délégués : la commission ouvrière, dans la proclamation qu'elle adresse aux travailleurs en les invi-
tant à voter (4), reconnaît, elle aussi, l'utilité technique
du voyage : « L'utilité des délégations ouvrières, du

1. *Opinion Nationale*, 4 février 1862. Art. reproduit dans *Brochures
Ouvrières. Les délégations...* p. 8.

moment où l'industrie ne saurait recueillir trop d'aperçus et de renseignements pour réaliser les améliorations qu'imposent les nouveaux traités de commerce est incontestable ». Elle donne mission aux délégués de déterminer, dans leurs rapports « les causes de supériorité ou d'infériorité par rapport aux produits français des produits étrangers ». Mais elle leur enjoint en outre de s'enquérir aussi exactement que possible des salaires, et elle leur fait un devoir de « marquer ce qu'il y aurait, selon eux, à faire pour supprimer la concurrence sans que ce soit au détriment de l'ouvrier ». Et à cette enquête sociale, à cette étude des améliorations à apporter à l'organisation et à la condition des ouvriers, le conflit entre les patrons et les ouvriers typographes (2) qui était entré dans sa phase aiguë à la

1. 21 février 1862. *Brochures Ouvrières*. Les délégations... p. 11.

2. En janvier 1861 le ministre Persigny ayant demandé au président de la chambre des maîtres imprimeurs de s'occuper de la question des salaires des typographes dont le tarif n'avait pas été modifié depuis 1843, malgré la hausse des prix (tarif qui avait été établi par une commission arbitrale permanente composée d'un nombre égal de patrons et d'ouvriers ; mais en 1854 les patrons ayant refusé de remplacer les membres sortants, la commission disparut en 1858), une commission mixte se réunit en janvier pour la révision du tarif, mais après la première séance, un des membres patrons introduisit dans son atelier des compositrices travaillant pour un salaire inférieur au tarif, et renvoya un nombre égal d'hommes. Le lendemain la grève était déclarée et la commission des tarifs fut dissoute en mars. A l'imprimerie Dupont où les femmes touchaient un salaire de 30 °/₀ inférieur à celui des hommes, cinq compositeurs furent arrêtés sans qu'il y ait eu désordre où abandon du travail. La grève s'étendit à d'autres ateliers et une pétition portant 2.400 noms fut soumise à l'Empereur. Il

fin de 1861 et n'avait pas cessé depuis de passionner l'opinion, allait donner une portée beaucoup plus grande qui ne correspondait certainement pas aux vues primitives du gouvernement ou du prince Napoléon.

De leur mission économique, les délégués allaient rapporter non seulement la constatation de la supériorité de la production française, qu'ils attribuaient surtout à la qualité de la main-d'œuvre, mais aussi la conviction que cette supériorité était mise en péril par les conditions du travail. Cette menace de déchéance, ils l'attribuaient à la suppression complète par la révolution des réglementations de métiers, suppression dont le seul effet louable avait été de donner aux ouvriers le le libre accès au patronat (1). « La Révolution de 1789, disent les relieurs dans leur rapport, qui détruisit entièrement les corporations, proclama la liberté du travail, il est vrai, mais elle produisit la concurrence qui tue l'ouvrier, fait dégénérer l'industrie et n'est pas moins funeste aux patrons (2). » Tout le mal provient de la

fit mettre les inculpés en liberté provisoire, et, après leur condamnation, les grâcia le 15 novembre. (Cf. journal *Le Droit*, 20 et 30 septembre, 16 novembre 1862).

1. Rapports des délégués des ouvriers parisiens à l'Exposition de Londres, 1862, publiés par la commission ouvrière, in-8°, 1864. Cordonniers, 1862.

2. Rapports des ouvriers relieurs... 1863, grand in-16, p. 7. Ce rapport publié par la société des ouvriers relieurs, n'est point reproduit dans le recueil précédemment cité, publié par la commission ouvrière. Cependant il n'est pas l'œuvre d'une délégation indépendante : les délégués avaient été élus conformément aux règles arrêtées par la commission ouvrière qui avait même reçu le montant d'une souscription

liberté anarchique du travail dont la concurence a été
la conséquence logique. Le trouble de la production
et l'incohérence de son développement viennent de ce
que « au monopole des privilèges a succédé le monopole des capitaux (1) », et de ce que des maîtres incom-
pétents (les mégissiers définissent les capitalistes « des
fabricants étrangers à la profession (2) »), pour gagner
davantage, mettent en péril le renom de leur production en faisant faire de la camelote. Vis-à-vis des ouvriers, les conséquences de la concurreuce ne se tradui-
sent pas seulement par des conflits perpétuels avec
leurs patrons, mais même par un abaissement de leur
valeur professionnelle. Car, pour réaliser une économie
sur les frais de production, beaucoup de travaux sont
confiés à de mauvais ouvriers payés au rabais, à des
apprentis. La réduction extrême des salaires et la spé-
cialisation sont telles que, « dans dix ans, on n'aura
plus un ouvrier qui sache entièrement son métier (3) ».

ouverte parmi les ouvriers relieurs. Ce rapport est un des plus remarquables par la netteté des observations et des idées de réformes.

1. Cordonniers, p. 30.

2. Mégissiers, p. 109.

3. Relieurs, p. 29. « De nos jours, la liberté du travail a produit la
concurrence qui se fait de manière tellement déloyale qu'elle entrave
la marche ascensionnelle du progrès qui devrait en résulter et compromet particulièrement l'avenir de notre métier. Cette concurrence
qui pousse les patrons à se faire entre eux une guerre acharnée, les
oblige pour la soutenir à calculer la quantité de travail qu'un ouvrier
peut produire en lui donnant un certain salaire... Le patron qui s'aperçoit que l'ouvrier (quand il travaille à la tâche), gagne plus qu'à la
journée, diminue les prix convenus sans tenir compte que l'ouvrier à

Aussi, pour défendre l'industrie nationale et pour refréner cette concurrence dans ce qu'elle a d'abusif et de périlleux, le meilleur moyen sera d'améliorer le sort des ouvriers. « Le motif qui nous guide, disent les tanneurs exposant les vœux de leur profession, est moins le bien-être pécuniaire et particulier de chacun de nous, que le bien-être général de notre industrie, que la sécurité sociale elle-même ; car perpétuez cet esprit d'égoïsme, de mercantilisme, de concurrence... et non seulement notre industrie périclite, mais encore l'individualité honorable disparaît, le chaos social se fait, la nation s'avilit (1). »

Mais par quel moyen y remédier ? Par la liberté, par l'égalité de tous, patrons et ouvriers, devant la loi, qui doit être la même pour tous, et dont tous doivent pouvoir faire usage. « Liberté pour tous, point d'entraves, disent les cordonniers (2), et l'industrie française sera la première du monde. »

Cette conclusion, ils la rapportent d'Angleterre où ils ont eu le loisir de comparer à leur sort la situation

travaillé un plus grand nombre d'heures. La quantité produite aux pièces sert de base pour le travail à la journée. »

Pour les effets de salaires trop bas : « Abaissez les salaires et le produit du travail s'en ressentira et suivra sa marche descendante ; élevez-les au contraire, et assurez à l'ouvrier une rétribution raisonnable, en rapport avec ses besoins, vous aurez le droit d'exiger et vous obtiendrez des produits satisfaisants. *Observations... sur la question de salaire des ouvriers typographes*, 1861, p. 14 ; de même dans Corbon. *Le secret du peuple de Paris*, p.

1. Tanneurs, p. 27.

2. Cordonniers, p. 53.

des ouvriers britanniques qui leur paraît préférable (1). Car ils sont mieux payés que les ouvriers français pour une journée de travail moins longue, sans que la nourriture et le loyer soient sensiblement plus chers ; le prix de la main-d'œuvre est librement discuté avec les patrons, généralement par les unions corporatives, qui, réglementant l'apprentissage et l'emploi des jeunes ouvriers, proportionnent dans chaque métier le nombre de ceux-ci aux besoins de l'industrie, de sorte que la concurrence de l'ouvrier contre l'ouvrier y est inconnue. Et cette situation si enviable pour l'ouvrier français, les travailleurs anglais la doivent à l'usage de leur liberté dont ils jouissent entièrement, aucune législation préventive ne limitant l'exercice de leur droit tant qu'il ne dégénère pas en délit. De la liberté ainsi entendue sont nées « leurs institutions libérales que nous envions, disent les cordonniers ; tous les corps de métiers forment des sociétés, sociétés de secours mutuels et professionnelles, fondues dans une seule sous la dénomination de société corporative ; toutes ces sociétés sont un puissant levier d'émulation et contribuent pour beaucoup au progrès industriel de l'Angleterre (2) ».

Les usages et la loi rendent toute autre la situation

1. Voir par exemple les comparaisons établies par les ouvriers ivoiriers, p. 32, sculpteurs ornemanistes, p. 13, cordonniers, p. 53, bronziers, p. 668, tanneurs, p. 25. Rapports des délégués lyonnais, p. 65, 93.

Pour la situation légale des ouvriers anglais et les réglementations de fabriques, Cf. Bry. *Histoire industrielle et économique de l'Angleterre.* p. 516 et suiv.

2. Cordonniers, p. 53.

de l'ouvrier français et les délégués des tanneurs la dépeignent ainsi : « Les salaires... ne sont plus discutés depuis longtemps ; on offre à l'ouvrier tel prix ; il accepte ou il refuse. Il n'y a pas de société corporative, et si les ouvriers se réunissent pour s'entendre sur leurs intérêts, ils sont en plein délit, poursuivis et condamnés. Des tarifs ont été faits, ils ne sont plus suivis ; les patrons baissent les prix sans consulter personne ; l'esprit de réunion et d'association est aussi ancré chez l'ouvrier français que chez l'ouvrier anglais, mais il n'a pas la liberté de mettre cet esprit en pratique à cause du délit qu'il serait accusé de commettre et des condamnations qu'il encourrait (1). »

Tous les rapports contiennent, développées avec plus ou moins d'emphase, des constatations analogues. Comme tous attribuent à la liberté la supériorité de la condition des ouvriers anglais, c'est aussi la liberté (2), et particulièrement la liberté d'association, qui forme la base des vœux émis par les délégués. Ils la demandent avec d'autant plus de vigueur que, de cette liberté d'association, les patrons jouissent déjà en fait malgré la loi (3), et ils sont seuls à pouvoir en user, — quel-

1. Tanneurs, p. 26.

2. Les bronziers, p. 652, demandent à l'État que « sans tracasserie on leur laisse légalement la prévoyante liberté de s'aider un peu eux-mêmes ».

3. « Non les conditions ne sont pas égales entre le travailleur isolé offrant ses services et le capital collectif qui marchande. Si, pour défendre ses intérêts, il lui est impossible de concerter ses efforts, si l'action collective lui est interdite, le travailleur est livré pieds et poings liés à son compétiteur. » Bronziers, p. 672.

quefois contrairement aux intérêts des ouvriers qui se trouvent condamnés à rester, en quelque sorte, « émiettés dans l'Etat (1) ». Aussi, dans le débat du contrat de travail, l'inégalité de force des ouvriers est encore accrue par cette inégalité nouvelle.

Mais ce n'est pas dans un but hostile aux patrons que les ouvriers demandent cette liberté d'association : presque tous les rapports, au contraire, manifestent leur désir de voir cesser l'antagonisme existant entre employeurs et travailleurs dont les intérêts bien entendus devraient être solidaires (2). Ce n'est pas non plus pour pouvoir user à tout propos de la coalition, — la seule arme cependant dont ils ont pu user efficacement jusqu'ici, malgré la loi, et qui reste encore pour eux, sous sa forme de cessation de travail, la seule manière de briser les résistances du capital, — car elle est une arme dangereuse (3) : « Cette coalition confuse, désordonnée est le plus souvent stérile et ruineuse... Nous savons parfaitement, disent encore les ouvriers du bronze, que personne plus que nous n'a à perdre à ce genre de guerre, que toujours l'ouvrier en est victime. Et c'est précisément pour en prévenir le retour, pour

1. *Brochures Ouvrières*. L'organisation du travail par les corporations nouvelles, 1861, p. 5.

2. Cf. *Opinion Nationale*, 8 août 1862, dans l'adresse des ouvriers anglais aux ouvriers français. Tanneurs, p. 27, fondeurs-typographes, p. 745, tourneurs en chaises, p. 500.

3. « Elles ne servent souvent qu'à faire incarcérer et condamner les mauvaises têtes qui ont l'audace de vouloir que leurs salaires puissent satisfaire à leurs besoins et à ceux de leurs familles. » *Brochures Ouvrières*. A l'Empereur. Les cahiers populaires, II, p. 9, 1861.

qu'elle devienne désormais inutile, impossible, que nous en réclamons un autre moyen pour faire valoir les droits du travail contre l'avidité du capital (1). » Ce moyen, c'est une certaine liberté d'association.

Mais quelle sorte de groupement veulent-ils pouvoir réaliser ? Là on ne trouve plus dans les rapports des délégués, cette même unité que l'on avait trouvée dans la critique de la situation des prolétaires de France, et trois systèmes proposés sont en présence. Parmi les délégués, les uns préconisent la formation de groupements purement ouvriers, faisant équilibre aux groupements patronaux, et ils les appellent sociétés corporatives, d'autres préfèrent des chambres syndicales mixtes, d'autres encore une combinaison des deux systèmes.

Le groupement ouvrier qu'ils appellent société corporative (2), les délégués veulent le réaliser sur le modèle des Trades-Unions qu'ils viennent de voir à l'œuvre en Angleterre. Et ils font remarquer que, donner aux ouvriers le droit de s'organiser ainsi, cela ne serait pas une innovation dangereuse, car, leur conférer la liberté d'association, cela reviendrait pour beaucoup de métiers à reconnaître des groupements existant déjà malgré le pouvoir, ou dissimulés sous l'apparence d'une société mutualiste. Une telle mesure serait même une mesure de sagesse, car l'opposition du gouvernement serait impuissante à contenir les efforts des ouvriers

1. Bronziers, p. 672.

2. Cf. Rapports des gantiers, 128, charrons-forgerons, 104, bronziers, 664, mécaniciens, relieurs.

pour faire cesser leur isolement. « Il ne sert à rien, disent les bronziers, de nier les corporations quand leur existence se révèle en toute circonstance, et le fait même de notre mission à Londres en est la preuve incontestable. Nous avons été envoyés, et nous parlons ici au nom des corporations. Donc les corporations existent à l'état latent, inorganique si l'on veut, mais enfin elles existent, et elles continueront d'exister tout simplement puisqu'elles sont nécessaires (1). » Ces sociétés constitueraient le centre administratif du métier et seraient le siège des institutions corporatives, sociétés de secours mutuels, caisses de chômage, offices de placements, etc. Elles régleraient l'apprentissage et surtout faciliteraient l'enseignement professionnel aux apprentis et aux adultes. Comme institutions de paix sociale, elles entreraient en rapports avec les groupements patronaux, auxquels elles feraient équilibre (car les délégués demandent pour les employeurs la même liberté légale d'association), et elles éviteraient les grèves en discutant avec eux et en réglementant d'un commun accord toutes les questions relatives au travail (2). Enfin, elles seraient qualifiées pour donner leur avis dans les enquêtes administratives ayant trait à la condition des ouvriers (3).

D'autres délégués craignent au contraire que ces

1. Bronziers, p. 672.

2. Charrons-forgerons, gantiers, p. 128.

3. Sculpteurs, 35, mécaniciens. Les relieurs font de la société corporative « l'interprète des besoins sociaux auprès du gouvernement par voie de pétition ».

organisations indépendantes de patrons et d'ouvriers, au lieu de se faire équilibre et d'aboutir à des ententes, ne deviennent une source constante d'antagonismes. Aussi ils proposent la réalisation de « l'unité corporative » par la création de syndicats mixtes (1), que les rapports appellent tantôt chambres syndicales, tantôt syndicats corporatifs, composés en nombre égal de patrons et d'ouvriers élus. « Cette commission fixerait la journée minimum pour une période déterminée... elle organiserait une bibliothèque-école, surveillerait la maison de placement, ainsi que l'éducation professionnelle des apprentis dont elle déterminerait le nombre dans les ateliers, et, après les avoir examinés à leur sortie d'apprentissage, dirait s'ils ont droit ou non à la journée minimum... Cette commission pourrait devenir une chambre consultative chaque fois que le tribunal civil, le tribunal de commerce, ou le conseil de prud'hommes, aurait à rendre quelque décision importante sur l'art industriel (2). »

Un système intermédiaire d'association corporative est proposé par d'autres rapports (3). Il s'agit encore d'un syndicat mixte, comprenant des représentants de toutes les spécialités du métier, qui serait chargé d'établir un tarif obligatoire et d'étudier des lois

---

1. Imprimeurs en taille-douce, selliers, p. 119, sculpteurs ornemanistes. Cf. *Brochures Ouvrières*. L'organisation du travail par les corporations nouvelles, 1861, p. 27.

2. Sculpteurs ornemanistes, p. 484, 485.

3. Menuisiers en voitures, 66, tailleurs, 352, tourneurs en chaises, 531, passementiers, 756.

concernant le travail. Mais des sociétés de secours mutuels corporatives, indépendantes, assureraient les services d'assistance, de retraites, de chômage et de placement.

Dans l'un et l'autre systèmes, ces chambres mixtes seraient des organes permanents de conciliation et même d'arbitrage : en Angleterre les délégués avaient pu apprécier le fonctionnement des conseils de conciliation, analogues à celui que l'industriel Mundella avait fondé à Nottingham et que les ouvriers belges avaient rapidement imité à Morlannes et à Mariémont, sous le nom de chambres d'explications.

Mais dans ces rapports des délégués, d'autres vœux sont formulés. Beaucoup de corporations réclament une modification des conseils de prud'hommes ; elles désirent surtout en voir multiplier le nombre pour que des membres de chaque profession siègent dans les conseils et soient des juges vraiment compétents. « Il existe 400 professions dans le département de la Seine, disent les sculpteurs ; elles ne sont représentées que par 52 ouvriers et 52 patrons dont plusieurs appartiennent à la même profession, comme cela a lieu dans l'ébénisterie et dans l'imprimerie. Ainsi dans l'imprimerie, les relieurs et les lithographes ne parviennent jamais à élire un prud'homme de leur profession, les typographes l'emportant par le nombre (1). » D'autres demandent qu'on applique à l'électorat et à l'éligibilité aux fonctions consulaires, les mêmes règles que

_____

1. Relieurs, sculpteurs, p. 35, et *Brochures Ouvrières*. L'organisation du travail... p. 22 à 27.

pour les élections politiques, et spécialement qu'on cesse de classer les contremaîtres parmi les ouvriers. Ils demandent encore une procédure plus rapide, comme en Angleterre, pour le paiement des salaires contestés par les patrons (1).

Les ébénistes en nécessaires demandent l'abrogation de la loi sur les livrets, comme étant « inconstitutionnelle et immorale: inconstitutionnelle parce qu'elle forme deux classes de la société française ; immorale parce qu'il est immoral que d'honnêtes travailleurs soient soumis à la surveillance de la police (2) ». Les imprimeurs en taille-douce voudraient qu'on transforme le livret en une institution vraiment utile en en faisant la preuve de l'apprentissage.

Les délégués de certaines professions où l'on travaille par ateliers peu nombreux, et qui éprouvent à cause de cela plus de difficultés pour s'unir afin de faire adoucir les conditions de leur travail, demandent une réglementation limitant à dix heures la durée de la journée (3), et que des conditions d'hygiène soient imposées aux locaux industriels (4).

1. Marbriers, 495.

2. Ébénistes en nécessaires, 767.

3. Bijoutiers, 451, tabletterie en peignes, 469, mégissiers, 112, imprimeurs en papiers peints, 414. « Nous demandons, disent les marbriers, que la journée soit fixée à dix heures, parce que c'est la limite du temps pendant lequel l'ouvrier peut travailler sans excéder ses forces. Le travail ne peut être prolongé davantage qu'au préjudice de la santé et de la vie. » P. 494.

4. Tabletterie en peignes, 470, lithographes, 246, imprimeurs en papiers peints, 414, et voir le rapport des tailleurs (p. 362), où ils signalent les conditions antisociales et antihygiéniques du travail à domicile.

Dans beaucoup de rapports on trouve aussi des protestations plus générales contre l'absence de législation
industrielle, contre cette fausse conception de la liberté
qui livre l'ouvrier quel qu'il soit au patron. « On
parle souvent de l'exploitation des nègres par les blancs,
écrivent les tourneurs en chaises, et si l'on connaissait
à fond l'exploitation que certains individus font des
enfants, sous le vain prétexte d'apprentissage, ce serait
peu flatteur pour notre organisatien sociale (1). » Il y
aurait pourtant un intérêt général à ce que la vie et
la santé des travailleurs soient protégées. Tous les délégués se plaignent aussi de l'insuffisance de l'instruction
primaire ou professionnelle (2) : pour l'ouvrier c'est
une cause d'infériorité qui l'empêche d'améliorer par
lui-même sa profession, et tous les rapports font appel
pour l'organiser à la corporation ou à l'État.

Mais les délégués ne bornent pas leurs espoirs à des
réformes partielles. Certains ont conservé la foi dans
la possibilité d'une organisation nouvelle du travail,
d'une organisation démocratique de la production
remplaçant l'oligarchie capitaliste. Ici encore, ce qu'ils
demandent se résout dans la liberté d'association, car
elle seule pourra aboutir à l'affranchissement du prolétariat. Si les délégués n'ont pas demandé à l'État
d'établir d'emblée l'égalité économique, ils désirent,
du moins, que rien ne les empêche de parvenir par eux-

1. Tourneurs en chaises, 531, mécaniciens, 200, marbriers, 494, relieurs.

2. Relieurs, charpentiers, 567, bronziers, 650, ébénistes, 256, sculpteurs, 488.

mêmes, pacifiquement à cette égalité. Et tous les délégués espèrent, les obstacles législatifs une fois écartés, aboutir par l'association à faire régner véritablement l'harmonie dans la production et la justice dans la répartition. « La mesure de réforme que nous venons d'indiquer, disent les ouvriers du bronze après avoir parlé des groupements corporatifs, n'a qu'une valeur relative et purement transitoire. Le véritable remède aux misères de la grande masse ouvrière, le seul qui, parant aux fluctuations si malfaisantes de l'offre et de la demande, puisse prévenir l'encombrement et, par suite, la stagnation du travail... c'est la possession en commun des instruments de travail par les travailleurs, autrement c'est l'Association de production... l'association s'étendant, se généralisant, embrassant dans son ensemble tous les modes, toutes les manifestations de la mutualité, en un mot remplaçant l'antagonisme par la solidarité des intérêts... Au point de vue de l'utilité collective, l'association est seule capable d'accroître régulièrement la production au profit de tous, en substituant l'émulation fécondante à la concurrence ruineuse (1). »

1. Bronze, p 67 4et 675, et fondeurs, 291, 294, tailleurs, 356, typographes, 393, sculpteurs, 477. Il est étonnant de rencontrer les même idées, aussi nettement exprimées par les rédacteurs de brochures ouvrières. Ils jugent que, comme les plébiscites servent pour déterminer les formes politiques des gouvernements, ils ne fonctionneraient pas moins bien en nature individuelle et corporative. Cette « constitution industrielle » permettrait aux ouvriers de n'être plus réduits au bon plaisir patronal, et même, disent-ils, « en un temps où les peuples qui conservent des empereurs ou des rois du moins le

De leur voyage en Angleterre, les délégués ouvriers avaient rapporté autre chose que des vœux pour l'amélioration de leur sort, une constatation d'ordre général. En remplissant cette partie de leur mission, qui consistait à s'enquérir des conditions de la production, spécialement au point de vue des salaires, ils n'avaient pu s'empêcher de remarquer que, là même où les conditions du travail étaient les plus favorables, les souffrances de l'ouvrier dérivaient non seulement du fait de la concurrence, mais de l'une des conditions fondamentales de la grande production : le régime capitaliste. Cette constatation de la même servitude où sont tous les travailleurs vis-à-vis de cet universel dominateur, et le désir de s'en affranchir, vont créer entre les travailleurs de tous pays des liens étroits, comme il en existe entre les groupes capitalistes. C'est ce que proclament les ouvriers anglais dans la fête qu'ils offrent aux délégués français, le 5 août 1862 : « Aussi longtemps qu'il y aura des patrons et des ouvriers, qu'il y aura concurrence entre les patrons et des disputes sur les salaires, l'union des travailleurs entre eux sera leur seul moyen de salut... Maintenant que comme citoyens et comme ouvriers nous avons les mêmes aspirations et les mêmes intérêts, nous ne permettrons pas que notre alliance fra-

choisissent, pourquoi les travailleurs, là où des patrons sont encore nécessaires, n'auraient-ils pas le droit de les élire » ? « Nous voulons, disent-ils encore, le moyen de réaliser successivement, par nous mêmes, les améliorations que nous jugeons utiles. » *Brochures ouvrières. L'organisation du travail par les corporations nouvelles, 1861.*

ternelle soit brisée par ceux qui pourraient croire de leur intérêt de nous voir désunis (1). » En conséquence, ils protestent contre la guerre ruineuse qui leur paraît être le principal obstacle au progrès. Ensuite, il leur est impossible de croire à l'efficacité d'une amélioration particulière à un pays, à l' « individualité nationale ». Car les conditions nouvelles du commerce et surtout la généralisation d'un régime de plus en plus voisin du libre-échange, font que la concurrence internationale, du domaine de la production, s'étend au travail : dans quelque pays qu'ils soient, les travailleurs les plus ignorants, les moins exigeants ou les plus pressés par le besoin, acceptant des salaires de famine, menaceront le bien-être des ouvriers de toutes les autres nations. « En un mot, dit Corbon, dans le *Secret du Peuple de Paris*, où il essaie de rendre compte des types divers des ouvriers de la capitale et de leurs idées, toutes les tentatives de réformes sociales seront vaines si elles n'embrassent à peu près le monde européen. D'où il suit que s'il est utile d'étudier les problèmes économiques et de proposer des solutions quelque peu radicales, on ne doit songer à les appliquer que lorsque l'œuvre politique de la fédération sera près de se réaliser. »

Les délégués avaient surtout acquis à Londres la conscience de la force politique que détenait le prolétariat français, grâce au suffrage universel. Lors de leur voyage, ils avaient trouvé les militants du

1. Pour la réponse des ouvriers français, voir *Opinion Nationale*, 8 août 1862.

trade-unionisme animés encore par la propagande hardie de John Bright (1) en faveur de l'établissement du suffrage universel : cette participation au pouvoir paraissait aux travailleurs anglais constituer le moyen le plus capable de hâter leur émancipation définitive, plus encore que la liberté d'association. Cet invincible moyen d'action, les ouvriers français le possédaient depuis longtemps, mais n'avaient su que le mettre au service des partis, sans songer à employer leurs bulletins de vote dans l'intérêt exclusif de leur classe. Avant l'exposition de Londres, ils n'avaient eu conscience que confusément de la puissance que leur conférait leur nombre ; on en trouve quelques traces dans les *Brochures Ouvrières* (2), et ces symptômes d'indépendance étonnent de la part des clients du Palais-Royal. Mais dans les rapports des délégués ouvriers

1. En novembre 1861, après avoir réussi à faire capituler l'Union des Entrepreneurs, par une grève soutenue par toutes les organisations ouvrières, John Bright, « ce pétitionnaire aux millions de têtes de cœurs et de bras, dont l'étroite union fait l'irrésistible force », avait indiqué aux ouvriers dans une lettre-manifeste un nouvel emploi de la force que constituait l'union de leurs groupements corporatifs : « La demande décisive des droits politiques si longtemps promis et jamais accordés », dont la reconnaissance devait amener « un immédiat et infaillible affranchissement » des prolétaires. A la suite de cette lettre, la campagne pour le suffrage universel avait été reprise avec énergie par les ouvriers se rendant enfin compte de la puissance dont ils pourraient disposer. Cf. *Opinion Nationale*, 30 novembre 1861, 9 août 1862.

2. « S'il fut l'élu du peuple, ce fut à la condition qu'il gouvernerait pour le peuple. » *Brochures Ouvrières*. Les cahiers populaires, II, p. 31 ; de même, *Brochures Ouvrières*. Le peuple, l'Empereur et les anciens partis, p. 7.

cette idée est souvent exprimée, quelquefois avec rudesse, que l'Empire ne peut exister en dehors du suffrage universel. « C'est la première fois que le gouvernement a demandé l'avis des ouvriers ; cela est bien, la voie est bonne, qu'il la suive. Nous avons fait nos observations, espérons qu'elles seront écoutées parce qu'elles portent avec elles toute l'autorité du suffrage universel. Le pouvoir ne peut être accusé de sortir de son principe en demandant notre avis par cette voie ; il sait bien que ce n'est que par la satisfaction du plus grand nombre que les gouvernements peuvent trouver sécurité (1). »

Cette constatation va être l'origine d'un mouvement politique que nous devons rappeler ici, car il marque le premier essai des classes ouvrières pour s'affranchir par leurs propres forces, et il n'a pas été sans influence sur l'avenir des réformes jugées nécessaires par les délégués d'ouvriers (2).

1. Mécaniciens, p. 204.

2. On ne saurait trop signaler combien ces délégations de 1862 eurent d'influence sur l'évolution économique des dernières années du second Empire. Le témoignage des délégués de 1867 est formel à cet égard : « Le premier résultat, le plus important aussi (des délégations), c'est d'avoir groupé et ravivé les masses travailleuses qui sommeillaient depuis trop longtemps ; et si l'on ne peut dire que, seuls, les délégués opérèrent ce réveil, on peut du moins affirmer qu'ils y furent pour la plus large part. Car on ne peut méconnaître que de cette époque date le mouvement économique qui a formé des groupes dans toutes les industries de la capitale, et dans lesquels on voit figurer en première ligne les ouvriers des délégations de 1862. *Recueil des procès-verbaux...* Introduction.

Aux élections législatives de 1863 (1), on vit dans deux circonscriptions des ouvriers se présenter contre les candidats qui avaient été choisis par les comités électoraux de l'opposition démocratique. Ceux-ci n'avaient pas voulu admettre la possibilité de candidatures d'ouvriers. Ces dissidents plaçaient en première ligne de leur programme la conquête des réformes sociales ; puis ils se ralliaient pour la partie politique au programme de l'opposition républicaine.

La même scission se reproduisit, aux élections complémentaires de 1864. Mais alors les ouvriers donnaient clairement leurs raisons : la brochure de Tolain : *Quelques vérités sur les élections de Paris*, le *Manifeste des Soixante* et la *Capacité des classes ouvrières*, qu'écrivit Proudhon consulté sur l'opportunité d'une pareille initiative, en contiennent l'explication. Des candidatures ouvrières ont été posées parce que les ouvriers ne veulent renoncer à aucune partie de leurs droits politiques, et qu'ils veulent les exercer dans le sens de leurs intérêts de classe (2). Ils veulent que l'égalité écrite dans les lois se réalise dans les faits, c'est-à-dire que tout droit politique, toute réforme sociale, tout instrument de progrès (et ils entendent par là surtout l'instruction

1. Pour les candidatures ouvrières en 1863 et 1864, Cf. *Histoire Socialiste*, t. X, p. 210, 231 ; Tchernoff. *Le parti républicain...* p. 404 et suiv.

2. « Il faut avant tout qu'elle (la classe ouvrière) sorte de tutelle et que, sans se préoccuper davantage de ministère et d'opposition, elle agisse désormais exclusivement par elle-même. Être une puissance ou rien, telle est l'alternative. » Proudhon. *La capacité politique.* . p.193, édition 1873.

et la liberté d'association), cesse d'être le privilège de quelques-uns. S'ils ne confient pas aux candidats de l'opposition démocratique, la défense de leurs intérêts de classe, c'est qu'il y a peut-être un désaccord inavoué sur les réformes à faire aboutir. « Si nous sommes d'accord en politique, le sommes-nous encore en économie sociale ? » écrivent les rédacteurs du *Manifeste des Soixante*, et, par cette divergence possible d'intérêts et de conceptions, ils justifient l'utilité des candidatures ouvrières.

Mais des raisons économiques motivaient seules cette scission : aucune idée de lutte des classes n'était exprimée dans le *Manifeste*. Bien plus, non seulement ces candidats indépendants se rallient à la partie politique du programme de l'opposition, mais ils affirment la nécessité de cette solidarité qui doit unir la bourgeoisie républicaine et la classe ouvrière. « Sans nous, nous le répétons, la bourgeoisie ne peut rien asseoir de solide ; sans son concours, notre émancipation peut être retardée longtemps encore. Unissons-nous donc pour un but commun : le triomphe de la vraie démocratie. » Aucune menace, même indirecte, ne semblait rédigée contre l'Empire par le parti ouvrier qui se contentait de demander, en outre du « nécessaire des libertés politiques », « le nécessaire des réformes économiques ».

Cette conception d'un parti ouvrier autonome cherchant à réaliser par les voies légales l'émancipation des travailleurs par les travailleurs eux-mêmes, dépassait de beaucoup les idées courantes de la majorité des ouvriers. Quoique faisant partie de l'élite intellectuelle des travailleurs, les rédacteurs des *Brochures Ouvrières* et même un bon nombre des délégués de Londres, jugeaient insuffisant l'usage des libertés dont ils demandaient l'accroissement, sans l'intervention effective du pouvoir. Car l'ouvrier ignorant, sans ressources, isolé et suspecté par les lois, leur paraît incapable de vaincre tout seul les obstacles ou les mauvaises volontés qui pourraient s'opposer à cette émancipation. « Nos Autrichiens sont forts », écrivait Coutant en 1861 (1). Mais le peuple, lui, attend tout de l'initiative du pouvoir : il attend avec impatience que l'Empereur fasse aboutir les réformes qu'il avait annoncées à l'inauguration du boulevard Haussmann (2). En 1863, Corbon constatait ainsi cette confiance passive : « Nos révolutions successives ont pu renverser les dynasties et briser les trônes : elles n'ont pu ruiner dans l'esprit des populations ouvrières... le caractère omnipotent de cet être de raison qu'on appelle l'État. Oui, ce peuple d'élite... en est encore là de croire que l'État est le résumé de l'intelligence et de la puissance générale, qu'il sait tout, qu'il peut tout, qu'il est l'expression la plus haute du droit ; en un mot la providence visible de la société et particulièrement celle des déshérités (3). »

1. *Brochures Ouvrières*. A l'Empereur. Les cahiers populaires, II, 1861, p. 28, article de Coutant.

2. *Eod. loc.*, p. 7.

3. Corbon. *Le secret du peuple de Paris*, 1863, p. 216.

QUATRIÈME PARTIE

LES CONCESSIONS AUX CLASSES OUVRIÈRES

CHAPITRE PREMIER

Aux concessions politiques destinées à détourner d'une union avec l'opposition démocratique la bourgeoisie libérale et à rallier plus étroitement celle-ci à l'Empire, le gouvernement était contraint d'ajouter quelques réformes économiques pour essayer de satisfaire les classes ouvrières qui manifestaient dans les rapports de leurs délégués un tel désir de liberté et de mieux être.

Mais, le gouvernement ne risquerait-il pas, en annonçant des réformes, d'effrayer la bourgeoisie craignant les effets de trop profondes innovations, ou de voir ralentir l'essor industriel déjà contrarié par la crise cotonnière. Il ne pouvait donc pas réaliser aussitôt les vœux des ouvriers; du reste ces vœux n'avaient pas encore acquis ce caractère d'urgence qu'ils eurent plus tard, quand la publication des rapports, répandus dans les milieux populaires, eut fourni aux revendications des ouvriers l'expression définitive qui leur avait manqué jusqu'alors. Le pouvoir devait plutôt, pour choisir son orientation nouvelle, se rallier au grand mouvement doctrinal qui, depuis 1860, avait encore modifié les conceptions pratiques des adeptes de l'ancienne doctrine du laisser-faire.

Depuis que l'Empire avait fait un pas décisif dans la voie du libre-échange, les individualistes n'admettaient plus avec leur rigidité primitive les doctrines de l'école anglaise. Ces partisans irréductibles de toutes les libertés, liberté individuelle, politique, commerciale, avaient enfin cessé de s'en tenir à des considérations abstraites, et avaient reconnu qu'un des moyens de faire progresser la production, c'était de favoriser l'amélioration, le développement de l'ouvrier, le producteur. En 1863, à la leçon d'ouverture du cours d'économie politique au Collège de France, Baudrillart déclarait que le but de l'économie politique devait être « l'aisance générale, cette aisance sans laquelle il n'y a ni loisirs ni culture ». Et il insistait peu après sur les rapports de l'économie politique et de la démocratie qui cherchent à atteindre « le mérite personnel comme base de la rémunération, et l'élévation du niveau matériel de la masse (1) ». La plupart des économistes avaient reconnu que l'abstention du pouvoir peut ne pas être une condition de la liberté, que celle-ci peut avoir besoin, au contraire, d'être défendue,

1. *Journal des Economistes*, 15 janvier 1863. L'économie politique et la démocratie, p. 10 et 12.

organisée (1), et que la base d'une organisation permettant aux individus de s'affranchir de servitudes économiques et morales, devait se trouver dans l'appui que la loi prêterait aux plus faibles pour faciliter leur émancipation en encourageant leur initiative ou en s'opposant à la domination oppressive des plus forts. Certains économistes reconnaissent même dans une certaine mesure la légitimité d'un droit industriel qui aurait pour objet « de garantir et de régler la liberté du travail en la conciliant avec la sécurité politique et l'intérêt national (2) ». S'ils continuent à célébrer la chute des corporations et des maîtrises, qui a été l'origine de la liberté du travail, ils reconnaissent cependant que « la destruction de l'ancien édifice industriel exige la construction d'un édifice nouveau, qui, en laissant à l'activité individuelle l'énergie de la spontanéité, assure à chacun la légitime rétribution du concours prêté sous des formes diverses à la création des produits (3). Ils reconnaissent même qu'il y a un devoir d'intervention de l'État pour garantir la liberté et en assurer le juste exercice par des dispositions spéciales, particulièrement en établissant la liberté de réunion,

1. « La portion même la plus libérale de l'école économiste n'appellerait plus le gouvernement un ulcère... ne réduirait plus le gouvernement à des fonctions toutes négatives. » *Ibid.*, p. 17.

2. *Journal des Economistes*, 15 août 1860, article P. Laferrière, p. 242.

3. *Journal des Economistes*, 15 novembre 1863. Compte rendu du discours prononcé au Conservatoire des Arts et Métiers, par M. Wolowski pour l'ouverture du cours de législation industrielle.

d'association et même de coalition, quoique celle-ci soit dangereuse au point de vue des intérêts économiques des parties en conflit.

Quelques-uns de ses fidèles avaient aussi donné à l'Empire des encouragements pressants à agir conformément aux besoins et aux vœux des travailleurs. Le point de vue de l'utilité politique d'une intervention effective en faveur des classes ouvrières avait déjà été présenté au Corps législatif en 1860, lors de la discussion des traités de commerce. A ceux qui, défendant leurs intérêts industriels, montraient l'équilibre du budget menacé, l'amortissement suspendu par les réductions projetées sur les taxes d'importation, un membre fidèle de la majorité, M. Granier de Cassagnac, avait défendu le projet de loi, non plus au nom des intérêts individuels ou des principes économiques, mais en prouvant que l'intérêt de l'Empire était de satisfaire la masse du corps électoral. Il défendait la loi parce que « ses côtés politiques et essentiels couvrent et absorbent ses côtés financiers. L'œuvre du temps consiste à faire que le plus grand nombre qui sert de base aux institutions, ait intérêt à les maintenir. C'est la promesse en quelque sorte implicitement contenue dans l'avènement d'une dynastie qui est à la fois le représentant et le produit de l'esprit de 1789. Le bien-être du peuple est donc le but vers lequel on doit tendre avant tout... L'intérêt social étant que les masses soient conservatrices, il faut les aider à acquérir pour qu'elles aient à conserver. Il faut les attacher à l'ordre par des liens qui ne se rompent jamais : le bien-être, le patrimoine, la famille (1). »

Les bonapartistes clairvoyants en arrivaient ainsi à pousser l'Empereur vers la voie que Proudhon lui avait assignée au lendemain du coup d'État. Il avait annoncé que, grâce au suffrage universel, le gouvernement allait être dorénavent guidé par les producteurs de toutes catégories, « l'initiative industrielle se trouvant transformée sans cesse en initiative politique (2) ». Comme héritier de la république de Février, le gouvernement avait à résoudre, lui aussi, le « problème du prolétariat (3) », et l'Empire allait se trouver conduit à faire

1. Séance du 18 mai 1860, discussion sur la réduction des tarifs appliqués aux cafés et aux sucres. Les protectionnistes reprenaient à leur compte certaines déclamations orthodoxes, qui paraissaient conformes à leurs intérêts ; ils s'indignaient des raisons exposées par M. de Cassagnac et se croyaient menacés encore de socialisme ! « Si la doctrine d'un droit spécial au plus grand nombre venait à prévaloir, disait M. du Miral au nom de ceux qui profitaient directement des tarifs prohibitifs de 80 °/₀ et de 100 °/₀ appliqués aux denrées dont le projet devait faciliter l'importation, ce serait la négation la plus flagrante des principes de 1789, la consécration des principes socialistes ;... ce serait de la part du gouvernement, non pas payer la dette de son origine, mais mentir à son principe, car son éternel honneur est d'être venu protéger le pays contre cette doctrine menaçante des droits et des privilèges du plus grand nombre. » Et il s'étonnait que le gouvernement puisse se croire obligé « de remplir certaines promesses envers les classes les plus nombreuses ». Cf E. Ollivier. *L'Empire libéral*, t. 5, p. 2, 22.

2. Proudhon *La Révolution sociale*. . p. 3 et 4.

3. *Ibid.*, p. 8. Rapprocher ce que Stuart Mill écrivait en 1849 : « Le socialisme est devenu désormais et irrévocablement un des éléments essentiels de la politique intérieure des États européens. Les questions qu'il a soulevées ne seront évidemment pas mises en oubli par cela

la « Révolution », c'est-à-dire à établir peu à peu l' « indépendance absolue des travailleurs » qui serait d'après Proudhon, le signe de la perfection économique (1).

Mais un fait nouveau plus pressant était venu convaincre le gouvernement qu'il y avait urgence à faire des concessions aux classes ouvrières. Les élections de 1863 avaient été nettement défavorables à l'Empire. Les catholiques et les protectionnistes, anciens alliés devenus, après les affaires d'Italie et la conclusion des traités de commerce, des auxiliaires indociles et embarrassants, avaient bien conservé leurs sièges ; mais un puissant parti d'opposition s'était constitué : il groupait les mécontents et réclamait sans cesse l'extension des libertés publiques. Les élections avaient surtout augmenté la force du parti de l'opposition démocratique, de l'ancien groupe des Cinq. A Paris les candidats du gouvernement avaient été en majorité battus et s'étaient vus menacés dans beaucoup de villes industrielles. Les projets des partis d'opposition montraient qu'il était urgent de ne plus laisser apparaître de contradiction entre le gouvernement et le suffrage universel, pour que le peuple n'en vienne pas à discuter la légitimité du régime. M. de Persigny signala cette situation et fut le premier agent de la politique nouvelle. « Les élections, écrivait-il dans une note qu'il

seul qu'on les empêchera de se produire ; elles ne le seront qu'autant qu'on réalisera de plus en plus le but que le socialisme se proposait et qu'on mettra en œuvre, autant que cela est possible, les moyens qu'il indiquait. »

1. Proudhon. *La Révolution sociale...* p. 37 et 38.

adressait à l'Empereur, n'ont laissé en présence que deux forces, l'Empire et la démocratie : les forces de la démocratie grandiront sans cesse ; il est urgent de la satisfaire si l'on ne veut point être emporté par elle. Lui opposera-t-on un coup d'État ? Matériellement il ne serait pas impossible, mais après ? Comment se soutenir ? Un coup d'État n'est praticable que quand on a toute une nation derrière soi qui vous le demande (1). »

Une occasion s'offrait à l'Empereur d'écarter le péril démocratique et de resserrer les liens qui l'unissaient aux classes populaires, sans pour cela consentir l'abandon d'une partie de son propre pouvoir. Il n'avait qu'à utiliser la scission qui s'était produite aux élections de 1863 et de 1864 entre les éléments constituant les forces du parti d'opposition démocratique. Sans rien céder aux libéraux, désireux de prendre une part plus effective au contrôle et à la conduite des affaires, ou aux élus de l'opposition démocratique, ennemis à peu près irréductibles du régime auquel ils avaient prêté serment, — et qui, jusqu'aux élections dernières s'étaient considérés comme les seuls défenseurs possibles des intérêts de la classe ouvrière, — le gouvernement pouvait essayer de satisfaire aux revendications des ouvriers qui s'étaient montrés uniquement désireux de jouir de plus de liberté et de bien-être. Il n'y avait donc qu'à adopter la ligne de conduite du Palais-Royal : l'Empire, pour se souvenir, devait reprendre

1. Cité par E. Ollivier, *op. cit.*, t. 6, p. 502.

l'initiative des réformes sociales. M. Et. Lamy a admirablement analysé cette politique d'équilibre que l'on voulait inaugurer : « Par cela même que les revendications sociales ne se coalisaient pas avec les revendications politiques, tout péril était écarté. Plus le gouvernement accorderait d'indépendance aux ouvriers, moins ils auraient besoin de lier partie avec les républicains. Mieux ils seraient organisés, plus ils seraient prêts à soutenir des candidatures ouvrières ; elles diviseraient les voix opposantes, elles aigriraient les rivalités entre les républicains et les prolétaires, et si les ouvriers ne deviennent pas les amis de l'Empire, ils deviendraient au moins les ennemis de ses ennemis. Plus, enfin, leurs espérances paraîtraient dangereuses aux classes pourvues de richesses, plus le gouvernement se trouverait affermi. A mesure que la bourgeoisie craindrait davantage pour ses richesses, elle se sentirait moins ardente pour la liberté, la pour la ramènerait à l'obéissance (1). »

1. Étienne Lamy. *Études sur le Second Empire*, p. 33 et 34.

CHAPITRE II

La loi sur les coalitions

Le discours que Napoléon III prononça à l'ouverture
de la session parlementaire, au mois de mars 1863, se
ressentait des événements des années précédentes. L'Empereur s'y attachait surtout à justifier sa politique extérieure qui avait été si souvent incriminée à l'occasion
des discussions des projets d'adresses ou des questions
financières ; mais il y annonçait aussi, — sans s'attarder à s'étonner de « quelques dissidences locales, qui
s'étaient manifestées lors des dernières élections », —
son intention « d'adoucir la législation applicable aux
classes dignes de toute votre sollicitude », par « quelques réformes jugées opportunes, entre autres... le projet de modification de la loi sur les coalitions (1) ».

De toutes les réformes annoncées, c'était certainement celle-ci qui avait été le plus impérieusement demandée par les ouvriers. Car c'était surtout par la coalition, sous sa forme la plus aiguë, la grève, malgré
les souffrances qu'elle leur occasionnait, qu'ils avaient
pu obtenir une amélioration durable de leur situation
et particulièrement de leurs salaires.

1. 6 novembre 1863. *Mon.*, 1863, p. 134.

Cette question des salaires avait du reste, à ce moment, une importance exceptionnelle pour les ouvriers. Car la hausse du coût de la vie, n'avait été suivie que d'une progression insuffisante des salaires, et les dépenses de luxe auxquelles se livraient les classes aisées donnaient plus de relief à la situation misérable où se trouvaient encore les ouvriers de certains métiers, malgré l'essor de l'industrie. Comme le montrait alors un économiste, les industriels, même en temps de hausse générale des prix, ne peuvent augmenter les salaires des services rendus qu'après s'être convaincus que la hausse, accroissant leurs bénéfices, est durable. De là, pour les ouvriers, une période de privations, pendant laquelle leurs salaires ne suffisent plus à leurs besoins. La crise cotonnière, — qui se déchaîna en 1861, se répercutant sur toute l'industrie française, qui voyait en même temps l'Amérique du Nord fermée par la guerre à ses produits, — s'était justement produite à un moment où, les prix une fois stabilisés, il n'aurait point été trop difficile de faire consentir aux patrons des conditions plus avantageuses. Aussi le sort des travailleurs était resté précaire (les délégués ouvriers l'ont dépeint et un économiste libéral, Louis Reybaud (1), montrait combien, dans certaines industries, leur situation était difficile), au moment où la classe ouvrière reprenait conscience d'elle-même : de là ces conflits incessants entre patrons défendant leurs bénéfices, et ouvriers, avides

---

1. Cf. dans le *Journal des Economistes* les études de Louis Reybaud sur les ouvriers du coton, de la laine, de la soie. Voir aussi le plaidoyer de Gambetta pour le mécanicien Buette, accusé de coalition.

de bien-être, d'instruction, d'indépendance. Un observateur des milieux ouvriers, Audiganne, déclarait que dans les régions industrielles, il y avait alors «non pas seulement deux classes... mais deux nations (1)». L'enquête de la Chambre de commerce (2) et les rapports des délégués ouvriers s'accordaient à présenter les relations entre patrons et ouvriers comme plus généralement hostiles qu'amicales. Et cette hostilité continue engendrait une situation troublée qu'Audiganne dépeignait ainsi : « Des coalitions et des grèves surgissent sans cesse et inopinément sur tous les points du pays, dans les industries les plus dissemblables, voilà le tableau qui se déroule sous le régime antérieur à 1864 (3). »

Le gouvernement avait été quelquefois appelé à intervenir dans ces conflits : il n'avait donc pu se désintéresser de cet état de choses. Après que les délégués eurent clairement indiqué que, pour arriver à conquérir la liberté, leur indépendance, le principal moyen dont ils demandaient la faculté d'user était la coalition, il ne semble guère probable, malgré l'affirmation du conseiller d'Etat Cornudet, que la présentation du projet de loi doive être attribuée à la seule initiative de l'Empereur. Car les membres du gouvernement avaient dû être assez clairvoyants pour prendre au sérieux les auteurs des rapports. Peu après leur publication, un des conseillers les plus écoutés de l'Empereur, Michel Chevallier, écrivait qu'ils étaient en réalité « des man-

1. Audiganne. *Les populations ouvrières de là France.*
2. *Journal des Économistes*, 13 décembre 1864, p. 344.
3. Audiganne. *Les ouvriers d'à présent*, 1865, p. 52.

dataires choisis par la voie de l'élection directe... Ce sont, dans toute la force du mot, des délégués, pour ne pas dire des représentants choisis en bonne forme. Et ce serait une erreur fâcheuse que de ne pas leur reconnaître ce caractère... Eh bien, en présence de ces délégués, il faut se dire qu'il y a lieu d'examiner leur travail comme s'il émanait de personnages commandant à 100.000 hommes et plus, car ils ont bien réellement derrière eux un nombre indéfini d'hommes remplis d'énergie (1). »

Il ne semble pas qu'au commencement de l'année 1863, avant la publication des rapports, le gouvernement ait eu l'intention de modifier en quoi que ce soit les règles relatives aux coalitions.

En effet, au cours de la discussion de l'adresse, Darimon, au nom des Cinq, avait déposé un amendement tendant à réclamer l'abolition des dispositions du Code pénal qui prohibaient la coalition (2). Il avait représenté le droit de se concerter sur leurs intérêts, comme la seule arme dont l'ouvrier pourrait disposer afin de défendre son salaire contre les diminutions que serait tenté de lui faire subir un patron désireux, sans avoir à faire la dépense d'un outillage nouveau et sans rogner sur ses bénéfices, de ramener le taux de produc-

1. *Journal des Débats*, 18 novembre 1864. Articles de Michel Chevallier sur les Rapports des délégations ouvrières, les 18, 19 et 20 nov.

2. Séance 11 février 1863. *Mon.*, 1863, p. 214. Certains membres de la majorité reconnaissent aussi la nécessité de modifier la loi et M. Nogens-Saint-Laurent (*M.*, 63, p. 214, col. 4) demande au gouvernement de « permettre l'action collective des ouvriers en traçant des limites sages et prudentes ».

tion dans ses ateliers, à un taux voisin de celui des industries concurrentes, dotées d'un outillage plus perfectionné. Il était d'autant plus urgent, disait-il encore, de faire disparaître cette cause d'infériorité dans le débat du contrat de travail, que, la conclusion des traités de commerce ayant pour conséquence d'accroître l'étendue et l'intensité de la concurrence, l'ouvrier allait avoir à lutter plus souvent contre des essais injustifiés de réductions des salaires.

A ces arguments, le vice-président du Conseil d'État, Baroche, répondit que, malgré les grâces récentes accordées par l'Empereur aux typographes, il n'y avait nul projet en élaboration sur cette matière, et que la loi de 1849 demeurerait celle du pays.

Quelques jours plus tard, au Sénat, un orateur généralement au courant des desseins du gouvernement, Forcade de la Roquette, faisait des déclarations identiques à propos d'une pétition signée par des conseillers prud'hommes ouvriers, qui, outre la suppression de l'article 1781 du Code civil, demandait l'abrogation des articles 414, 415 et 416 du Code pénal (1). Le rapporteur de la pétition estimait « qu'il n'etait pas nécessaire de reprendre tous les éléments d'un débat qui, à une époque encore non éloignée, a été de la part des pouvoirs publics l'objet d'un examen approfondi ». Il ne nie pas cependant que la coalition ne puisse contri-

1. Séance 17 février. *Mon.*, 1863, p. 257. Au nombre des pétitionnaires, étaient Dargent, Baraguet, Wanschooten, qui avaient collaboré aux *Brochures Ouvrières*, et avaient joué un rôle important dans la constitution des délégations ouvrières.

buer à hâter l'amélioration du sort des travailleurs, mais des considérations d'intérêt public.(et il insiste sur les faits de grèves les plus malencontreux qui se sont produits en Angleterre) suffiraient, d'après lui, à faire maintenir les dispositions prohibitives des coalitions.L'interdiction serait même favorable aux ouvriers ; car, si les patrons, sous le régime établi par la loi de 1849, ont des facilités pour se coaliser en fraude de la loi, celle-ci, qui les menace, constitue cependant un frein à ces ententes. Loin d'égaliser les forces respectives des patrons et des ouvriers, la liberté de coalition ne ferait qu'accroître l'inégalité qui résulte de ce que les uns ont un besoin immédiat de leur salaire pour vivre (1).

Mais dès le mois de juin 1863 l'orientation politique du Gouvernement paraît changer : M. Emile Ollivier, déjà en rapports étroits avec les ministres et l'Elysée, raconte qu'après les élections l'Empire se voyait obligé de compter avec les ouvriers (2), et qu'il devenait nécessaire, — M. de Morny en faisait l'aveu, — de conclure « une entente avec la démocratie pour organiser la liberté ». A défaut de libertés politiques nouvelles

1. Au mois de nov. 1862, M. Batbie, dans un article du *Correspondant* intitulé « La loi sur les coalitions à propos du procès des ouvriers typographes », écrivait que « la pensée d'abroger les articles 414 et 415 du Code pénal, causerait sur beaucoup de personnes (qui ne sont pas toutes des chefs d'ateliers) une véritable impression de terreur. Comment oublier que récemment un journal quotidien avait reçu un avertissement pour avoir répété les attaques que chaque jour les économistes élèvent contre la loi des coalitions? » P. 467.

2. Cf. E. Ollivier, *op. cit.*, t. 6, p. 504.

que l'Empereur ne se souciait point d'accorder, M. Emile Ollivier, qui intervenait encore au commencement du mois de novembre, indiquait comme une concession urgente et qui serait bien accueillie des masses, une réforme de la loi de coalition. « Puisque nous ne pouvons pas avancer d'un côté, avançons de l'autre, disait-il... Toute la classe ouvrière est allumée sur cette liberté de coalitions. »

Aux adversaires de la loi du 27 novembre 1849, les griefs ne manquaient pas. On lui avait toujours reproché d'être empreinte de l'esprit de réaction, de défiance de l'Assemblée législative envers l'idéal égalitaire de Février. Dans les six projets qui se sont échelonnés jusqu'à la loi du 27 novembre 1849 (1), on voit croître cette défiance. Du projet d'abrogation pure et simple que Morin avait présenté à la Constituante dans le but de réaliser l'égalité parfaite que l'article 13 de la Constitution allait promettre aux ouvriers dans leurs rapports avec leurs patrons, des différents projets de Rouher (pour le comité des travailleurs), de Bérenger (pour le comité de législation), de Corbon, d'après lesquels la coalition n'aurait pu être délictueuse que pour les violences, fraudes et mesures d'intimidation qui auraient pu l'accompagner, les auteurs de la loi du 27 novembre en venaient à adopter les conclusions du rapporteur Vatimesnil, n'établissant pour les délits de coalition commis soit par les patrons, soit par les ou-

1. Voir dans Dalloz, 64.4.54, un résumé des divers projets de loi qui ont abouti à la loi de 1849.

vriers, qu'une apparence d'égalité dans la répression.

Une telle réforme importait peu aux ouvriers car, à leur point de vue, le progrès accompli était insignifiant, l'égalité absolue qui semblait devoir résulter du texte serait, en fait, bien imparfaite : nous rappellerons simplement les facilités que les patrons, — animés, malgré la concurrence opposant leurs intérêts, du désir commun de limiter la part de produits revenant aux ouvriers, — devaient trouver dans leur petit nombre pour former des coalitions insaisissables, et combien il était difficile pour les ouvriers de s'organiser ou simplement de s'entendre sans attirer l'intervention de la police. Au cours de la discussion de la loi, cette inégalité de fait avait été signalée aux législateurs (1) ; mais la crainte de voir la liberté constitutionnelle du travail gênée par une pression morale, la menace des coalitions, ont fait maintenir à celles-ci, quelles qu'elles soient, leur caractère délictuel.

Ainsi le dogme absolu de la liberté du travail, la crainte des abus greffés aux coalitions, avaient été cause que l'égalité n'avait été rétablie que dans le sens

1. Greppo, Sainte-Beuve et surtout Bastiat, le 17 novembre 1849 avaient voulu faire admettre que la liberté de coalition loin d'être un danger pour le libre jeu de la concurrence, en était la garantie. « Vous avouerez, disait Bastiat, que l'offre et la demande ne sont plus libres, puisque la coalition des patrons ne peut être suivie... Par conséquent, puisque l'une échappe à votre loi et que l'autre n'y échappe pas, elle a pour résultat nécessaire de peser sur l'offre et de ne pas peser sur la demande, par conséquent d'altérer, autant qu'elle agit, le taux des salaires, et cela d'une manière systématique et permanente. »

le plus restrictif. C'était une loi pénale et non une loi sociale qui était issue des délibérations de l'Assemblée législative, une loi contraire aux vœux des classes populaires qui attendaient déjà tout progrès d'une action collective libre. Le législateur n'avait pas voulu comprendre que le contrat collectif (1), rendu possible par la liberté de coalition, d'entente, aurait pu établir une égalité plus réelle, en donnant aux ouvriers unis une puissance économique à peu près égale à celle du patron, qui aurait été moins en butte à des cessations inopinées de travail.

Cependant la loi de 1849 ne se bornait pas à l'interdiction théorique de la coalition pour les patrons ou pour les ouvriers. Elle aurait pu constituer un progrès réel sur les textes anciens du Code pénal, un progrès effectif vers l'égalité, si les tribunaux, au lieu de s'en tenir à l'application stricte de la lettre de la loi, avaient laissé sa portée véritable à l'article 414 tel qu'il venait d'être modifié. En effet, les législateurs n'avaient point voulu faire de la coalition un délit abstrait. A Valette et à Wolowski, approuvant le principe d'une peine, mais applicable seulement aux coalitions injustes ou abusives (et ils proposaient pour cela d'introduire dans la partie de l'article 414, visant les coalitions ouvrières,

1. Bérenger, rapporteur d'un des projets présentés à l'Assemblée législative, avait signalé l'utilité de ce contrat collectif. « Même dans les conditions les plus modestes, écrivait-il dans son rapport, le maître concentre toujours en lui la force d'une association véritable envers les ouvriers qu'il emploie. Il faudrait donc, pour que les conditions fussent égales, qu'on permît aux ouvriers de s'unir entre eux pour débattre le taux des salaires. »

les mots injustement et abusivement qui, dans l'article
414 ancien, avaient limité les cas où les ententes patronales constituaient des délits), Baze répondit au nom
de la commission que le projet ne donnait pas seulement aux tribunaux à juger du fait matériel, mais de
la moralité de l'acte (1). Rouher, le ministre de la justice, insistait encore dans le même sens. « La commission, disait-il, n'a pas voulu instituer une contravention
brutale, punissant indépendamment de l'intention (2). »
« Lorsque le magistrat statuera, disait-il encore, il
examinera le fait de la coalition, il en constatera la
matérialité, puis il interrogera la bonne foi des accu-
sés... ; en un mot, il ne sera pas enserré dans un texte
mais il aura à la fois à juger le fait matériel et la conscience de l'agent. » C'était donc un très large pouvoir
d'appréciation qui était laissé aux tribunaux. Cela leur
donnait la possibilité de ne pas réprimer, au nom de
l'équité, certaines coalitions qui leur auraient paru légitimes, d'atténuer, en laissant une certaine marge
de liberté aux coalitions ouvrières, les facilités que
l'organisation sociale donnait aux patrons pour s'entendre, en un mot de faire régner plus d'égalité. Mais

1. Cf. *Recueil Duvergier*, 1849, p. 390-393. Exposé des motifs de
la loi de 1864. Dalloz, 1864.4.55.

2. La suppression en 1849 des mots injustement et abusivement
dans le § de l'article 414 ancien consacré aux coalitions patronales, et
l'opposition du gouvernement à laisser introduire ces mêmes mots
dans le § consacré aux coalitions ouvrières, avaient pour cause la
crainte que les magistrats n'aient à apprécier des faits d'ordre économique, et que cela ne tende à « introduire le juge dans la partie
ardue de la réglementation des salaires ».

une jurisprudence rigoureuse s'établit. Les tribunaux appliquèrent constamment la loi de 1849 dans son sens le plus restrictif, n'envisageant que le fait de coalition comme élément du délit (1), et frappant, en conséquence, plus facilement les coalitions ouvrières que les coalitions patronales moins visibles. Ainsi entendue, cette loi ne pouvait que révolter les classes ouvrières : elles ne pouvaient comprendre comment la justice pouvait considérer comme un acte délictueux le fait de présenter pacifiquement des revendications justes. Et c'est en grande partie à cause d'une telle ju-

1. « Dans l'affaire récente de la coalition des ouvriers typographes, lit-on dans l'Exposé des motifs, la Cour de Paris, par un arrêt du 15 nov. 1862, a condamné les inculpés sans que la prévention eût établi, sans que l'arrêt eût constaté ni l'illégitimité, ni l'exagération des prétentions des ouvriers, ni le caractère illicite ou immoral par lesquels la coalition s'était formée. » Les *Pandectes* indiquent d'autre part comme exprimant l'état de la jurisprudence relative aux coalitions avant 1864, l'arrêt cité dans Sirey, 1859, I, 630, par lequel sont punis les promoteurs d'une coalition qui avait éclaté « même après avoir donné les avertissements prévus par les règlements » pour les cessations des contrats de travail, « attendu qu'il importe peu que les causes de cette réclamation puissent paraître en elles-mêmes légitimes ; que la loi, exclusivement préoccupée de protéger la liberté de l'industrie, a puni la coalition indépendamment de ses motifs... et attendu en fait qu'il est constaté que les prévenus et leurs camarades se sont concertés pour émettre simultanément une réclamation qui leur paraissait légitime ; qu'ils ont obtenu de plusieurs fabricants la modification qu'ils demandaient ; qu'à la vérité l'arrêt déclare qu'ils n'ont quitté leurs ateliers qu'après avoir donné à l'avance congé à leurs patrons, en se conformant aux lois et règlements sur la police des papeteries ; que les faits ainsi constatés constituent le délit prévu par le § 2 de l'article 414... »

risprudence, qui les déconcertait, que le droit de coalition a été si souvent et si vivement réclamé par les interprètes des classes ouvrières.

Prononcées après les élections, après le retour des délégués de Londres, qui avaient vivement attiré l'attention publique sur les questions ouvrières, les paroles de l'Empereur avaient éveillé dans beaucoup d'esprits l'espoir d'une modification profonde du régime du travail, modification qui dépasserait la réforme de la loi de 1849. Affranchir les coalitions, ne serait-ce pas aussi reconnaître une certaine liberté à l'association professionnelle, ne serait-ce pas une étape vers la constitution de chambres syndicales, devenant à la fois un centre d'action collective et un moyen d'apaisement (1)? Aussi au cours de la discussion du projet d'adresse, certains députés de l'opposition libérale font entendre des paroles de gratitude pour les «sentiments libéraux de l'Empereur », pour les réformes qu'il avait promises malgré les avis timides de certains conseillers. « Il a interrogé les sentiments des masses, il a compris qu'il y avait dans ces lois contre les coalitions un germe de haine de classe à classe qui devait aller en grandissant, il a aperçu l'unanimité des critiques qu'elles soulevaient, et il a vu que les gens les plus conservateurs déclaraient hautement que ces lois n'étaient pas conformes à nos mœurs libérales (2). »

Mais le projet élaboré au nom du gouvernement par

1. J. Simon. *Mon.*, 64, p. 96, col. 2.
2. Darimon. *Mon.*, 64, p. 96, col. 2.

le Conseil d'État, causa une déception à tous ceux qui s'attendaient à des réformes sérieuses. « En relisant avec le plus grand soin le projet de loi sur les coalitions et l'exposé des motifs qui l'accompagne, écrivait Darimon, une pensée a surgi dans notre esprit : c'est que les auteurs du projet avaient certainement eu peur de la concession faite par l'Empereur, et qu'ils ont cherché par tous les moyens à l'atténuer et à en amoindrir les effets (1). » On pourrait croire, en effet, que l'auteur de l'exposé des motifs, le conseiller d'État Cornudet, s'efforçait de rendre impossible le vote du projet de loi qu'il était chargé de défendre. Il énumère, en effet, avec insistance, tous les arguments en usage contre la liberté de coalition. Il montre cette liberté de coalition périlleuse pour l'ouvrier dont elle augmente la misère, gênante pour le développement de l'industrie et de la fortune nationales, enfin et surtout il la déclare dangereuse pour l'ordre public. Et il présente un tableau impressionnant des excès récents dont cette liberté a pu être la cause en Angleterre.

Le rapporteur du Conseil d'État arrive cependant à demander plus de liberté pour un acte aussi périlleux que la coalition. Mais comment en arrive-t-il à une telle conclusion ? C'est qu'il ne lui paraît pas équitable de classer comme délit l'exercice collectif d'un droit individuel incontestable pour chaque ouvrier, le droit d'offrir ou de refuser son travail, d'en vouloir débattre les conditions, étant donné surtout que la coali-

1. Cf. *Mon.*, 64, p. 315.

tion ne peut altérer que d'une manière accidentelle et momentanée le jeu des lois économiques qui se combinent pour déterminer le taux des salaires. Il reconnaît même, que, dans certains cas, une entente entre ouvriers peut être nécessaire. Pour calmer les craintes des adversaires d'une modification libérale de la loi de 1849, l'exposé des motifs leur prouve que le pouvoir ne sera point désarmé contre les excès et les suites dangereuses des coalitions. Du reste, ayant perdu par la façon dont elle a été appliquée par la justice, et surtout par la fréquence des grâces accordées, sa force comme mesure répressive et préventive, cette loi demeure insuffisante pour « dominer le mécontement profond qu'elle excite dans la classe ouvrière (1) ». Mais

1. Dans l'exposé des motifs (Dalloz, 64.4.59) le conseiller d'État Cornudet cite un extrait d'un rapport adressé à l'Empereur au mois de novembre 1863, par les ministres de la Justice et des Travaux publics, qui conclut à une modification de la loi de 1849. « Tantôt les industriels déclinaient l'appui de la loi, et au lieu d'invoquer une répression prompte et énergique, s'en fiaient aux conseils que le temps seul pouvait donner aux ouvriers, et aux bons effets de la patience et de la conciliation. Tantôt les magistrats eux-mêmes, dans la crainte d'augmenter l'irritation et de rendre les rapprochements plus difficiles, retenaient dans leurs mains les armes que la loi leur avait données... Puis, dans les cas rares où les tribunaux étaient saisis, on a vu maintes fois après une longue procédure, après un grand appareil judiciaire, les magistrats prononcer de légères condamnations qui semblaient presque protester contre l'existence du délit qu'ils avaient dû réprimer pour obéir à la loi, et enfin, à peine ces condamnations étaient-elles prononcées, que la clémence de l'Empereur, d'accord avec la conscience publique, s'étendait aussitôt sur les condamnés. Que résulte-t-il de cet état de choses incontestable ? Que nous

le rapporteur s'efforce surtout de montrer que la loi
ancienne n'était point exempte de dangers, et il essaie
de réveiller les anciennes appréhensions des législateurs, contre cette intervention de l'Etat dans les
questions de travail, intervention que beaucoup appelaient du socialisme. L'affaire des typographes n'avait-
elle pas en effet prouvé que, la loi privant les travailleurs, dans l'intérêt de l'ordre public, d'un moyen
efficace de défendre leurs salaires, l'Etat pourrait
être appelé, au nom de la justice, à intervenir sou-
verainement dans cette question de la rétribution du
travail, ce qui pouvait l'exposer à devenir, « suivant
les doctrines néfastes du socialisme », « le dispensateur
de tous les biens et de tous les maux (1) ».

Le projet présenté par le Conseil d'Etat consistait à
autoriser la coalition simple au nom de la liberté du
travail. Mais le même principe lui faisait poursuivre
les promoteurs de coalitions « factices », c'est-à-dire

n'avons en cette matière ni les avantages d'une législation pénale
empreinte de sévérité, ni l'honneur et le bénéfice d'une législation
libérale. »

1. Pendant la discussion de la loi de 1849, Sainte-Beuve avait déjà
signalé quel rôle la prohibition des coalitions allait imposer à l'Etat.
« L'ouvrier victime d'un préjudice doit dire à l'Etat : vous ne voulez
pas que je fasse reconnaître mon droit par l'abstention que vous appelez coalition, que vous appelez délit et que vous punissez : alors
je m'adresse à vous et je réclame justice. Or il faut que l'Etat intervienne, il faut que ce procès qui s'élève entre le patron et l'ouvrier
soit résolu par quelqu'un, et ce quelqu'un c'est l'Etat. Il faut, en définitive, ou que l'Etat me permette de me faire justice moi-même, ou
que l'Etat me fasse justice. »

formées à la suite de violences, de menaces, d'intimidations ou de manœuvres coupables. La simple provocation à la coalition (même à la coalition simple), devait être punie, et la peine, aggravée dans le cas où la provocation serait suivie d'effet, était accrue par rapport à la loi de 1849. Mais les termes qualifiant le délit de provocation avaient tellement peu de précision que le fait d'inviter quelques ouvriers à user collectivement de leurs droits, aurait toujours pu entraîner l'application de peines prévues au projet ; s'il était possible de déterminer quelles menaces ou violences seront attentatoires à la liberté du travail, il était bien difficile de limiter ce que l'on devrait entendre par les mots « manœuvres coupables ». C'est évidemment en guidant l'interprétation de ce terme « susceptible d'être indéfiniment étendu » (1), que le pouvoir pourra garder la haute main sur les coalitions. L'exposé des motifs laisse du reste apercevoir une partie de l'objectif visé : ces manœuvres coupables, qui pourraient consister en dons ou en promesses destinés à « faciliter les moyens de prolonger la lutte », et auraient pour but, « dans celui qui donne ou qui promet, de provoquer à la coalition l'ouvrier qui n'y pensait pas, de lui en fournir les moyens... d'exécuter sur sa volonté, par une sorte de séduction, une pression morale » (2), semblaient prévoir tout particulièrement l'aide qui pourrait venir aux ouvriers pendant les conflits, de leurs organisations

---

1. Rapp. E. Ollivier, § 22. Dalloz, 1864.4.68.
2. Dalloz, 1864.4.60.

corporatives ou d'autres groupements ouvriers comme cela se produisait en Angleterre.

Étant donné toutes les espérances que la déclaration de l'Empereur avait fait naître, un tel projet ne pouvait être bien accueilli. Il y avait loin, en effet, du texte présenté par le Conseil d'Etat à la réforme escomptée par les plus modérés, à cette « modification favorable à la liberté des coalitions, sans se départir d'une juste sévérité pour les délits, sans l'exagérer non plus », dont le *Journal des Économistes* s'était affirmé partisan (1). Au lieu de la suppression de la prohibition, le gouvernement proposait une aggravation des peines et une liberté si volontairement restreinte, qu'elle n'était point un progrès par rapport à la loi de 1849. Dans le *Journal des Débats* (2), Prévost-Paradol protestait contre les mots « manœuvres coupables », porte ouverte à l'arbitraire. « Il dépendrait, disait-il, du parquet qui poursuit ou du tribunal correctionnel qui juge, de déclarer coupable une coalition pure de toute menace et de toute violence, pourvu qu'on voulût bien donner le nom de manœuvres aux démarches inévitables que doivent faire les coalisés pour s'entendre. Or ce sont ces démarches mêmes que la loi avait, dit-on, pour but d'innocenter. Elle les innocente, en effet, mais à la condition que les tribunaux, investis désormais

1. *Journal des Economistes*, 15 janv. 1864, p. 158.

2. *Journal des Débats*, 26 mars 1864 ; de même dans *la Presse* 26 février 1864, article de Darimon ; et critique du projet par Darimon au Corps législatif, séance 28 avril 1864. (*Mon.*, 64, p. 580, col. 2) ; et dans Darimon, *Le Tiers Parti*, p. 126.

d'une pleine souveraineté d'appréciation dans cette matière, consentiront à laisser jouir les coalisés du bénéfice de la loi. » Et comme le projet conservait la loi commune en matière de réunion et d'association, Prévost-Paradol résumait de la sorte cette « loi facultative » : « 1° Il pourra y avoir des coalitions lorsque le gouvernement les autorisera; 2° elles seront impunies lorsqu'il plaira au tribunaux de ne les frapper d'aucune peine. »

Dans les ateliers, le projet du Conseil d'Etat n'était pas mieux apprécié : *La Presse*, le 10 mars, signalait qu'il y avait été mal accueilli et annonçait qu'une liste de protestation circulait parmi les ouvriers. Ils demandaient le retrait du projet entier et préféraient le maintien de la loi ancienne qu'ils connaissaient et que la jurisprudence avait précisée, à la loi proposée ; celle-ci, bien que n'apportant pas un progrès réel, pourrait être opposée comme une concession récente aux revendications des travailleurs, dont elle retarderait ainsi l'émancipation.

Les députés de la gauche devaient être les interprètes de ce mécontentement. M. Emile Ollivier, qui avait indiqué à M. de Morny toute l'importance politique qu'il y aurait à accorder la liberté des coalitions, réclamait de l'initiative gouvernementale un projet plus loyal (1). Pendant une visite à l'Elysée, Darimon protestait auprès de Napoléon III contre le moyen terme adopté et signalait l'incohérence du texte qui

1. E. Ollivier, *op. cit.*, t. 6, p. 510.

faisait un délit de la provocation à un acte licite (1). Ils obtinrent enfin de l'Empereur la promesse de modifications libérales au projet du Conseil d'Etat.

Soutenue par l'autorité morale de l'Empereur, la commission, dont le rapporteur, nommé grâce à l'insistance de M. de Morny, était M. Emile Ollivier, réussit à faire admettre par le Conseil d'Etat une rédaction nouvelle constituant un projet dont le titre même différait du projet primitif. Il n'était plus question, en effet, d'une modification des articles du Code pénal, mais de leur abrogation.

M. Emile Ollivier essayait en premier lieu, dans son rapport, de justifier l'abrogation de la loi en s'efforçant de montrer que les intérêts qui avaient motivé l'interdiction des coalitions patronales ou ouvrières, ne risquaient plus d'être mis en péril par l'usage de la liberté. Car la raison de leur interdiction avait disparu. En 1791, l'Assemblée Constituante avait craint de voir restaurer avec leurs privilèges abusifs les corporations détruites ; mais la réclamation par les ouvriers du droit d'association n'avait plus pour but, en 1864, de former des groupes fermés. L'esprit ancien a disparu et les travailleurs ne veulent chercher dans l'union que la garantie de leur liberté économique. Quant aux objections tirées de la liberté du travail et du jeu de la concurrence, qui pourraient être troublés par la menace constante des coalitions, le rapport les repousse en constatant que puisque la loi

1. Darimon. *Le Tiers Parti*, p. 125

contraint l'ouvrier à rester dans l'isolement, — ce qui le met en état d'infériorité pour discuter les conditions du travail avec le patron, qui, « alors même qu'il n'est pas coalisé avec ses confrères, constitue à lui seul une organisation puissante, qui se suffit à elle-même », (§ 12 du rapport), — cela devrait imposer à l'Etat, sous peine de commettre un déni de justice, le devoir de défendre ceux qu'il a ainsi désarmés. Aussi, « loin d'être un obstacle à la concurrence, à la liberté des maîtres, le droit de se coaliser est pour les ouvriers la condition même du libre débat » (§ 12). Quant aux autres perturbations résultant des coalitions, les conditions de la production faussées, la misère des ouvriers, l'industrie entravée, les marchés démunis (1), ce sont bien des effets possibles, mais en considération d'un dommage éventuel, peut-on priver l'ouvrier du moyen de défendre son salaire ? L'incapacité des ouvriers à exercer ce droit redoutable pour eux et pour la société, leur ignorance encore trop grande, la nécessité de prolonger une tutelle salutaire, sont les seuls motifs que la raison laisse aux gouvernements qui veulent refuser la liberté des coalitions... Ils ne sauraient être invoqués chez un peuple dont toutes les institutions

---

1. M. E. Ollivier écarte encore l'objection tirée des dangers économiques des coalitions en rappelant au Corps législatif que Léon Faucher, en 1849, avait demandé l'ajournement de la proposition Morin, tendant à l'abrogation des articles 414 et suivants à cause du régime commercial, mais déclarait qu'un régime de libre échange suffirait à atténuer les perturbations causées par la cessation de la production dans une industrie. Cf. Rapport, § 17.

reposent sur le suffrage universel. Serait-il compréhensible qu'on refusât la faculté de se concerter sur les salaires, c'est-à-dire sur la question qu'ils peuvent connaître le mieux, à ceux qui, par l'autorité de leur nombre et le poids de leurs suffrages, exercent une influence considérable sur la marche des affaires publiques (§ 17) ?

Aussi le rapporteur propose de proclamer la liberté des coalitions, sans réticences, sans distinguer de coalition simple ou factice, sans pénalités spéciales pour les meneurs. « Les articles 414 et 415 sont abrogés... ceux qui les remplacent ne modifient pas l'ancien délit de coalition ; ils en créent un nouveau, l'atteinte à la liberté du travail (§ 18). » Aussi ne seront répréhensibles à l'occasion d'une coalition que les faits délictuels l'accompagnant, violences graves, menaces, manœuvres frauduleuses, faites dans le but de porter atteinte à la liberté du travail, — ou les atteintes légères à la liberté, commises en exécution d'un plan concerté (1).

Ce système avait suscité durant les séances de la commission de multiples objections, qui se renouvelèrent pendant la discussion au Corps législatif. En face de la majorité qui acceptait le texte admis par le gou-

______

1. La Commission avait aussi cherché à empêcher l'éclosion instantanée de grèves, en prodosant de les faire précéder comme en matière judiciaire, d'une tentative de conciliation, et en établissant une peine légère contre ceux qui n'y auraient point recours. Mais le Gouvernement et le Conseil d'État repoussèrent le projet par crainte de voir ce tribunal de conciliation se changer en tribunal de salaires.

nement, deux oppositions s'étaient manifestées. L'une, trouvant inutile un tel projet, désirait qu'on s'en tienne à l'abrogation des articles du Code pénal, et estimait une loi spéciale inutile pour réprimer des délits nés à l'occasion d'une coalition et qui tombaient sous le coup de la loi commune.

La deuxième opposition trouvait la loi inopportune ou du moins insuffisante pour prévenir les dangers de grèves subites et intempestives. Sans nous arrêter à examiner tous les arguments que faisaient valoir ces derniers, arguments d'ordre public ou inspirés par le souci du développement industriel ou par une apparente sollicitude pour les ouvriers (arguments qui avaient triomphé lors du vote de la loi de 1849 et que M. Émile Ollivier s'était attaché à détruire), nous signalerons simplement le reproche d'imprudence adressé par eux au gouvernement pour avoir proposé une mesure grave sans s'être éclairé par une enquête préalable (1). Mais il est bon de noter cette constatation de tous les orateurs, que l'isolement de l'ouvrier le met dans la dépendance de son salaire (2), et que l'association seule peut y remédier, tout en délivrant l'État du dangereux devoir de tutelle qui lui incombe.

La critique la plus vive provenait des partisans de la simple abrogation des articles du Code pénal, des adversaires de la création du délit spécial d'atteinte à la liberté du travail. Ils reprochaient au projet de loi

1. Seydoux. Séance 27 avril 1864. *Mon.*, p. 573.

2. Kolb-Bernard. Séance 28 avril 1864. *Mon.*, p. 579.

de n'accorder qu'une liberté d'apparence, parce que, « à côté de cette proclamation d'un droit, on place des dispositions obscures, ambiguës, avec lesquelles tout est permis (1) ». Ils critiquaient, comme trop vague dans une loi pénale, le terme « manœuvre frauduleuse », qui pouvait être interprété trop librement par les tribunaux, et étendu à peu près à toute coalition si l'on ne s'en rapportait qu'à la définition donnée par le rapporteur (2). Terme dangereux encore, car la manœuvre, l'acte commis par suite d'un « plan concerté » (c'est-à-dire par suite d'une entente pouvant constituer la coalition elle-même), pouvait entraîner une aggravation de peine exagérée, consistant dans la mise sous la surveillance de la haute police pendant une durée de deux à cinq ans, ce qui revenait à assimiler le régime des délinquants à l'occasion des coalitions, à celui des forçats libérés.

On reprochait encore à la loi d'être illogique, incomplète, en n'accordant pas le droit de réunion indispensable à l'exercice de la liberté que le projet prétendait reconnaître. Ce vice de la loi est signalé par les orateurs de toutes les opinions. Darimon, qui n'était point suspect d'hostilité pour le rapporteur, ni même à ce moment-là pour le gouvernement, réclamait la liberté des réunions qu'il jugeait indispensable à l'exercice du droit de coalition (3), et il demandait une modification rapide des décrets de 1852 afin que le système

<hr>

1. J. Fabre. *Mon.*, p. 607.
2. Garnier-Pagès. *Mon.*, p. 590 ; J. Simon, p. 519; J. Fabre, p. 607.
3. *Mon.*, p. 580, col. 3.

de la loi n'en vînt pas à la négation indirecte du droit
de coalition. L'industriel Seydoux montrait aussi les
périls politiques de cette conception étroite de la loi :
« Cette loi, disait-il, leur laisse le droit de s'entendre,
de se concerter ; mais pour s'entendre, il faut se réunir, et si les réunions sont interdites, ils emploieront
des moyens mystérieux qui ont tant d'attrait pour beaucoup de monde ; ils formeront des sociétés secrètes
qui échapperont à l'œil de l'autorité et des patrons (1). »

Au Sénat, l'opposition au projet de loi tout entier
se manifesta dans une discussion où l'on sortit souvent
du domaine assigné à ses délibérations : l'examen de la
constitutionnalité de la loi. Le comte de la Riboisière
déclarait que, la liberté de coalition une fois accordée,
le gouvernement ne serait plus maître de refuser le
droit de réunion. Et contre ces attaques le rapporteur
trouvait seulement à répondre que la question des réunions était étrangère au projet de loi proposé par le
pouvoir. Les commissaires du gouvernement prétendaient démontrer l'inutilité d'une extension du droit
de réunion, du fait qu'il y avait déjà eu des coalitions en France « sans qu'elles aient eu besoin d'user
de ces réunions qui sont interdites par l'article 291...
qui n'a pas été et qui n'a pu être invoqué contre
elles (2) » !

Les imperfections et les contradictions de cette loi
du 25 mai 1864, venaient moins de ce qu'elle était une

1. *Mon.*, p. 573 ; Kolb-Bernard, *Mon.*, p. 579.
2. *Mon.*, p. 699 ; *Mon.*, p. 590, col. 4.

loi de transition, nécessitée par le régime encore peu stable de l'industrie, comme le prétendait Darimon (1), que de ce qu'elle était avant tout une loi politique, une manifestation de l'intérêt que le gouvernement affectait tout à coup pour les classes ouvrières.

Nous avons déjà vu qu'à la suite des élections de 1863, frappé par les progrès de la démocratie, M. de Morny avait rappelé à l'Empereur qu'il était urgent de la satisfaire si l'on ne voulait point être emporté par elle, et comment M. Émile Ollivier avait guidé le choix des concessions à accorder d'urgence, vers cette liberté de coalition tant désirée. Il semble que l'on doit interpréter aussi les résistances de Napoléon III et de M. Rouher à accepter M. Émile Ollivier comme rapporteur de la loi, comme tendant à prouver l'intention du pouvoir de rattacher à l'Empire, par cette loi, les classes ouvrières qui manifestaient des velléités d'émancipation ; il leur paraissait, en effet, « impolitique d'accorder à l'opposition le mérite d'avoir assuré une loi populaire (2). »

Le but politique de cette loi apparaît dans ses imperfections mêmes. Si ce sont des nécessités d'équilibre qui ont conduit le Gouvernement à proposer la suppression du délit de coalition, ce sont des nécessités semblables qui l'ont contraint à persister dans les restrictions déguisées par lesquelles il mutilait la liberté de coalition. Car il ne voulait point s'aliéner les nombreux industriels, siégeant au Sénat ou au Corps législatif, qui auraient pu croire leurs intérêts menacés à

1. Séance du 28 avril, *Mon.*, p. 580.

2. E. Ollivier, *op. cit.*, t. 6.

bref délai et se montraient déjà effrayés. « La majorité du Corps législatif, écrivait Batbie (1), était fort alarmée par la proposition du gouvernement. Elle l'aurait repoussée si elle n'avait pas craint de montrer un dissentiment grave avec la politique qu'elle appuie de ses votes. Il y avait de la prudence à tenir compte de cette opposition intime : il y avait bonne tactique à rassurer les députés effrayés en accordant une répression vigoureuse de tout ce qui n'était pas le concert librement formé et poursuivi. » Aussi, au Corps législatif mais surtout au Sénat, les orateurs du gouvernement s'efforçaient moins de préciser l'étendue du droit nouveau que de réduire l'innovation proposée à la régularisation d'une situation de fait. « La loi actuelle, disait Baroche (2), permet en réalité ce qui était permis sous l'ancienne loi ; elle met la loi d'accord avec les mœurs, avec la jurisprudence. » Et ils montrent que nul droit spécial de réunion ne sera indirectement reconnu par la législation aux ouvriers (3). Quant aux ruptures d'engagements redoutées par une partie des opposants au projet, les dispositions de la loi de 1853 sur les livrets ouvriers ne garantissent-elles pas aux patrons l'exécution des engagements de travail. Mais les auteurs de la loi (particulièrement le rapporteur au Corps législatif, et le conseiller d'État Cornudet au Sénat) (4)

---

1. Batbie. *Revue critique de Législation et de Jurisprudence*, 1864, t. 24, p. 413.

2. *Mon.*, 1864, p. 700, col. 3.

3. Rouland, président du Conseil d'État. *Mon.*, 1864, p. 700, col. 3.

4. Cornudet, vice-président du Conseil d'État. *Mon.*, 1864, p. 598.

insistent aussi sur la nécessité absolue où le Gouvernement s'était trouvé de céder aux désirs des classes ouvrières. Ils avaient donc voulu faire une loi politique : « Les auteurs de la loi nouvelle, disait le commissaire du Gouvernement Cornudet, ne se sont pas dissimulé que la coalition était dangereuse ; mais ils ont pensé qu'il y avait quelque chose de plus dangereux encore : c'était de laisser dans les classes ouvrières ce ferment d'irritation, ce ferment de mécontentement qu'entretenait la loi de 1849 (1). »

Comment a été accueillie cette loi sur laquelle le pouvoir comptait tant pour ramener à l'Empire les classes ouvrières en accordant une satisfaction partielle à leurs revendications, cette loi que l'on présentait aux travailleurs comme la première d'une série de réfor-

______

1. « Dans l'année 1862, il s'est passé un événement petit, inaperçu, duquel, je n'hésite pas à le dire, il naîtra d'importantes conséquences... 100.000 ouvriers ont été mis en mouvement sans que l'ordre de la cité ait été compromis. Eh bien, savez-vous, Messieurs, quelle est la conclusion unanime écrite dans les cahiers de la classe ouvrière ? C'est que la situation de l'ouvrier anglais est meilleure que celle de l'ouvrier français, que son salaire est plus élevé en général de 25 %... Et ces résultats merveilleux, les ouvriers anglais les doivent toujours d'après ces mêmes documents, à la faculté de débattre collectivement les salaires et de constituer des coalitions. Il y a, Messieurs, dans cette conviction qu'une comparaison plus ou moins bien faite a inspirée à nos ouvriers, une circonstance bien grave et qui rend vain l'argument tiré de leur incapacité : je ne crois pas qu'il soit sage de résister à un désir manifesté avec une telle force, avec une telle unanimité, avec une telle persistance, par une masse dont la conviction est que l'amélioration de son sort dépend de la solution favorable de la question des coalitions. » E. Ollivier, *Mon.*, 1864, p. 5817, p. 700.

mes libérales, à la bourgeoisie conservatrice comme une concession indispensable à la conservation sociale ?

Elle ne pouvait être accueillie sans réserves par personne, ni par les industriels croyant, malgré les assurances du gouvernement, leurs intérêts menacés par cette loi d'antagonisme, ni par les économistes (1) attendant pour la juger qu'elle ait subi l'épreuve des faits, et que la jurisprudence ait fait cesser les incertitudes du texte de la loi en déterminant l'étendue de cette « liberté nouvelle, un peu soumise au bon vouloir de la police, du ministère public et des tribunaux ».

Quant aux publicistes libéraux qui avaient applaudi à l'initiative impériale, ils ne manifestent plus aucun enthousiasme. J.-J. Weiss, dans le *Journal des Débats* (2), fait remarquer que les discussions n'engagent pas les tribunaux qui seront toujours libres d'interpréter à leur guise les dispositions insuffisamment nettes de la loi. Armand Lévy regrette l'appui accordé par une partie de l'opposition démocratique à une telle loi car il craint que « l'impopularité, comme la responsabilité de la déception des ouvriers, revienne à l'opposition puisqu'un de ses membres a donné son concours à un tel projet (3) ».

Les chefs de la classe ouvrière ne sont pas d'accord sur la valeur de cette loi : Proudhon regrette cette liberté qui va être une cause d'anarchie dans l'indus-

---

1. *Journal des Econ.*, 15 déc. 1864, art. de Courcelle-Seneuil.

2. 4 mai 1864.

3. A. Lévy. *La loi contre les coalitions et la liberté des travailleurs*, 1867, p. 7.

trie (1) ; les démocrates et les socialistes la trouvent incomplète puisqu'elle soumet à l'agrément de l'autorité, qui peut alors rendre caduques les dispositions nouvelles, l'exercice logique du droit de coalition. Ils reprochent surtout à la loi de ne permettre la coalition que comme une aventure : elle en fait un acte qui ne peut être prémédité ni réfléchi sans délit. Les effets nuisibles de la coalition pourront donc seuls se produire car elle aura lieu généralement hors du moment propice. Surtout ils regrettent que la loi ne leur ait pas laissé la possibilité de s'organiser d'une manière durable, de coordonner les énergies individuelles par l'association ; car la classe ouvrière se trouverait alors guidée vers l'objectif à atteindre par un groupement qui donnerait aux travailleurs la cohésion nécessaire pour résister à la puissance capitaliste, et dont l'action réfléchie éviterait des démarches stériles, des chômages accompagnés de violences et de ruines inutiles. La coalition, telle qu'elle est réglée par la loi aura plutôt pour effet d'occasionner aux ouvriers de nouvelles souffrances que des améliorations nouvelles à leur sort.

La première conséquence de la loi, ce fut naturelle-

1. Proudhon, dans la *Capacité politique des classes ouvrières* (édit. 1873, p. 317-347), trouvait absurde « cet assaut entre les législateurs à qui s'étendrait le mieux à renverser l'ordre social » ; cette loi d'antagonisme créée par le gouvernement « pour faire plaisir aux classes ouvrières » et surtout dans l'intérêt de sa conservation, pour laquelle il abandonne toute responsabilité dans l'ordre de l'économie publique et ne conserve que les prérogatives purement politiques.

ment l'éclosion d'une foule de grèves. Les ouvriers, écrivait Courcelle-Seneuil (1) à la fin de 1864, cherchent à déterminer l'étendue exacte de cette liberté dont ils veulent profiter. Mais ces premières grèves, limitées généralement à un atelier et n'atteignant que par exception le corps d'état tout entier, ont été avant tout pacifiques ; de sorte que le ministre de l'Intérieur, appréciant les résultats de la nouvelle liberté, pouvait constater que « si le nouveau droit concédé à la population ouvrière a été pour celle-ci une occasion de réclamer souvent et d'obtenir quelquefois une augmentation de salaires ou un adoucissement dans les conditions du travail, il n'a entraîné, il faut le reconnaître, aucun trouble sérieux ni aucune conséquence réellement dommageable pour l'industrie (2). Conformément aux intentions tolérantes du pouvoir central, dans la plupart des cas, les préfets évitaient d'intervenir et laissaient la grève se dérouler librement. Mais des mesures isolées firent souvent sentir aux ouvriers combien précaire était leur droit, et de retentissantes poursuites, engagées à l'occasion de certaines coalitions, aboutissaient à ne laisser en évidence que les obstacles mis

1. *Journal des Économistes*, 15 déc. 1864.

2. Exposé de la situation de l'Empire. *Mon.*, 1865, p. 162, col. 2. Il est curieux de rapprocher de cette déclaration optimiste la constatation que Courcelle-Seneuil faisait dans *le Temps* du 7 juin 1865 : « L'industrie parisienne traverse à petit bruit mais péniblement, une crise fort grave qui, dit-on, commence à préoccuper l'administration. Cette crise a pour point de départ l'agitation relative aux salaires, coïncidant pour un grand nombre de métiers avec un ralentissement de la demande. »

à la jouissance de cette liberté théorique qu'on leur avait reconnue. Tandis que la police, lors de la grève des ouvriers de l'industrie du bronze (qui avait eu pour origine le renvoi par la maison Barbedienne de quelques ouvriers, parce qu'ils s'étaient affiliés à une société mutuelle de crédit constituant aussi un centre corporatif de résistance), ne leur contesta pas le droit de réunion ni même d'association (et l'association organisatrice de la grève s'était ouvertement manifestée, puisqu'un comité avait convié les ouvriers et les patrons à une réunion autorisée par la police et qui compta 1.200 assistants), les ouvriers tailleurs se virent dénier toute possibilité d'organisation. Poursuivis, les tribunaux les condamnèrent en faisant ressortir dans les considérations du jugement combien était précaire le droit dont ils avaient voulu faire usage : « Attendu... que si l'association est utile au développement des grèves, elle ne doit pas moins, dans l'intérêt de la sûreté publique, être soumise à l'autorisation du gouvernement (1). » Il en fut de même dans l'affaire des veloutiers de Saint-Etienne (2) : les ouvriers, unis entre eux par un serment de fidélité, réclamaient le rétablissement du tarif de 1849 que les patrons avaient convenu de ne plus appliquer ; un comité de 16 membres, se ramifiant au moyen de délégués dans toute la région divisée en quartiers, afin d'éviter des réunions

___

1. Cf. *Annuaire de l'Association pour 1868*, article de Ach. Mercier, p. 45 et 46.

2. Cf. Journal *L'Association*, janvier 1866, article de J. Clamazeran et Dalloz.

nombreuses qui auraient nécessité l'autorisation administrative, avait été chargé de formuler et de soutenir
les plaintes des travailleurs. Après l'échec d'une intervention conciliatrice de l'administration, ce comité fut
poursuivi et condamné devant toutes les juridictions,
comme ayant formé une association illicite, la coalition
licite n'ayant point le caractère de permanence et sup-
posant seulement une entente accidentelle et non point
une organisation en quelque sorte stable et de durée
indéterminée.

Cette interprétation était trop restrictive pour que
l'exercice de la liberté de coalition fût possible. Aussi
le gouvernement se voyait contraint, à cause de la rédaction vicieuse de la loi, soit à tolérer des actes en
contradiction avec les lois générales, afin que la réforme
de 1864 n'apparaisse point comme un piège ou une
mystification, soit au contraire à faire appliquer sans
pitié les textes réglementant l'association et la réunion.
Mais en agissant de cette dernière façon, le pouvoir
aurait risqué de faire le jeu des adversaires du régime
et de s'aliéner définitivement les classes ouvrières, leur-
rées de promesses vaines, mais qui auraient pu s'achar-
ner à conquérir le libre exercice de ce droit, malgré le
gouvernement, soit par l'émeute, soit en usant à leur
profit exclusif de leur droit de vote. Aussi, à défaut
d'une législation plus souple de l'association et de la
réunion que le gouvernement craignait encore d'accorder, il établissait, par la circulaire ministérielle du
12 février 1866, un régime de tolérance, recommandant
aux préfets d'autoriser les réunions qui auraient pour

objet de régler, en dehors de la politique, des questions relatives aux rapports économiques entre patrons et ouvriers, toutes les fois qu'il n'apparaîtrait pas que l'ordre public pût en être compromis.

Mais malgré tout, un grand résultat était acquis par les ouvriers : la liberté de coalition avait été proclamée. La rédaction vicieuse d'un article de loi se corrige, mais une liberté reconquise ne s'abdique pas.

CHAPITRE III

Le mouvement coopératif
et la loi sur les sociétés commerciales

Quelque restreinte qu'ait pu être la portée de cette liberté, cette initiative réformatrice du gouvernement coïncidait trop avec les vœux unanimes des classes ouvrières, pour ne pas valoir au pouvoir une certaine reconnaissance. Sans s'attarder à examiner la portée réelle de la loi, les éléments les plus calmes de cette foule ignorante n'auraient vu, de cette mesure, que son apparence démocratique, libérale, bien digne de celui qui leur avait rendu le suffrage universel si, au même moment, des variations subites de la politique intérieure ou extérieure de l'Empire n'avaient heurté ses idées traditionnelles. Aussi, peu à peu, travaillée par la propagande des journaux et les menées des républicains ou des socialistes, on verra croître dans cette masse, comme dans tous les autres partis, des signes de défiance et de désaffectation du régime impérial.

A ce même moment, les partis ralliés à la cause bonapartiste ne craignaient point d'élever la voix contre la politique de l'Empereur. Le malaise de l'industrie éprouvée par le taux très élevé de l'escompte (1), ranime les controverses au sujet des traités de commerce, qui demeurent toujours le prétexte de discussions vives où l'initiative du pouvoir est attaquée par une minorité provenant de tous les partis (2). La suspension de l'amortissement, le déficit croissant, sont des causes d'inquiétudes financières comme les continuelles dépenses occasionnées par la politique extérieure de l'Empereur (3).

L'incohérence générale des actes du pouvoir crée partout des mécontentements. Il s'aliène par les incidents relatifs à l'Encyclique et au Syllabus, ou par la nomination du prince Napoléon (24 décembre 1864) à la vice-présidence du Conseil privé, les catholiques qu'il avait voulu conquérir en 1863 en remplaçant aux Affaires étrangères Thouvenel par Drouyn de Lhuis.

1. Cf. Exposé de la situation de l'Empire. *Mon.*, 19 février 1865, p. 161.

2. Cf. les débats. Corps législatif en mai 1868.

3. Cf. Chronique politique de la *Revue des Deux-Mondes*, 1er janvier 1866 (art. de E. Forcade, et dans la discussion de l'adresse au Sénat, le 10 février 1866, les inquiétudes du marquis de Boissy.

« 200 millions économisés sur le Tibre et 200 millions économisés au Mexique, c'eût été peut-être ce qu'il fallait pour nous déterminer à sauver la pauvre Pologne. Mais ces dépenses sont presque des accidents heureux dans notre histoire contemporaine. En effet, sans la gêne où nos aventures nous ont mis nous n'aurions sans doute pas vu se réveiller si tôt l'opinion qui veut maintenant la paix pour posséder la liberté et se servir d'abord de la liberté pour mettre en bon état les finances françaises. » Paul Boiteau. La situation économique et financière. *Journal des Économistes*, janvier 1864; Cf. Allain-Targé. *Le déficit, 1852-1868* (1886).

Au même moment, malgré la déconvenue haineuse des Italiens qui avaient espéré achever avec l'aide de la France leur unité nationale, l'Empereur se déclare le protecteur armé du pouvoir temporel du Saint-Siège (1). Mais en même temps, pour ne pas encourir d'une manière définitive cette haine de l'Italie, il emploie, et cela pendant des années, toute sa diplomatie à arracher à l'Autriche l'abandon volontaire de la Vénétie. Pour arriver à ce but, il se laissera duper par la Prusse, et abandonnera la thèse populaire des nationalités, en laissant méconnaître dans l'affaire des Duchés le droit des peuples à disposer de leur sort. Les échecs de sa politique extérieure, le refus des nations de se rendre à ce Congrès, annoncé à grand bruit, par lequel l'Empereur voulait faire corriger les limites des États, retentissent profondément dans les masses dont l'amour-propre national ne se trouvait plus satisfait. Elles n'avaient pas été indifférentes à l'abandon par le pouvoir de cette théorie des nationalités qui avait valu à l'Empire en 1859 un moment de vraie popularité.

La politique intérieure du gouvernement, hésitante comme sa politique extérieure, est encore une source de mécontentements et de défiance. C'est le moment des concessions incomplètes, satisfaisant trop peu l'opinion pour qu'elle en ait vraiment gré au pouvoir ; c'est

---

1. Bataille de Mentana contre les troupes garibaldiennes le 3 novembre 1867. « Jamais l'Italie ne s'emparera de Rome ; jamais la France ne supportera une telle violence faite à son honneur, faite à la catholicité », déclarait le Ministre d'État à la Chambre, le 4 décembre 1867.

le moment des brusques sévérités contre la presse (1),
et des mesures dictatoriales modifiant à quelques mois
de distance les pouvoirs constitutionnels des Chambres,
pour diminuer ou augmenter les libertés publiques (2).

Aussi, après chacune de ces aventures que courait
le pouvoir, un mécontentement croissait dans tous les
partis, qui se faisait jour au Sénat (3), mais surtout au

1. Les journaux de toutes nuances sont indistinctement frappés :
la Presse, *la Gazette de France* reçoivent deux avertissements, la
Gironde un, depuis la note du *Moniteur* (1er février) qui a interdit
aux journaux d'émettre des appréciations sur les discussions législatives. *Le Temps* protestait contre un tel régime et en signalait les
dangers : « Quand le public voit des journaux importants garder le
silence sur des questions et des faits qui l'intéressent, il en est vivement frappé et il admet difficilement que ces alternatives inquiètes de
parole et de silence soient un attribut nécessaire de l'ordre. » 13 février 1866. Le 14 février, le président Bonjean interpellait au Sénat et
protestait contre la note du *Moniteur*.

2. Le 14 juillet 1866 un sénatus-consulte réserve au Sénat la discussion de tout changement à faire à la Constitution, et l'interdit au
Corps législatif et à la presse. Le 19 janvier 1867, un autre sénatus-
consulte supprimait l'adresse, mais rendait aux députés le droit d'in-
terpellation et annonçait qu'un ministre serait désigné pour répondre
aux députés. Une loi affranchissant la presse du système de répression administrative et en déférant les délits aux tribunaux correction-
nels était annoncée, une autre devait rendre le droit de réunion publique. Le 12 mars le Sénat voyait son rôle étendu à l'examen complet
des lois.

3. Cf. Art. de Jules Ferry, *le Temps*, 29 mars 1866. « On n'ajourne
pas les lois politiques, écrivait en mai 1867 le journal du Sénat, *La
France*, aux opinions généralement gouvernementales, qui protestait
parce que les lois sur la presse et les réunions publiques n'étant pas
encore devenues à la discussion, car elles répondent toujours à une
situation et leur opportunité est la raison fondamentale de leur existence. »

Corps législatif où s'était formé ce Tiers-Parti, composé d'éléments généralement fidèles de la majorité, et qui constituait « moins un parti qu'un symptôme… le signe d'une majorité qui se décompose (1) ». Cette partie dissidente de la majorité ne ménageait pas les avertissements au pouvoir ; les théories de Thiers sur les libertés nécessaires, qui avaient tant frappé l'opinion à sa rentrée au Parlement, étaient à maintes occasions reprises par lui (2) et devenaient en quelque sorte le thème des revendications parlementaires : l'amendement des 45, proposé par le bonapartiste Latour du Moulin (qui, au vote avait rallié trois autres partisans à cette opposition discrète), réclamait des développements au décret du 24 novembre.

En présence de ces symptômes d'indépendance qui témoignent une diminution de la confiance aveugle que la bourgeoisie et les partis conservateurs lui avaient accordée peu après le coup d'État, le Gouvernement impérial va chercher de plus en plus dans les classes ouvrières une majorité moins encombrante. Les rapports des délégués ouvriers à l'exposition de Londres exprimaient surtout le désir d'améliorations matérielles : que les travailleurs obtiennent des salaires plus

1. Art. J. Ferry. *Le Temps*, 29 mars 1866.

2. *Mon.*, 29 mars 1865. Ce n'était pas contre le régime impérial que Thiers réclamait l'usage de toutes les libertés, qui s'enchaînent, mais dans l'intérêt même de l'Empire qui doit respecter les droits de la nation. En effet, la Constitution de 1852, ce contrat, dans son art. I, « garantit les grands principes proclamés en 1789 et qui sont la base du droit public des Français ». Cf. séance du 26 février 1866.

rémunérateurs, ils oublieront vite dans le bien-être toutes les libertés dont ils ont eux aussi demandé l'accroissement.

Aux yeux du pouvoir, leurs exigences sont moins périlleuses à remplir que celles des libéraux. Accorder les libertés politiques que ceux-ci réclament, ne serait-ce pas pour l'Empereur consentir une diminution de sa propre puissance, tandis qu'il n'a rien à perdre en accordant quelques concessions aux ouvriers. Il pourra même y gagner leur alliance, et il n'en subira qu'indirectement le contre-coup si ses calculs sont erronés. Et même, si l'ordre public est troublé, cela lui fournira, comme en 1851, une nouvelle occasion d'intervenir comme le protecteur de la société, et cela pourra même légitimer après coup le refus opposé aux partis bourgeois d'un accroissement des libertés politiques et individuelles.

Du reste, il ne semble pas au gouvernement qu'il ait rien à craindre des classes ouvrières. Le Manifeste des Soixante paraît prouver qu'une partie croissante des esprits se détourne des préoccupations et de l'agitation politiques pour envisager surtout la réalisation prochaine d'améliorations économiques. Les rapports des délégués de 1862 n'ont guère manifesté d'animosité contre l'Empire, non plus que la nouvelle organisation des travailleurs qui est issue des relations engagées à Londres.

L'Association Internationale des Travailleurs, en effet, s'était constituée ouvertement en France. Se considérant comme une ramification d'une société étrangère, elle avait effectué le dépôt de ses statuts au Ministère de l'Intérieur et la police n'avait manifesté aucune velléité de l'inquiéter. La tolérance gouvernementale s'expliquait par les tendances de la section parisienne de l'Association au cours de ses premières années d'existence. Elle évitait en toute occasion ce qui aurait pu avoir l'air d'une manifestation politique, de façon à ne donner prise à aucun soupçon. A la première réunion des internationaux, — en septembre 1865, à la conférence de Londres remplaçant un congrès projeté que l'on n'avait pu réunir, — les délégués de la section parisienne refusèrent de discuter tout ce qui n'était pas une question ouvrière, comme la question polonaise. Au point de vue de la politique intérieure, les préférences de la section parisienne ne peuvent déplaire au gouvernement : dans leurs congrès ou leurs polémiques, ils affirment que la classe ouvrière, ayant des intérêts distincts de la bourgeoisie, doit avoir aussi une politique distincte de la politique bourgeoise. Le pouvoir peut espérer profiter de cette division. Si pour les internationaux l'émancipation des travailleurs doit être l'œuvre des travailleurs eux-mêmes, ils ne font pas appel à la révolution politique pour la réaliser ; car, faite par des ouvriers non organisés, misérables et ignorants, la révolution ne pourrait aboutir qu'à une transformation politique socialement inefficace. Ils pensent que leur première tâche consiste donc, sans renverser le régime présent, à obtenir des réformes indispensables à la vie ouvrière (1).

1. Cf. *Histoire Socialiste*, t. X, p. 292.

L'Association Internationale pouvait même paraître à juste titre un élément de pondération pour les milieux ouvriers : aux Congrès de Lausanne et de Genève, quand la discussion avait porté sur l'utilité des grèves et sur leurs résultats, la section parisienne s'était trouvée en opposition avec les représentants des trades-unions, partisans de la lutte de classes et soumis à l'influence de Karl Marx, mais surtout avec les éléments blanquistes comptait sur le désordre économique et les souffrances populaires pour exaspérer les ouvriers et hâter la révolution. Loin d'être envisagée comme une arme politique, par les internationaux parisiens, la grève n'est qu'un instrument de lutte économique grâce auquel les travailleurs pourront défendre leurs intérêts, mais dont on doit redouter l'abus et auquel il ne faut recourir qu'après mûre délibération : « Étudiez d'abord, écrivaient-ils, voyez si les conditions économiques du pays permettent une révision des tarifs ; puis après avoir été assurés que vous avez pour vous la vérité et la justice, examinez si vous êtes en état d'entreprendre la lutte et si vous avez la certitude de faire triompher cette idée, sans cela vous ne produirez qu'aggravation de misère particulière et publique (1). » Et dans cette matière des grèves, l'action conciliatrice du bureau parisien de l'Internationale s'était fait sentir à maintes reprises. Si dans certains cas, il organise la résistance et centralise les énergies, les grèves qu'il conduit sont pacifiques : toute violence est blâmée, particulièrement à l'occasion des grèves de Roubaix où l'Internationale,

1. Cité par Fribourg. *L'Association Intern. des Travailleurs*, p. 32.

déjà en train d'évoluer, ne se solidarisa que par devoir avec le prolétariat révolté (1). De 1865 à 1867 elle s'efforça et même aboutit à empêcher toute grève dans les métiers du bâtiment.

Il n'est donc pas étonnant que le gouvernement ait cherché, non seulement à réaliser quelques-unes des améliorations désirées par les classes ouvrières et proposées par les internationaux, mais que, au moment où l'opposition libérale poussait le plus vivement ses attaques, il ait voulu profiter de leur influence en essayant, sans succès, de faire associer tout le régime, par « quelques mots de remerciements adressés à l'Empereur qui avait tant fait pour le peuple » insérés dans le compte rendu du Congrès de Genève, à l'œuvre et à la popularité de l'Association Internationale des Travailleurs (2).

Des rapports des délégués ouvriers à l'exposition de Londres, on pouvait conclure que, de toutes les réformes jugées nécessaires à l'émancipation des travailleurs, la plus urgente, la condition nécessaire de tout progrès, c'était un accroissement de liberté. Tel était le sentiment général. « Au désir d'améliorer leur sort, écrivait Audiganne en 1857, il se mêle aujourd'hui en ce qui

1. Cf. *ibid*, p. 102.

2. En 1866 les rapports du Congrès de Genève ayant été confisqués, le ministre Rouher proposa à Bourdon, l'un des signataires des rapports, de retirer cette mesure, à condition que quelques atténuations soient apportées à leur contenu. Sur le refus de Bourdon, qui répondit que l'Union, ne s'occupait pas de politique et ne voulait flatter ou attaquer les partis ou les personnes, l'interdiction de la publication fut maintenue. Fribourg, *op. cit.*, p. 163.

concerne les masses des signes nouveaux dont tous les regards sont frappés. Les ouvriers s'inquiètent eux-mêmes des moyens d'amélioration ; ils s'en inquiètent, c'est-à-dire qu'ils en raisonnent et qu'ils en jugent. Désormais, en cette matière, point d'applications solides et fécondes sans l'adhésion morale, sans l'actif concours de ceux mêmes qu'elles intéressent !... Les tendances irrésistibles des ouvriers à l'heure qu'il est, leurs préoccupations les plus vives peuvent se résumer en un mot : s'appartenir. »

A leur misère, ils avaient attribué comme causes leur dépendance économique et leur isolement : aussi c'est dans la liberté d'association qu'ils avaient concentré toutes leurs revendications et toutes leurs espérances. A ce désir de faire cesser cet isolement, l'Empire avait déjà donné un commencement de satisfaction par la loi de 1864. Mais cette modification de quelques articles du Code pénal, ne touchant qu'à une forme rudimentaire de l'association, devait leur faire désirer plus âprement une liberté plus complète, plus capable de hâter leur émancipation, et nous allons voir le gouvernement céder encore à la pression qu'exercent sur lui, non seulement les classes ouvrières, mais aussi la bourgeoisie libérale.

Le titre 4 de la loi de 1867, créant une réglementation spéciale pour les sociétés à capital variable, n'est pas seulement intéressant comme innovation dans la législation commerciale : il touche de très près à la législation ouvrière puisqu'il réglemente, qu'il rend licite, cette forme d'association sur laquelle les ouvriers comptent tellement pour modifier à leur avantage les conditions de la production et supprimer le prolétariat, la coopération.

A mesure que, dans les milieux ouvriers, on avait moins senti le poids de la surveillance administrative, le mouvement associationniste brutalement arrêté à la suite du coup d'État, avait repris peu à peu. A Lyon, où la répression avait été le plus brutale, nous avons vu que les associations de consommation avaient recommencé à fonctionner en secret presque aussitôt dissoutes (1). A Paris même, deux associations de productions s'étaient reconstituées et avaient réussi à vivre : l'association des peintres en bâtiments, fondée en 1857, et celle des ouvriers menuisiers, créée l'année suivante. Une association de crédit mutuel datant de 1854 avait suscité des imitations : en 1862 Paris en comptait 15 (2). Le renchérissement des denrées avait aussi poussé les ouvriers vers une branche d'association assez négligée en 1848 : par des arrangements collectifs ils cherchaient à se procurer à meilleur compte des articles de consommation courante. En 1855 et 1856 les sociétés alimentaires se multiplient sans rencontrer d'obstacles (3). Mais c'est surtout à partir des élections de 1863, marquant le réveil des popula-

1. Pour la coopération à Lyon en 1865, Cf. Flottard, *op. cit.*, p. 359 et 360, et une lettre du journal *L'Association*, novembre 1864.

2. Cf. Véron. *Les associations ouvrières*, p. 219, et un article de Davaud, Le Crédit Mutuel en France, dans *l'Annuaire de l'Association*, 1867, p. 157.

3. Cf. *Le Siècle*. 2 et 3 janvier 1856, d'après *le Constitutionnel*.

tions ouvrières que de nouvelles associations coopératives ont été créées en marge de la loi.

Les épreuves que ces sociétés ouvrières avaient dû subir en 1852, avaient profondément modifié leur caractère : elles ne se donnaient plus pour but, comme les associations fondées sous l'inspiration de Buchez et de *l'Atelier*, de constituer la communauté de l'instrument de travail et de régénérer ainsi la société ; leurs fondateurs ne prétendaient pas non plus, comme en 1848, arriver à une transformation rapide de l'état économique. Mais ces groupes devenaient de plus en plus individualistes quant au résultat visé : la recherche pour les producteurs des plus grands bénéfices, en évitant de subir les prélèvements de l'entrepreneur, du commerçant ou du banquier. Aussi, elles font appel pour se constituer, la société des maçons, par exemple, et celle des peintres en bâtiments, à la collaboration des capitaux intéressés aux pertes comme aux bénéfices, mais n'appartenant point aux associés, et à celle d'ouvriers simplement salariés (1). Elles avaient même pris un nouveau nom : pour ne pas effrayer les classes bourgeoises par le souvenir des événements de 1848 et pour ne pas attirer l'attention de la police, elles ne s'appelaient plus des associations de production ou de crédit, mais des socié-

1. Hubert Valleroux. Article dans *la Coopération*, 23 sept. 1866 ; de même Davaud, *op. cit.* « A mesure que de nouvelles sociétés de crédit mutuel s'ajoutaient aux anciennes, elles perdaient peu à peu l'idée philosophique de la société-mère, et le calcul des bénéfices détenait pour beaucoup le mobile de leur action. » Et Corbon. *Le secret du peuple de Paris*, p. 122-133.

tés coopératives, et elles s'efforçaient d'adapter à leur situation particulière une forme légale prévue pour les sociétés commerciales : généralement la forme de société en commandite simple ou de société en nom collectif.

Quoique dépouillées en apparence de ces ambitions exagérées qui avaient éveillé sous la deuxième République les craintes des partis conservateurs, les groupements coopératifs n'en étaient pas moins considérés par les républicains et les socialistes comme des agents de la transformation sociale.

Ce mouvement coopératif, qui avait pris toute sa vigueur dans la deuxième moitié de l'année 1863, était conforme aux aspirations des délégués de Londres (1) et des rédacteurs des brochures ouvrières. « Il faut s'appliquer, écrivaient ceux-ci (2), à transformer l'industrie tout entière à laquelle on appartient de la même façon que l'on a transformé l'Etat, où la volonté générale est la loi. » Le dessein intime des coopérateurs est donc d'essayer de réaliser par l'association l'égalité économique, en faisant de l'ouvrier le propriétaire de son outil et de son travail. « Ou la démocratie ne sera jamais que nominale, écrit Corbon (3), ou l'association sera la grande institution de l'avenir. Tant que l'ouvrier ne sera pas propriétaire en tout ou en partie de son instrument de travail, la liberté, l'égalité, seront des rêves

1. Rapports des délégués du bronze. *Rapports*, p. 674.

2. *Brochures Ouvrières*. L'organisation du travail par les coopérations nouvelles, 1861, p. 12.

3. Corbon. *Le secret du peuple de Paris*, p. 122.

pour lui, et la démocratie serait un leurre si elle ne concluait un jour, et par les efforts des travailleurs eux-mêmes, à faire que dans la plupart des ateliers... il n'y ait désormais qu'un gérant et des associés. »

Pour les républicains comme pour les socialistes, l'association coopérative ne doit pas être un instrument de lutte de classes, mais elle doit contribuer au contraire à la pacification sociale (1). Elle n'est encore envisagée en 1865, que comme la première étape de la transformation démocratique de l'industrie. « En somme, par l'association coopérative, le suffrage universel et la liberté entreront dans l'ordre économique. Le citoyen apprendra de ces petits groupes organisés démocratiquement, à faire lui-même ses propres affaires. Il saura qu'il est tout et que l'État c'est lui. » Telle est la conclusion du groupe qui s'était chargé de rédiger, pour le journal *L'Association* (2), des modèles de statuts pour les sociétés coopératives. Aussi, les républicains croient utile d'encourager cet esprit d'association qui doit contribuer au groupement et à l'éducation du prolétariat, et constituer un gage de paix sociale en ouvrant aux

1. « Le grand objet des sociétés ouvrières, écrivait Gustave Chaudey, l'ami de Proudhon, c'est de remédier à l'antagonisme qui existe entre le capital et le travail, en réunissant le capital et le travail dans les mêmes mains... Elle (la coopération) doit faire à l'ouvrier, quand ce résultat est acquis, la situation du laboureur qui cultive son propre champ. » Cf. Les principes essentiels de l'association ouvrière. *L'Association*, p. 68.

2. Supplément au journal *L'Association*, 1865. Modèles de statuts sur les associations coopératives, p. 10.

ouvriers la possibilité d'acquérir une situation meilleure.

Pendant ses premières années d'existence, la section parisienne de l'Internationale favorisa le mouvement coopératif ainsi entendu (1). Dans le mémoire des délégués français au Congrès de Genève, en 1866, ceux-ci tiennent à éviter toute confusion entre l'association, telle qu'elle était imaginée par les réformateurs des années quarante, et la coopération qui marque une nouvelle étape du mouvement social (2), — entre l'association intégrale, autoritaire, qui, pour s'occuper des intérêts généraux de la société, ignore forcément les aspirations et les besoins de chacun, qui doit annihiler les différences pour créer l'égalité absolue, et la coopération laissant à l'individu sa liberté entière, en dehors des points où il a voulu la limiter par un contrat, « groupant les hommes pour y exalter les forces et l'initiative de chacun (3) ». Mais les internationaux de la rue de Gravilliers considèrent comme la forme la plus intéressante de la coopération, la coopération de production, car elle aborde de front la question qui intéresse surtout le prolétariat : la transformation des rapports du capital et du travail. Elle seule aboutit à adapter la propriété des moyens de production aux conditions de leur utilisation, et, par son action progressive, elle doit arriver à changer l'économie indus-

1. Fribourg. L'*Association Internationale des Travailleurs*, p. 35.
2. Fribourg, *op. cit.*, p. 71 à 74.
3. Fribourg, *op. cit.*, p. 82.

trielle. Aussi, sous l'influence des théories marxistes et communistes, cette forme d'association coopérative doit être encouragée de préférence à toutes les autres, puisque ces dernières ne donnent, pour résultats, que des améliorations individuelles à la condition des sociétaires (1).

Les classes conservatrices avaient fini par admettre la possibilité et même l'utilité d'une certaine liberté d'association qui leur paraissait être le complément nécessaire de la liberté de coalition (2). L'association ouvrière ne leur inspirait plus les mêmes craintes qu'en 1848 : l'échec des essais désordonnés favorisés par l'Assemblée constituante avait montré les doctrines socialistes ainsi réalisées, impuissantes pour changer l'ordre économique ; d'autre part, en les comparant aux sociétés de production de la deuxième République, les plus récentes sociétés coopératives manifestaient une évolution telle qu'elles paraissaient moins redoutables (3), quoiqu'elles n'aient pas cessé d'être signa-

---

1. Après avoir été hostile aux associations ouvrières, Marx reconnut l'utilité de la coopération de production qui constituait « une forme de transition du mode de production capitaliste au mode de production associé ». (*Capital*, t. I, p. 427). Mais il avait peu de confiance dans les coopératives de consommation, même du mépris. Cf. Thèse Bruneau, 1904, p. 16-24.

2. « En acceptant le principe de la liberté de coalition, il est impossible de repousser la liberté d'association pour le crédit et pour le travail. » Casimir Périer. *Les Sociétés de coopération*, 1854, p. 31.

3. « Comment ne pas mettre aussi au compte du progrès, les nouvelles associations ouvrières animées en général d'un esprit vraiment libéral et qui se distinguent par là de beaucoup de celles qui s'étaient fondées en 1848. » *J. des Écon.*, 15 janv. 1865, p. 6.

lées par certains comme des « foyers d'esprit démocratique, des centres épars d'où la démocratie rayonne
dans tous les sens et où se forment, pour une révolution future, des hommes d'action et des orateurs, des
chefs d'une capacité éprouvée investis de la confiance
populaire (1) ». Aussi, après 1860, l'Académie des
Sciences Morales et la Société d'Économie Politique,
consentaient à discuter les inconvénients ou les méri-
tes de l'association ouvrière, et quelques-uns de ses
membres se font même les défenseurs de cette sorte
de groupement. Si la majorité semble sceptique devant les résultats (2), — malgré l'exemple toujours cité
de l'Angleterre et de l'Allemagne, — ces deux groupes d'économistes réclament cependant, malgré tous
les périls qui en peuvent découler, la suppression des
dispositions légales qui gênent cette forme d'association « car la liberté d'association est un droit dû à
tous (3) ».

Cette conclusion libérale est justifiée, non seulement
par la transformation de l'idéal sociétaire, qui ne paraît
plus dangereux pour l'ordre public et dont la réalisation

1. Cherbuliez. Des associations ouvrières. *Journal des Économistes,*
nov. 1860, p. 192-193.

2. « Aux yeux des classes supérieures, le mouvement associatif
paraît à la fois audacieusement révolutionnaire dans ses aspirations
et misérablement faible dans ses résultats... incapable de durer et
de se propager. » Cherbuliez. Des associations ouvrières. *J. des Écon.,*
nov. 1860, p 184.

3. Michel Chevalier. Discussion à la Société d'Économie Politique
(où l'on trouve manifestées les diverses opinions sur l'Association
ouvrière). *J. des Écon.,* janvier 1864, p. 125.

doit alors être laissée libre, mais parce que l'association
« est (du communisme) la plus formelle condamnation ;
elle est contre les erreurs et les périls du socialisme, le
plus pur et le plus généreux des remèdes (1) ». Car la
coopération « n'est pas une doctrine, elle est un fait ouvrant aux ouvriers d'élite une issue vers une situation
meilleure (2) ». Du reste la pratique de la coopération
aura pour eux une valeur éducative : elle initiera les
ouvriers aux affaires, les rompra à la discussion de
leurs intérêts, elle leur fournira « cet instrument exact
et sensible qui leur manque pour apprécier exactement
les gains du capital et de l'exploitation du travail que
les ouvriers, d'une manière générale, déclarent abusifs (3) ». Il ne faut donc pas s'opposer à son développement, car l'association, dont la coopération est la
forme la plus nouvelle, peut réaliser, sans nuire aux
droits acquis, la division à peu près impossible de la
propriété industrielle. « Ainsi, elle résoudra le difficile
problème de l'antagonisme du capital et du travail
par la réunion des deux éléments dans une même main,
et elle produira dans nos grandes villes un apaisement
comparable à celui que nos campagnes doivent à l'extension progressive de la petite propriété (4) ». Et elle
sera un instrument de paix sociale. « La pratique de
l'association, écrit Eugène Véron (5), doit avoir dans

1. Casimir Périer. *Les Sociétés de coopération*, 1864, p. 8.

2. Paixhans. *De l'amélioration sociale*, 1865, p. 65.

3. Levasseur. *Histoire des classes ouvrières de 1789...* édit. de
1867, t. II, p. 388 et 389.

4. Paixhans. *Op. cit.*, p. 72.

5. Eugène Véron. *Les Associations ouvrières...* 1865. Préface, p. IV.

l'ordre des questions sociales, les mêmes conséquences que la pratique du suffrage universel dans l'ordre des questions politiques. Elle désarmera les colères et les haines en donnant à chacun le moyen d'améliorer sa situation. La révolution sociale commencée à coups de fusil en 1848 comme la révolution politique en 1789, peut désormais s'achever pacifiquement ». Et le *Journal des Débats*, qui, en 1848 avait été un des adversaires les plus vigoureux de l'association, fut en 1864 un de ceux qui encouragèrent les sociétés coopératives et le crédit au travail.

Le gouvernement impérial ne chercha pas à combattre cette faveur de l'association et les encouragements qu'on lui donnait. Il pensait encore pouvoir, sinon s'emparer du mouvement ouvrier, du moins le diriger à son profit et il voyait avec plaisir les esprits, détournés des questions politiques, se préoccuper des questions ouvrières dont l'association coopérative devait être la solution. Ainsi le souci de leurs intérêts matériels pourrait éloigner encore les ouvriers d'une alliance avec ceux qui revendiquaient un accroissement des libertés et un contrôle politique : soucieux d'encourager les ouvriers dans cette voie, l'Empereur, dans son discours d'ouverture pour la session législative, le 15 février 1865, garantit à ces sociétés coopératives, la tolérance de l'administration en attendant qu'une loi nouvelle ait réglé leur condition. « De nouveaux projets auront pour but de laisser une liberté plus grande aux associations commerciales, et de dé-

gager la responsabilité toujours illusoire de l'administration... J'ai tenu à détruire tous les obstacles qui
s'opposaient à la création des sociétés destinées à améliorer les conditions des classes ouvrières. »

Mais en attendant que le projet annoncé soit devenu
la loi promise, le gouvernement ne voulait pas se priver
des conquêtes morales qu'il pourrait faire en favorisant
lui aussi le mouvement coopératif. Car, à ce moment
même, entre les partis politiques, il y avait une véritable concurrence à qui satisferait le mieux l'engouement
des ouvriers pour la coopération. De nombreuses initiatives avaient déjà cherché à fournir aux ouvriers le
capital et le crédit dont ils manquaient : « Il n'est pas
de nuance d'opinion, lit-on dans *le Temps* du 27 mars
1866, qui n'ait cru de son devoir d'offrir son concours
au mouvement coopératif... c'est le bien-être des classes laborieuses qui a été mis aux enchères. » A tout
prix le gouvernement voulait ne pas en être exclu.

Les républicains et les socialistes, au début de la
période de tolérance qui avait suivi les élections législatives de 1863, ne se contentaient plus d'encourager
les caisses de Crédit Mutuel (1), fondées sur la mise en
commun des épargnes de leurs membres afin de se

1. On comptait en janvier 1866, 120 sociétés de crédit mutuel ;
64 d'entre elles avaient publié la statistique de leurs opérations : elles
comptaient 3.000 membres, et possédaient un capital de 270.000 francs,
qui leur avait permis de faire 1.605.545 francs de prêts. Cf. *Annuaire
de l'Association*, 1867, article de A. Davaud : Le Crédit Mutuel en
France. Pour les coopératives de crédit, Cf. Pierre Moride : Le mouvement des coopératives de crédit vers 1863. *Rev. d'Écon. politiq.*,
août 1910, p. 613 et suiv.

faire, entre eux, des avances. Ils avaient aidé J.-P. Beluze à fonder la société du Crédit au Travail (1), qui, en faisant aux associations ouvrières existantes un crédit plus facile et moins onéreux, encourageait indirectement les efforts des travailleurs pour s'affranchir du salariat. Le Crédit au Travail était une véritable banque, qui avait adopté la forme de société en nom collectif à l'égard du gérant et la forme de société en commandite simple à l'égard des autres membres. Son but était de « créditer les associations généralement quelconques, soit en leur fournissant des fonds à titre de participation, soit en recevant à l'escompte les valeurs commerciales créées ou endossées par elles, soit en leur ouvrant un crédit sur garanties convenables ». Ses statuts avaient servi de modèles à six banques qui s'étaient créées en province (2).

Les bourgeois libéraux ne voulaient pas se contenter d'aider au développement d'associations fonctionnant déjà : ils voulaient intervenir dans leur création, en hâter la multiplication, puisqu'elles devaient rendre plus faciles pour les travailleurs l'épargne et l'acquisition de la propriëté. Par l'intermédiaire de la Caisse d'Escompte des associations populaires (fondée en janvier 1865 par Walras et Say avec le concours de J. Simon, de Halphen, de Benoist d'Azy, etc.), ils offrent des capitaux aux ouvriers, non seulement pour

1. Cf. Horn. Les Sociétés de crédit au Travail en France. *J. des Économistes*, octobre 1866, p. 60 et suiv. Pour la chute du crédit au travail, Cf. Horn., articles de *l'Avenir National*, cités dans le *Journal des Économistes* de janvier 1869.

2. Par exemple à Lyon, en 1864, puis à Lille et à Saint-Étienne.

faciliter le fonctionnement des associations, mais ils désirent aussi « favoriser la création de ces sociétés en faisant s'il y a lieu les premiers fonds nécessaires à leur constitution ».

L'Empereur ne voulut pas rester en arrière : pour s'associer au développement de la coopération, il voulut créer une institution plus importante encore, la Caisse Impériale des Associations Coopératives (1), au capital de 1 million, dont il avait souscrit la moitié, constituée en société anonyme, la forme la moins coopérative et la moins démocratique. Mais les statuts de cette caisse ne l'autorisaient pas à consentir des avances pour la création des sociétés coopératives : elle ne faisait que l'escompte ou des avances aux sociétés en exercice. Dirigée par des financiers de profession, elle exigeait les garanties ordinaires du commerce qu'une association d'ouvriers, à ses débuts, pouvait difficilement fournir. Aussi, ses résultats furent nuls et l'impression générale fut « que le gouvernement avait cherché un moyen de popularité dans la fondation d'une banque prétendue populaire, restée intentionnellement sans effet (2) ».

La tolérance du gouvernement et sa décision de présenter un projet de loi créant un état de droit pour les associations ouvrières, peut être attribué non seulement aux nécessités politiques qui avaient rapproché l'Empire des classes ouvrières, mais aussi aux réclama-

1. Création annoncée par le *Moniteur*, le 16 juin 1866, et réalisée par décret du 5 août.

2. Hubert Valleroux. *Les associations coopératives*, p. 238.

tions d'une partie de la bourgeoisie et du Corps législatif qui considérait comme nécessaire à la paix sociale
l'octroi d'un régime d'autonomie pour les associations
ouvrières sous toutes leurs formes. Car l'association,
permettant aux ouvriers de se grouper, de faire équilibre par l'union de leurs forces à celles des patrons,
les rendrait capables de défendre leurs droits et de se
préparer eux-mêmes un avenir meilleur. Alors l'État
ne sera plus dans la nécessité de prendre en tutelle
l'ouvrier isolé qu'il a le devoir de défendre, et ainsi
seraient écartés les dangers du socialisme. « C'est par
l'association que l'État serait déchargé d'une responsabilité illimitée et où toute liberté périrait, disait le
protectionniste Kolb-Bernard, au cours de la discussion
de la loi sur la coalition. C'est l'association qui, conservatrice de la dignité de l'ouvrier, peut fortifier son existence morale et agrandir son existence matérielle. Pour
l'une, c'est la puissance collective ajoutée à la vie individuelle ; pour l'autre, c'est l'autorité de la règle, c'est
le respect de soi procédant du respect de tous. » Au
point de vue particulier de l'association coopérative,
Cherbuliez exprimait la même opinion en 1860, quand
il exposait à la Société d'Économie Politique, l'état des
associations ouvrières et leurs espérances : il demandait qu'on les laisse s'organiser, quoiqu'elles puissent
paraître dangereuses par leurs exagérations démocratiques, puisque c'est le seul moyen pratique d'améliorer
le sort des ouvriers (1). Car les efforts de l'État pour

1. Cherbuliez. *Journal des Écon.*, 15 novembre 1860, p. 185. « Tant
que les prolétaires se sentiront isolés au milieu de la grande société

établir une réglementation forcée des rapports du travail et du capital aboutiraient au socialisme, et, ce que les classes riches pourraient essayer d'organiser, un patronage librement offert et librement accepté, pourrait n'être pas accepté par les ouvriers d'élite « qui aimeraient mieux conquérir péniblement leur indépendance que d'accepter une dépendance quelconque ». Les mêmes conclusions étaient celle de Véron en 1865. L'association ne lui paraît dangereuse que par les entraves qu'y apporte la loi ; mais elle doit être libre, car elle possède une vertu éducatrice pour le prolétariat ; elle lui fait connaître la liaison intime du travail et du capital, et leur antagonisme cessera puisque celui-ci ne sera plus le privilège de quelques-uns (1). Il y a donc

dont ils font partie et au bien-être de laquelle ils contribuent si essentiellement par leur travail ; tant qu'ils se verront abandonnés, sans appuis et sans guides, aux chances de leur condition dépendante et précaire, tant que la question des moyens à employer pour améliorer cette condition sera envisagée comme insoluble et comme ne méritant pas un examen sérieux, et que la seule solution possible en sera indéfiniment ajournée par les classes auxquelles appartiennent le pouvoir et la richesse, n'espérez pas que la fermentation qui a lieu dans les bas fonds de la société se calme d'elle-même, ni que les aberrations produites dans les esprits et les trésors de haines accumulés dans les cœurs des prolétaires, soient remplacés par des idées rationnelles et des sentiments de confiance et de modération. »

1. Véron. *Les Associations ouvrières*, p. 30. « L'association n'est un danger pour la paix publique que si l'on en entrave les développements naturels. Abandonnée à elle-même, elle supprime les causes de trouble en supprimant les causes de mécontentement et l'opposition apparente des intérêts. L'ouvrier hait la tyrannie du capital parce qu'il ne peut y atteindre, il hait la concurrence parce qu'elle réduit les salaires, il hait les machines parce qu'elles réduisent le travail. Qu'il

une nécessité politique à laisser se développer ces associations.

Puisqu'il est utile de laisser vivre les associations
coopératives, quel doit être le rôle du Gouvernement?
Ici encore l'unanimité est à peu près complète : le pouvoir doit seulement prendre l'initiative de supprimer
toutes les entraves législatives gênant la création des
sociétés de coopération ou restreignant leur développement. Il ne doit intervenir par aucune réglementation et ne doit leur accorder aucune subvention, puisque cette action de l'Etat a déjà été en 1848 une cause
de l'échec des associations ouvrières. Tel est par exemple l'avis des socialistes : « L'Etat ne pouvant intervenir dans l'organisation des associations que pour leur
prêter de l'argent et ne pouvant le faire qu'en exerçant une surveillance gênante pour elles et sans avantages réels pour la sûreté des intérêts du Trésor, il est
mille fois préférable qu'il s'abstienne et se borne à
améliorer la loi comme l'a déjà fait le gouvernement
anglais (1). » Les membres de la Société d'Economie

puisse s'associer librement et toutes ces haines disparaîtront. Par
l'association de crédit, il apprendra à bénéficier des bienfaits du capital ; par l'association de production, il se réconciliera avec la concurrence qui lui sera devenue nécessaire, et avec les machines qui, en
augmentant sa production accroîtront ses bénéfices. Ce qui l'irrite et
le livre aux suggestions du désespoir, c'est la fatalité qui semble peser
sur l'inégalité des situations. Qu'il puisse lutter à armes égales, qu'il
puisse se relever par son travail et son industrie, et bientôt il renoncera à demander à la violence les moyens d'émancipation que la liberté
a mis entre ses mains. »

1. J. P. Beluze. *Les Associations, conséquence du progrès, le crédit au travail*, p. 50, 1863. De même Walras : « Les associations popu-

Politique repoussent pour des raisons analogues un vœu de l'un d'eux, Villiaumé, qui proposait de demander à l'Etat une subvention de 100 millions. « Le seul stimulant qu'il faille aux associations, lui répondit Joseph Garnier, est la liberté du travail, la liberté d'échanges et la liberté d'association (qui comprend la liberté de coalition et de réunion). C'est par conséquent la suppression de toutes les entraves, prohibitions et prescriptions formulées dans les codes, les lois, et toute la réglementation administrative, même bienveillante (1).»

En exécution de la promesse de l'Empereur, qui s'était engagé à « détruire tous les obstacles qui s'opposaient à la création de ces sociétés destinées à améliorer la condition des classes ouvrières (2) », le Conseil d'Etat introduisit dans le projet de loi destiné à remanier la matière des sociétés de commerce (3), dont il était déjà saisi, un titre spécial, le titre IV, réglementant une forme d'association qu'aucune disposition n'avait encore prévue, la société de coopération. Ce projet, présenté au Corps législatif le 28 mars 1865, avait été préparé pour les matières visées par le ti-

laires n'ont rien à demander à l'initiative collective ou commune, autrement dit à l'intervention de l'Etat, et doivent tout attendre de l'initiative individuelle. » *Les associations populaires...* p. 141, 1865.

1. Cf. *J. des Econ.*, janvier 1864, p. 126, 133.

2. Discours d'ouverture de la session législative, *Mon.*, 16 février 1865.

3. Le projet remplaçait la loi du 23 mars 1863 sur les sociétés à responsabilité limitée, abrogeait les articles 31, 37 et 45 du Code de Com. ainsi qu'une partie de la loi du 15 juillet 1856, sur les sociétés en commandite.

tre IV, avec le concours de notabilités du monde parlementaire, comme Casimir Périer, Jules Simon, d'Haussonville, Odilon Barrot, A. de Melun, qui avaient déjà donné des preuves de leur dévouement à l'idée coopérative.

Mais il ne répondait pas, cependant, aux espérances que le discours impérial avait encouragées. Le Gouvernement, en effet, n'avait pas abandonné toute défiance contre l'association ouvrière. Un projet qui avait été mis à l'étude dès le début du mouvement coopératif de 1863, puis qui avait été abandonné, obligeait les sociétés ouvrières à déposer leurs statuts au parquet, et à lui remettre annuellement des états de situation indiquant le chiffre d'affaires de la société et le nombre de ses membres (1).

Dans le projet qui nous occupe, on trouve encore des traces de cette défiance. D'après l'exposé des motifs le gouvernement ne veut voir dans les raisons du mouvement coopératif, que « l'intention louable de se prêter un mutuel appui,...l'amour du travail, le désir du bien-être joint au goût de l'économie, la tendance à former le capital par l'épargne,...et la connaissance, plutôt instinctive que raisonnée, de tous les effets de l'association ». Et cependant, malgré toute la bienveillance pour les sociétés coopératives que l'exposé des motifs attribue au gouvernement, le projet de loi en restreint rigoureusement le domaine. Le but du Conseil d'État étant « de faire une loi spéciale limitant l'application à des

1. Hubert Valleroux, *op. cit.*, p. 227.

objets déterminés », l'article 51 du projet définit étroitement les sociétés coopératives qui bénéficieront de la loi, en classant en trois groupes les buts qu'elles peuvent se proposer d'atteindre. « Les sociétés de coopération sont celles qui ont pour objet : soit d'acheter pour les vendre aux associés, des choses nécessaires aux besoins de la vie ou aux travaux de leur industrie ; soit d'ouvrir aux associés des crédits et de faire des prêts ; soit d'établir pour les associés des ateliers de travail en commun et d'en vendre les produits soit collectivement, soit individuellement. » Mais une telle classification limitait l'essor des sociétés ouvrières car celles-là seulement qui pourront rentrer strictement dans l'un de ces cadres, pourront bénéficier de la loi. L'exposé des motifs est formel sur ce point (1). D'autre part, le gouvernement est encore sceptique sur les résultats des associations d'ouvriers ; il ne peut pas envisager la possibilité de puissantes associations coopératives. S'il reconnaît que quelques-unes sont parvenues à « réaliser des bénéfices et ont acquis une véritable importance », l'exposé des motifs avoue qu'il ne les croit pas capables d'acquérir jamais une grande extension, et c'est par cette raison, autant que par le souci de favoriser leur création et leur fonctionnement, qu'il propose de simplifier en leur faveur les mesures de publicité imposées aux autres sociétés et d'admettre la faculté de faire

---

1. « Les sociétés de coopération devront se renfermer strictement dans l'objet pour lequel chacune d'elles avait été établie. » Exposé des motifs. *Mon.*, 9 avril 1865, p. 417, col. 3.

varier en tout temps les apports et le nombre des associés.

Ce projet, soumis à l'examen d'une commission, ne fut même pas inscrit à l'ordre du jour du Corps législatif. Car aussitôt que fut connu le titre IV consacré à la réglementation des « sociétés de coopération », il souleva un tel ensemble de protestations que la discussion en fut ajournée. Ce projet n'avait pas encore été publié au *Moniteur* que 48 gérants ou fondateurs d'associations ouvrières adressaient, le 18 février, au journal *L'Association,* une protestation contre le texte émanant du Conseil d'État (1).

La multiplicité des critiques qui s'élevaient de toutes parts, décida le gouvernement à ouvrir une enquête (1), afin de remédier aux défauts qu'on signalait dans ce projet trop hâtif. A Paris, la commission d'enquête, présidée par le ministre de l'Intérieur, M. Rouher, et composée de conseillers d'État et des membres de la commission du Corps législatif, entendit les plus notables partisans de la coopération (entre autres 25 gérants ou fondateurs d'associations ouvrières), qui eurent à répondre à un questionnaire rédigé d'avance. Les préfets étaient chargés d'une enquête analogue en province ; la circulaire du 22 octobre 1865 qui leur donne cette mission, fait ressortir l'intérêt spécial que le gouvernement prend à l'élaboration de cette loi. Le minis-

1. *L'Association,* mars 1865, p. 131. « L'année 1865, lit-on dans *le Temps* du 27 novembre 1866, a été remplie par les débats causés par les protestations de ceux qui ne voulaient pas d'une loi d'exception, restreignant à d'étroites limites la forme coopérative. »

tre appelle l'attention des préfets sur « l'importance que le projet de loi tire des circonstances actuelles, et sur l'influence qu'il est appelé à exercer dans le mouvement économique qui se produit depuis plusieurs années », car, « à diverses reprises, les délégations ouvrières ont exprimé l'opinion que les coalitions et les grèves ne pourraient être arrêtées que par les progrès du mouvement coopératif (1) ».

Parmi les principaux reproches faits au projet, un des plus sérieux est qu'il va devenir une loi spéciale aux ouvriers : pour les associations coopératives c'est une question de sécurité, et pour les sociétaires une question de dignité, qui leur fait préférer au projet nouveau la législation existante, malgré ses inconvénients. « En nous conformant à la loi existante, nous pouvons créer des associations, écrivent les gérants d'associations ouvrières (2). Ce serait aggraver notre situation et non l'améliorer que d'enfermer le mouvement coopératif dans le cadre d'une loi d'exception. Ces sortes de lois pouvant être facilement abrogées, les associations se trouveraient par le fait sous la menace

---

1. Les préfets sont chargés, pour cette enquête « de recueillir des renseignements précis sur l'organisation des sociétés de cette nature qui existeraient en France, de constater les besoins auxquels ces sociétés doivent satisfaire, d'examiner sur quel point la législation actuelle a pu entraver leur création et arrêter leur développement et dans quelle mesure il importerait dès lors de la modifier, de réunir, en un mot, tous les faits et tous les éléments d'appréciation qu'une expérience récente pour la France... peut fournir sur des associations peu connues ». Cf. journal *L'Association*, nov. 1865, p. 407.

2. Journal *L'Association*, mars 1865, p. 131.

permanente d'une dissolution générale. Nous ne pensons donc pas qu'on doive faire une loi spécialement destinée aux ouvriers... Si l'on devait modifier notre législation en établissant deux classes, deux catégories entre les citoyens, nous aimerions mieux encore nous en tenir au présent. »

Un autre grief provient de la rédaction de l'article 51 du projet qui prétend définir les sociétés par une énumération limitative des objets qu'elles peuvent se proposer d'atteindre. On reproche à cette définition de ne convenir qu'à un trop petit nombre de sociétés coopératives, de rendre même impossible ou inutile l'existence de certaines associations qu'il autorise, en interdisant aux sociétés de consommation et de crédit de vendre, de prêter ou d'emprunter à des tiers, ce qui limite leur chiffre d'affaires et leurs bénéfices, — en défendant aux sociétés de production d'ouvrir leurs ateliers à d'autres qu'aux associés, de sorte que, ne pouvant recourir à des auxiliaires temporaires, au moment où la production devrait être la plus active, elle ne pourrait pas profiter des affaires qui se présenteraient. On lui reproche enfin de ne pas permettre aux ouvriers travaillant en commun de recourir à la collaboration d'associés capitalistes (1).

Mais la possibilité pour les ouvriers de fonder des sociétés coopératives, est entravée par autre chose encore que cette limite de leur rayon d'action. Le pro-

____

1. Cf. Enquête sur les sociétés de coopération (question 13) ; Jules Simon, p. 39 ; Chabaud, p. 61 ; Baragnet, p. 345 ; Limousin, p. 356.

jet, quoique rédigé avec la pensée constante de son application particulière aux ouvriers, n'a jamais considéré comme un élément d'apport social, le travail qui dans certaines des sociétés les plus florissantes a été le seul capital primitif (1).

Certains coopérateurs signalent même comme un des obstacles à la création et au fonctionnement des sociétés ouvrières, le manque de liberté. « Ce n'est ni dans la loi civile ni dans la loi commerciale que se trouvent surtout les obstacles qui s'opposent à la formation des sociétés coopératives, dit Beluze dans sa déposition devant la commission d'enquête (2). Le plus grand obstacle est dans la loi politique. Tant que la loi n'accordera pas aux ouvriers le droit de se réunir pour discuter leurs affaires et s'entendre sur leurs intérêts, il ne faut pas espérer voir se développer les bienfaits de l'association. »

Ces protestations furent répétées avec tant de force que la commission d'enquête, généralement défavorable à une modification libérale du projet de loi, finit, elle

1. Cf. Emile Jay. La question légale de la coopération... Journ. *L'Association*, mai 1865, p. 167, et *Journ. des Écon.*, 15 juillet 1865, p. 65.

2. Enquête... p. 150, et il cite un cas particulier : « A Saint-Denis les ouvriers mécaniciens d'un grand établissement voulurent former une société de consommation ; l'autorité locale ne leur ayant pas permis de se réunir, ils durent se dissoudre et aller comme auparavant manger dans les restaurants ordinaires. » P. 151; de même Baragnet. p 342; Flottard : « Le défaut de liberté, le manque du droit de se réunir, sont des obstacles réels à la formation des sociétés de coopération. »

aussi, par devenir enthousiaste de la coopération (1), et conclut enfin à la nécessité de donner aux sociétés ouvrières une liberté moins réglementée.

Un nouveau projet modifié par le Conseil d'Etat et que la commission du Corps législatif eut à discuter, donna satisfaction à quelques-unes de ces réclamations, mais seulement d'une façon partielle. Par exemple, on n'avait pas renoncé à définir les sociétés coopératives en énumérant quels objets elles pourraient poursuivre (ce second projet avait ajouté à l'énumération primitive la construction des maisons pour les associés). Mais, sauf pour les sociétés de consommation, il maintenait la responsabilité astreignant les sociétés à ne faire les opérations de leur commerce qu'avec leurs propres associés. Une telle limitation soulevait les mêmes craintes que le premier projet : cette énumération leur paraissait dangereuse car elle se trouvait à la fois trop restrictive pour permettre aux coopératives d'atteindre leur plein développement, et trop peu précise, laissant à la justice une dangereuse facilité d'appréciation (2).

Un autre grief contre ce nouveau projet, c'est que le Conseil d'Etat, qui n'avait pas renoncé à considérer les sociétés coopératives comme une catégorie particulière

1. M. Rouher se fit surtout remarquer par son enthousiasme pour la coopération de production : il alla même jusqu'à soutenir que le travail associé fournissait une plus-value de 30 °/₀ par rapport au travail salarié, et non de 12 °/₀ comme l'avaient déclaré les gérants de diverses sociétés ouvrières.

2. Cf. article de Ferdinand Desportes, dans *l'Association*, 27 mai 1866, et lettre des gérants des associations parisiennes, 20 mai 1866.

des sociétés commerciales, avait tenu, pour manifester toute la sollicitude du pouvoir, à leur conserver un régime de faveur. « La loi, dit l'exposé des motifs, n'établit ni une espèce nouvelle de société... seulement elle est *favorable* à certaines sociétés ayant pour objet des opérations déterminées, et elle les *affranchit* de formalités et de règles dont l'expérience a montré que l'application avait pour elles de sérieux inconvénients... Tout se borne à *autoriser en leur faveur* quelques dérogations aux règles générales... en *raison de leur origine et de leur objet.* » Et cela inquiétait les coopérateurs, car la faveur est un secours illusoire qui trompe les associés sur leurs propres ressources et inspire aux tiers qui traitent avec les sociétés, une confiance qu'ils ne tardent pas à perdre.

Les longues discussions de la commission du Corps législatif et des représentants du Conseil d'Etat aboutirent à la rédaction d'un projet qui, en ce qui concerne le titre III consacré à la question des sociétés coopératives, passa intégralement dans la loi. Aucune définition directe des sociétés coopératives n'était maintenue ; ce terme même disparaissait et, sous le nom de sociétés à capital variable, elles n'étaient plus considérées que comme une modalité « qui peut être stipulée dans les statuts de toute société » (art. 48). Les seules dispositions réglementant cette forme d'association autorisaient la variabilité du capital et du nombre des associés, et limitaient à 200.000 francs le capital primitif et son accroissement annuel. Pour le reste, elles étaient soumises aux dispositions générales concer-

nant la publicité des statuts et le fonctionnement des
sociétés.

Mais cette loi, quoique libérale, ne satisfit pas les
coopérateurs. Ils s'étaient montrés partisans de l'amendement proposé par M. Emile Ollivier en faveur de
l'entière liberté des conventions, sans autre garantie pour les tiers qu'une publicité complète (1). Aussi
ils reprochaient à la loi de n'être point pratique pour
les ouvriers. Car pour s'organiser selon les règles
nouvelles, les associations d'ouvriers devraient prendre
la forme de société par action, ce qui est difficile,
puisqu'il est nécessaire de fixer le capital social, ce qui
est impossible, dans le cas de société de crédit mutuel
et que le travail constitue souvent, dans le cas de
sociétés ouvrières, le principal apport. Et elles ne
peuvent avoir recours qu'à la forme de société en commandite simple, mais cela leur impose un gérant dont
les actes peuvent échapper au contrôle des associés,
et qui peut abuser des pouvoirs que lui donne la
loi (2).

Quelle que libérale que soit cette loi, établissant l'indépendance des sociétés coopératives, nous avons vu
que c'est seulement peu à peu que le gouvernement
s'est laissé arracher la liberté à peu près complète
pour cette forme d'association. Aux craintes du début,
les louanges unanimes que l'on faisait de la coopéra-

1. Au Congrès des Sociétés Savantes de 1866, M. Batbie avait aussi
conclu en faveur de l'entière liberté des conventions sociales. Cf.
l'Association, 8 avril 1866, p. 211.

2. Cf. article de Blanc, de *la Coopération*, 10 mai 1867.

tion avaient fait succéder dans l'esprit du pouvoir une certaine confiance pour ce mouvement qui, aux dires du rapporteur, « tend à réconcilier sous la même bannière, deux forces inséparables, le capital et le travail ». Et si le gouvernement, de concession en concession, avait fini par abandonner le projet réglementaire, c'était qu'il se trouvait déjà incapable d'arrêter le mouvement libéral et que sa politique ou ses promesses ne réussissaient plus à faire taire toutes les plaintes. Dans une conversation qu'il eut avec M. Emile Ollivier, en janvier 1865, M. de Morny se montrait « convaincu que les choses ne pouvaient continuer ainsi... Il est temps, disait-il, de donner la liberté pour qu'on ne nous l'arrache pas (1). » Donner aux classes ouvrières un peu plus d'une liberté qui leur faciliterait la conquête de l'aisance, ne serait-ce pas assez pour satisfaire pour longtemps et ajourner encore des réformes embarrassantes (2) ?

On ne risque pas de se tromper en rangeant la liberté donnée à cette forme d'association parmi les mesures concédées sans confiance, de mauvais gré, tant l'attitude du gouvernement envers la coopération a été contradictoire. En 1865 l'Empereur voulant faire preuve d'intérêt pour les sociétés ouvrières, créa la Caisse Impériale des associations coopératives, et jugea bon de faciliter la création d'une société coopérative des ouvriers en soie de Lyon qui avaient demandé l'aide du

---

1. Emile Ollivier. *L'Empire libéral*, t. 7, p. 269.
2. Cf. Rapport Mathieu, § LXXXVII.

pouvoir, en leur faisant consentir sur sa caisse personnelle et par la Société du Prince Impérial un prêt de
300.000 francs (1). En 1866, le journal *L'Association*,
qui ne s'était jamais occupé de politique et dont les nu-
méros avaient été saisis quatre fois en six mois, devait
cesser de paraître (2). L'esprit seul du journal pouvait
avoir attiré les rigueurs de l'administration, car il
était partisan de l'autonomie de l'association : elle
devait vivre par les libres efforts de la classe ouvrière,
sans recourir à des institutions de patronage officiel,
protectrices autoritaires et gênantes. D'autres faits montrent mieux encore que le gouvernement était favorable à la coopération, mais seulement à la condition
de diriger le mouvement, et d'en retirer des avantages :
En 1867, après la formation des deuxièmes délégations
ouvrières, au moment où les représentants des ouvriers
de Paris pouvaient discuter librement, tous les diman-
ches, dans leurs réunions du passage Raoul de sujets
touchant souvent de près à la politique, l'administration interdit subitement un congrès coopératif interna-
tional (1), au moment où les délégués étrangers allaient
arriver à Paris. Mais les promoteurs du congrès n'avaient
cherché, ni refusé l'appui du pouvoir. A ce moment
même l'Empereur créait une société coopérative immo-
bilière des ouvriers de Paris, et lui offrait 41 maisons
situées avenue Dauménil (3). Mais parmi les adminis-

1. *Journal des Économistes*, nov. 1866, p. 331.

2. Cf. *l'Association*, 29 avril 1866.

3. Cf. *la Coopération*, 25 août et 20 octobre 1867.

trateurs, qui étaient désignés par le gouvernement dans l'acte de fondation se trouvaient Chabaud et Vanschooten, les anciens émissaires du Pays-Royal. Ils ne réussirent pas du reste, à faire accepter ce cadeau aux autres ouvriers à qui l'offre était faite (1).

Le Gouvernement hésite à la fois à encourager et à combattre la coopération, au même moment il n'ose prendre parti, au point de vue politique, il ne se résout ni à persévérer dans la voie libérale inspirée par la lettre du 19 janvier, ni à revenir aux mesures dictatoriales. Car s'il a cru bon de ne pas se désintéresser de la coopération, elle peut aussi lui sembler suspecte. Parmi ses partisans, beaucoup ne considèrent plus comme le but principal de la coopération l'amélioration du sort des travailleurs par l'économie et l'épargne, mais ils espèrent ouvertement arriver par la voie de l'association, non seulement à la propriété des machines, mais au renversement des conditions de la production, à la substitution d'une production, vraiment sociale, au système du salariat. Le Gouvernement a aussi pu être effrayé par des tendances politiques nouvelles : en hâtant les réformes sociales, en favorisant la coopération, le pouvoir espérait que les masses ouvrières se désintéresseraient des libertés politiques. Mais voilà que celles-ci ne sont pas revendiquées plus hardiment que par les coopérateurs. L'Empire, par ses demi-concessions, a encore fait fausse route, et les ouvriers, bien

____

1. 19 août 1867. Cf. Commission ouvrière de 1867. *Recueil de procès-verbaux*, t. I, p. 168, et le refus des ouvriers, *ibid.*, p. 184.

loin de se désintéresser de la forme du gouvernement, comme on aurait pu le croire en 1863, protestent « contre cette vieille erreur... qu'en dehors de la politique on peut réformer la société tout entière et changer radicalement le sort des classes pauvres (1) ». Et ils appuient de tout le pouvoir de leur nombre les diverses oppositions libérales.

1. Cf. Malardier. *La coopération et la politique*, 1867. L'apparition de cette brochure d'un coopérateur notable, ouvrier et représentant du peuple en 1848, fit beaucoup de bruit. Contrairement aux doctrines selon lesquelles la monarchie, la démocratie, l'Empire, la République ne sont que de pures formes, il essaie de démontrer aux ouvriers qu'ils ne doivent pas abandonner le terrain de la politique, que certains prétendent stérile, pour résoudre la question des banques, de l'association ouvrière, et de la coopération. Il fait remarquer comme exemple que l'éclosion de l'esprit d'association a toujours coïncidé avec un accroissement des libertés politiques. Aussi il engage les ouvriers à ne pas se laisser prendre aux tentatives des agents du pouvoir, des représentants de la société impériale de paupérisme, et il les engage à demander toujours plus de liberté.

CHAPITRE IV

Les délégations ouvrières
à l'Exposition universelle de Paris en 1867

Cette indépendance qu'avaient montrée les classes
ouvrières en 1862 et 1863, quand elles avaient manifesté leur volonté de résoudre par elles-mêmes la question de leur avenir économique, plutôt que de rester
à la remorque des partis d'opposition existants, avait
continué à se développer. L'essor de la coopération
attestait les progrès accomplis par les classes populaires de jour en jour plus aptes à user de cette « capacité politique » dont Proudhon mourant avait signalé
les caractères.

L'annonce d'une Exposition universelle à Paris devait faire renaître dans les milieux ouvriers le désir
d'organiser des délégations analogues à celles qui
avaient été envoyées à Londres, et auxquelles les ouvriers avaient dû tant d'enseignements. L'indépendance et la force du prolétariat croissant, il n'aurait
guère été possible au pouvoir de ne pas lui accorder
cette fois encore des facilités semblables à celles dont
il avait déjà joui, particulièrement pour exprimer les
besoin des travailleurs de chaque métier, et leurs sou-

haits de réformes. Aussi, désireux de bénéficier de la reconnaissance du prolétariat, auquel il vient de prouver son intérêt en déposant un projet de loi favorable aux associations coopératives, le gouvernement prend de lui-même l'initiative des délégations ouvrières pour l'exposition de 1867 et en assume l'organisation.

L'intervention du pouvoir n'est plus déguisée, lointaine, comme en 1862 ; il ne s'agit plus de simples encouragements pécuniaires procurés aux ouvriers par le président de la Commission de l'Exposition, qui se trouvait être un proche parent de l'Empereur, mais on est maintenant en présence d'une action réfléchie, publique, du gouvernement qui emprunte à la fois, pour l'organisation des délégations ouvrières, les ressorts de l'administration officielle et des groupements ouvriers dont l'existence est ainsi reconnue et légitimée.

L'article 3 du règlement général de l'Exposition, approuvé par décret du 12 juillet 1865, instituait dans chaque département un comité (1) ayant pour mission « de préparer par voie de souscription, de cotisation et autres mesures, la création d'un fonds destiné à faciliter la visite de l'Exposition universelle à des contremaîtres, cultivateurs et ouvriers du département et de subvenir aux frais d'impression de leurs rapports », de classifier dans chaque région les diverses

---

1. Comité dont les membres étaient nommés par le préfet parmi les souscripteurs au capital de garantie de l'Exposition, parmi les habitants notables ou ceux qui avaient concouru à l'organisation des expositions précédentes.

professions et de déterminer le nombre de délégués qu'elles auraient à envoyer. Afin de diriger et de centraliser les travaux de ces comités départementaux, un arrêté du ministre des Finances, M. Rouher, vice-président de la Commission impériale, instituait le 29 novembre 1866 une « Commission d'encouragement pour les études à entreprendre par les ouvriers, contremaîtres et coopérateurs divers de l'agriculture et de l'industrie », qui était chargée de satisfaire « les besoins physiques, moraux et intellectuels des visiteurs ». Une somme de 40.000 francs était mise à la disposition de cette commission composée d'industriels et de publicistes, mais qui ne comprenait aucun ouvrier.

Enfin un arrêté du 27 février 1867, « considérant que le système inauguré en 1862... a fonctionné d'une manière satisfaisante », appliquait à tous les départements le système des délégations élues et chargeait les comités départementaux de prendre des mesures pour l'organisation des élections.

Les premières difficultés pour la constitution des délégations ouvrières apparurent quand il s'agit de nommer les délégués. Il semblait naturel que ceux qui avaient été élus en 1862 par les divers métiers prennent l'initiative de préparer les élections nouvelles (1). Mais dès le début, ils s'effacent tous. Il est vrai qu'une intervention officielle aussi nette pouvait gêner certains d'entre eux : « Ils craignaient de ne pouvoir accepter son concours (de la Commission d'encourage-

1. Cf. *Recueil des procès-verbaux*, I, p. 13.

ment) qu'au prix de leur indépendance (1). » Ils voyaient avec méfiance l'indemnité pécuniaire de 50 francs et les facilités promises aux délégués pour accomplir leur mission. Les élections ne purent s'organiser qu'après une déclaration de la Commission d'encouragement assurant, pour vaincre cette réserve, qu'elle n'interviendrait pas dans les opérations électorales et que les rapports seraient intégralement publiés par elle, mais sous la responsabilité de leurs auteurs (2).

Les élections eurent lieu librement et sans troubles, contrairement aux craintes du préfet de police et des industriels. Chaque métier avait déterminé à sa guise les conditions d'électorat et d'éligibilité (par exemple les ébénistes ne tenaient aucun compte de la nationa-

1. Cf. Rapport, Vienne 1873, p. 29.

Cf. Article de A. Davaud, dans *la Coopération* (30 juin 1867), où il proteste contre l'organisation officielle des délégations, « son patronage est déjà une institution bien suffisante pour faire fuir les hommes jaloux d'une indépendance complète, et nous en connaissons plus d'un qui n'a point voulu agir sous la direction de son patron dès l'instant qu'il s'agissait de débattre les intérêts ouvriers ». Il proteste contre la tutelle que certains ont acceptée. *Contra* : protestation des délégués à la réunion de la rue Volta, où ils affirment conserver leur indépendance, le 21 juillet. *Recueil des procès-verbaux*, I, et *Coopération*, 28 juillet 1867.

2. Ce dernier engagement ne fut, du reste, pas tenu : la Commission d'encouragement retranche 174 lignes au rapport des ouvriers facteurs de pianos et orgues (Rapport, Vienne, 1873, p. 30). Les rapports des mécaniciens pour pianos et orgues et celui des plombiers, quoique remis à la Commission d'encouragement ne furent pas publiés, mais rendus à leurs auteurs.

lité) (1), et, à Paris, 114 professions élirent paisiblement 354 délégués, sans qu'on ait à reprocher à la Commission d'encouragement aucune ingérence excessive (2).

Mais les circonstances dans lesquelles se produisit la formation des délégations, donnèrent à celles-ci un caractère et un rôle qui les rendent très différentes des délégations de 1862.

Il était facile de prévoir que des ouvriers, mandataires officiels de leurs camarades d'atelier et chargés officiellement par le pouvoir de faire entendre les vœux de leur classe, n'allaient pas se contenter, comme en 1862, d'exposer par profession, d'une manière fragmentaire, leurs plaintes et leurs besoins. Car ils n'allaient pas rester encore divisés en petits groupes, par industries, dans un milieu étranger, et ils ne se trouvaient plus contraints par leurs ressources à remplir hâtivement leur mission. Mais sans s'écarter de la tâche qui leur avait été assignée, il était naturel cette fois-ci, que les représentants élus de l'industrie parisienne cherchent à discuter ensemble, à éclaircir les questions générales intéressant les ouvriers, et qu'ils profitent pour cela de la tolérance que l'Empe-

1. Cf. *Opinion Nationale*, 11 juin 1867.

2. *La Coopération*, 30 juin 1867, article Davaud. Les ciseleurs, les relieurs (en 1862 ceux-ci avaient déjà fait imprimer à part leurs rapports) ne voulurent pas accepter la tutelle officielle, non plus qu'une partie des menuisiers du bâtiment et les menuisiers de meubles, la société d'épargne l'Union fraternelle, etc... Cf. Rapport d'ensemble de Vienne, 1873. p. 40, et *Recueil des procès-verbaux*, p. 311.

reur avait promise à toutes les réunions qui n'avaient point un but politique.

Rien n'avait été prévu pour que les diverses délégations prennent contact, et ce sont quelques délégués et présidents de bureaux électoraux qui, se constituant en un comité d'initiative, suscitèrent la réunion de la rue Volta, le 21 juillet, afin « d'établir entre les membres de la délégation du département de la Seine et tous les délégués présents à Paris qui voudraient y assister, des relations directes qui aideraient à l'étude et à la solution des questions générales intéressant exclusivement les travailleurs et l'industrie, et surtout de faciliter et d'activer la confection des rapports des différentes délégations (1) ». Une commission ouvrière élue par les délégués présents à cette assemblée fut chargée de l'organisation de réunions régulières.

Elle y réussit, malgré l'opposition du ministre de l'Intérieur, M. Rouher, et du préfet de police qui firent leurs efforts pour l'empêcher d'obtenir le local du passage Raoul. Ces réunions libres, où furent discutées sans désordres toutes les questions sociales et industrielles intéressant le sort des ouvriers, se continuèrent jusqu'au 14 juillet 1869, quoique nous n'ayons leurs comptes rendus publiés par la commission ouvrière que pour les 36 premières séances (jusqu'au 15 avril 1868).

Ces réunions régulières prirent vite l'allure d'un comité consultatif. Aux délibérations des ouvriers venaient prendre part des hommes politiques comme Jules Si-

1. *Recueil des procès-verbaux*, I, p. 8 et suivantes.

mon, et le ministre Pinard qui était venu y assister fut frappé du sérieux et de l'ordre qui y régnaient. Le 19 janvier 1868 la commission ouvrière envoya même 30 délégués au ministre du Commerce, M. Forcade de la Roquette, auquel ils exposèrent les vœux et les besoins des travailleurs (1). Aussi, c'est sans exagération que l'auteur de l'exposé historique précédant les rapports des délégués à l'exposition de Vienne a pu dire des procès-verbaux des réunions et des rapports des délégués de 1867, qu'ils étaient « les cahiers corporatifs de la classe ouvrière (1) », et que M. de Molinari les considérait comme « une sorte d'inventaire des idées économiques de l'élite de la classe ouvrière de Paris (2) ».

Les ouvriers délégués qui, pour la rédaction de leurs rapports, n'avaient reçu d'instructions que des corporations dont ils tenaient leur mandat, ont adopté généralement un plan analogue à celui que la première commission ouvrière avait proposé aux délégués de 1862. A la partie technique, dans laquelle ils apprécient les travaux qu'ils ont pu examiner, fait suite un

1. A la suite de cette entrevue, les réunions des délégués devinrent vraiment un comité consultatif. « M. le ministre du Commerce engage la commission ouvrière à rédiger un mémoire de toutes les réformes demandées ; elles seront l'objet d'une étude sérieuse faite par une commission spéciale et dans laquelle entreront une certaine quantité de membres de la commission ouvrière. » Cf. *Recueil des procès-verbaux*, II, p. 159.

2. De Molinari. *Le mouvement socialiste et les réunions publiques*, 1871, p. 323.

ensemble de constatations sur l'état et les besoins des ouvriers.

Il se plaignent d'abord de l'état des salaires dont l'accroissement n'a pas été proportionnel avec l'élévation du coût de la vie, en particulier des loyers, avec les idées de bien-être et de luxe qui, s'étant répandues, font sentir plus durement à l'ouvrier son manque de ressources. Sa situation est précaire, car le salaire, à peine suffisant quand l'homme peut travailler constamment, sans interruption causée par le chômage ou la maladie, lui interdit tout espoir d'accéder à la propriété par l'économie et rend douloureuses les privations qu'il lui faudrait supporter pour payer une contribution aux caisses de secours (1). Les budgets que plusieurs délégations ont essayé d'établir (2), montrent le déficit constant dans un ménage ouvrier quand il n'a de ressources que le travail de l'homme. Une hausse de salaires serait donc nécessaire, et on pourrait l'obtenir sans avoir à élever le prix de vente des produits, en diminuant la part abusive que prélèvent les marchandeurs et les intermédiaires. Les mécaniciens, posent des règles idéales du salaire (3) : « Tout individu qui travaille a droit à un salaire suffisant pour subvenir

---

1. Cf. *Recueil des procès-verbaux*, première ass. générale, p. 10. Rapports... Brossiers, J, p. 6 ; facteurs, I, p. 10.

2. Cf. Rapports des délégués ouvriers. Facteurs, I, p. 54 ; peintres en bâtiments, III, p. 7 ; tailleurs, III, p. 18 ; pour les outilleurs en bois « le déficit est de 800 à 900 fr. pour un ménage de 4 personnes » III, p. 9.

3. Rapports... II. Mécaniciens, p. 146.

à ses besoins. Le salaire pour être équitable doit être proportionnel à la quantité de travail produit. »

Du reste, l'élévation des salaires serait utile à tous, même aux industriels, puisque l'encombrement du marché par les produits manufacturés, vient de ce que « l'ouvrier mal rétribué ne peut racheter qu'une minime partie de son œuvre produite (1) ».

Il y aurait même un avantage général à accroître la rétribution des ouvriers, car des salaires suffisant aux besoins donneraient une population « riche d'intelligence et de tranquillité, de patriotisme et de robuste santé (2) ».

De cette disproportion des salaires aux besoins est née la nécessité pour les femmes de chercher du travail à l'usine, abandonnant l'éducation de leurs enfants, et mettant en péril l'union du ménage (3). Mais le résultat de l'embauchage de la femme à l'atelier n'a jamais été un accroissement durable des ressources, car, « quand les femmes font concurrence à leurs maris, les salaires baissent pour tous les deux ; le salaire obtenu par la femme, au lieu d'arriver en surcroît, ne fait que remplacer celui que le mari ne gagne plus (4) ». Concurrence d'autant plus dangereuse que, contre toute justice, la femme exécutant le même travail qu'un homme et avec la même productivité, ne reçoit jamais

1. Rapports...I. Cuirs et peaux, p. 13.

2. Rapports...III. Passementiers, p. 23.

3. Rapports...I. Bourreliers, p. 7; ébénistes, p. 41. II. Mécaniciens pour outils, p. 4. III. Outilleurs en bois, p. 9.

4. Rapports... I. Bourreliers, p. 7.

qu'un salaire moindre (1), et que dans tous les métiers qui leur sont propres, on ne leur accorde qu'un « salaire illusoire (2) ». Pour les travaux qu'elle pourrait faire à domicile, la rémunération de la femme souffre de la concurrence des ateliers de prisons où les salaires sont maintenus bien au-dessous des prix de l'industrie libre (3).

Aussi l'ouvrier, qui n'est certain que de la misère pour sa vieillesse et n'est même pas sûr du pain de sa famille pendant son âge mûr, cherche à utiliser ses enfants dès qu'ils sont capables de faire un travail quelconque. Il les retire de l'école avant 12 ans, l'âge où ils pourraient vraiment apprendre (4), pour les envoyer à l'atelier, où ils sont exposés aux dangers constants des machines, et à se voir astreints à des travaux au-dessus de leurs forces (5), dans des conditions d'hygiène physique et morale qui mettent en péril leur avenir et celui de la race.

Et les délégués protestent encore contre la pratique de l'apprentissage, où l'on utilise les enfants aux besognes accessoires de l'atelier, à faire des courses en portant des fardeaux excessifs, au lieu de faire leur éducation professionnelle (6).

1. Rapports...I. Facteurs d'accordéons, p. 27. II. Mécaniciens pour outils, p. 4.

2. Rapports... III. Orfèvres, p. 92.

3. *Recueil des procès-verbaux*, t. II, 34ᵉ et 35ᵉ Ass. générales, p.330. Rapports. II. Mécaniciens pour outils, p. 5. I. Boutonniers, p. 3.

4. Rapports. III. Peintres en bâtiments, p. 6.

5. Cloutiers, p. 8.

6. *Recueil des procès-verbaux*. 5ᵉ Assemblée générale, p. 82. Et article J. Simon, t. II, p. 68.

Le besoin de vivre combiné avec l'avidité des patrons qui cherchent avant tout à se procurer de la main-d'œuvre à bon marché, font que les lois de 1841 et de 1851 réglementant le travail des enfants et leur apprentissage ne sont pas observées et les tournées d'inspection tout à fait vaines, car elles sont généralement annoncées d'avance (1).

Livrés à l'industrie trop jeunes et sans instruction, les enfants sont souvent attachés à un métier contraire à leur goût; ils n'y seront jamais que de mauvais ouvriers, car, employés longtemps pour les besognes accessoires du métier ou affectés à la même spécialité de l'industrie qu'ils pratiquent, ils seront incapables de se perfectionner.

L'insuffisance de salaire de l'ouvrier entraînant la décadence de la famille, de l'industrie et des travailleurs, comment pourra-t-on y remédier? Par l'association et par l'instruction. Les délégués de 1867 montrent la même confiance dans les résultats de l'associa-

1. Rapports des délégués de l'industrie du papier de couleur.

« Eh bien, au milieu de ce luxe éblouissant, de ces établissements somptueux, il y a des fabriques où sont enfermés des enfants parmi lesquels il y en a qui n'ont point encore 7 ans, travaillant 11 et 12 heures par jour, privés d'air et portant déjà sur leurs traits les traces de privations et de souffrances, se nourrissant tout le jour avec un sou, vêtus hiver comme été, étrangers à toute notion de bien-être, riant de tout ce qui est mal, se plaisant dans le désordre... Et voilà une des premières raisons pour lesquelles vous comprendrez pourquoi vous avez admiré ces grands et magnifiques hôpitaux qui semblent encore trop petits, et ces tristes et formidables prisons qui étouffent jusqu'aux soupirs.» T. III, p. 8, et opticiens, p. 21.

tion que leurs prédécesseurs de 1862. Elle est encore à leurs yeux le seul remède efficace à la misère des ouvriers, le seul instrument d'émancipation (1).

Parmi les diverses formes d'association, la participation aux bénéfices, qui avait rencontré dans les discussions du passage Raoul (2) de chauds partisans et d'acharnés adversaires, est généralement repoussée dans les rapports. Si les ouvriers mécaniciens lui sont favorables, ils n'en voient pas moins les dangers et les occasions de conflits qu'elle peut faire naître. Quoique un peu sceptiques sur les résultats que donnerait son application immédiate, ils espèrent quand même voir accepter loyalement par l'industrie ce mode de rétribution, qui pacifiera les relations entre ouvriers et patrons (3).

Pour les tourneurs en cuivre, au contraire, la participation ne sera jamais qu'une association bâtarde, car il n'y aura aucun moyen de forcer les patrons à se mettre en participation avec leurs ouvriers. Et ils ont

1. « Pour tout homme qui cherche la solution de ce grave problème, l'émancipation des travailleurs par les travailleurs eux-mêmes, l'association doit être, en quelque sorte, le couronnement de l'édifice, le but vers lequel tous les efforts doivent tendre. » Sculpteurs, III, p. 11. « C'est par l'association avec le travail libre, que nous parviendrons dans l'industrie à rétablir le droit du travail au partage du capital dividendaire qui est la véritable égalité... à effacer enfin l'inégalité produite par le salariat qui tient le producteur dans une condition d'infériorité réelle, en donnant au capital une puissance apparente et mensongère. » Passementiers, III, p. 23. Tailleurs, III, p. 26.

2. Cf. *Recueil...* t. III, 32° et 33° réunions.

3. Rapports... II. Mécaniciens, p. 149.

peur que ses échecs ne nuisent à la faveur de l'association. « Admettre un tel compromis, disent-ils, ce serait à nos yeux abandonner le principe de l'association (1). »

Les sociétés de secours mutuels pourront-elles atténuer les conséquences de l'insuffisance des salaires ? En partie seulement, disent tous les délégués ; elles rendent en effet des services effectifs, et qui n'ont pas le caractère charitable des œuvres d'assistance, un peu humiliant pour celui qui en bénéficie. Mais un obstacle au développement des sociétés de secours mutuels, est le patronage de l'administration ; son ingérence continuelle éveille les susceptibilités des ouvriers et les écarte de la mutualité officielle, qui est la plus avantageuse ; pour jouir des pensions prévues par l'article 6 du décret de 1852 (et les seules sociétés approuvées pourront se proposer de payer des pensions à certains membres), le mutualiste devra remplir des conditions déterminées, non par les sociétaires, mais par le décret... et sa candidature, même approuvée par l'assemblée générale, devra encore être revêtue de l'approbation ministérielle pour que la pension soit accordée. Il n'y a donc pour les sociétaires aucun droit à la pension, entre eux il n'y a aucune égalité, car tous ceux qui paient une cotisation égale devraient pouvoir bénéficier des mêmes avantages. De sorte que les plus intelligents des ouvriers ont compris que « sans l'égalité du droit à la pension, ces sociétés n'étaient plus que des sociétés d'assurance contre les désastres de la maladie, dans

____

1. Rapp. III. Tourneurs en cuivre, p. 17 et 18.

lesquelles, en payant fort cher, toute idée d'avenir est détruite : on est soigné si l'on est malade, enterré fort bourgeoisement si l'on meurt, mais si l'on vit vieux, l'on est sûr de rien (1) ».

Quant aux sociétés d'atelier, pour lesquelles certains patrons imposent des retenues qu'ils opèrent sur leur paye, elles ont comme résultat pour les ouvriers qui ne peuvent diminuer leur salaire du montant de la cotisation d'une autre société mutualiste dont ils pourraient être membres, de les priver des avantages auxquels leurs versements antérieurs leur donnent droit ailleurs.

Aussi le vœu de tous les délégués est la liberté pour la création de sociétés de secours mutuels professionnelles, ou même la création d'une société unique par métier qui aurait des ramifications dans le pays tout entier (2).

En dehors de ces associations incomplètes, la coopération est la forme d'action collective qui peut le plus facilement répondre aux vœux des ouvriers. Tous les délégués se réjouissent de ses progrès, et malgré les facilités que la loi nouvelle du 26 juillet 1867 donne à tous pour fonder, selon l'expression de M. Rouher au cours de l'enquête, « des sociétés par petites sommes », les rapports réclament pour elles toujours plus de liberté. Comme les délégués de 1862, ils comptent sur

1. Extrait d'un article de Tartaret, reproduit dans le *Recueil des procès-verbaux*, t. I, p. 272.

2. Rapports des délég. I. Cuirs et peaux, p. 16.

le développement de l'association coopérative pour émanciper le prolétariat (1). « La constitution de sociétés coopératives de consommation et de crédit sera la première étape, l'école qui rendra les travailleurs aptes à triompher des difficultés de l'association de production, capables d'être à la fois des ouvriers et des maîtres (2). » Enfin par leur développement combiné avec celui des sociétés de crédit mutuel, il n'y aura plus de raison pour l'ouvrier de tenir rancune au capital : puisqu'il ne sera plus monopolisé par quelques-uns tout antagonisme cessera (3).

Des obstacles nombreux nuisent au développement des sociétés coopératives. En outre des difficultés d'organisation, l'association risque d'évoluer et de devenir une société de petits patrons, aussi elle doit s'attacher à prendre la forme de société anonyme dont le gérant est révocable (4). Mais la difficulté du recrutement des associés réduit surtout l'avenir de la coopération, car les ouvriers ne sont généralement pas à même de la pratiquer à cause de leur peu d'instruction (5).

A une telle situation quel remède demandent les ouvriers ? Plus d'instruction, mais surtout plus de li-

1. Rapports des délég. I. Facteurs d'instruments de musique, p. 64.

2. Rapports des délég. I. Instruments de précision, p. 17.

3. Rapports des délég. I. Cuirs et peaux, p. 18.

4. Rapports... I. Facteurs, p. 54. II. Tourneurs en cuivre, p. 16.

5. Rapports... I. Couvreurs, p. 8. « La condition de succès de toute association, c'est de tendre à développer l'individu ; chercher à lui conférer une valeur morale et industrielle au-dessus de la moyenne. » II. Modeleurs mécaniciens, p. 60.

berté pour exercer une action commune. « Toutes les libertés sont solidaires », déclarent les délégués des facteurs (1), et la seule liberté que le gouvernement se soit entêté à refuser, la liberté de réunion, est maintenant indispensable pour que les autres puissent agir normalement, et procurer aux ouvriers les avantages qu'ils ont le droit d'en attendre. « Sans ce droit de réunion, déclarait le président de la commission ouvrière au ministre du Commerce, le 28 janvier 1868 (2), la loi de coalition crée des dangers pour tous, patrons et ouvriers, et conduit fatalement à la grève, faute d'entente préalable. Sans le droit de réunion, pas d'enseignement mutuel et professionnel, pas d'organisation corporative. Avec le droit de réunion, nous travaillerons en paix à faire pénétrer dans les masses l'instruction primaire et professionnelle, nous étudierons les réformes qui nous sont le plus indispensables, et nous parviendrons, nous l'espérons, avec connaissance de cause et par voie de conciliation, à aplanir tous les différends, en évitant surtout les luttes industrielles, les grèves, dans lesquelles vainqueurs et vaincus se retirent du combat avec des pertes irréparables et inutiles. »

Ainsi la loi de 1864 (que les balanciers de haute précision qualifient de « loi de justice ») (3), ne verra plus

1. Rapports... I. Facteurs, p. 65.

2. *Recueil des procès-verbaux...* III, p. 153 et 154 ; et Rapports... I. Chapeliers, p. 6.

3. Rapports... I. Balanciers, p. 12 et p. 24. III. Tourneurs en chaises, p. 8, et voir la discussion sur les grèves, *Recueil des proc.-verbaux*, t. I, 3ᵉ et 4ᵉ ass. générales, p. 28 à 80, dont la conclusion est que l'on doit tout tenter pour éviter la grève.

son fonctionnement vicié par l'arbitraire administratif : les ouvriers, — et aussi les patrons — ne se résoudront à la cessation du travail qu'après une entente raisonnée. « Il n'y a pas de résolution plus grave à prendre, ni qui exige plus de maturité et de réflexions. C'est pourtant cette résolution qui, par le caractère incomplet de la loi, se trouve brusquée. Point d'assemblées entre ouvriers, point d'enquêtes sur les faits. C'est la colère au lieu de la réflexion qui décide (1). » De là, cet abus de la grève, arme dont on ne devrait user qu'après échec de tous moyens d'entente (2), tandis que le droit de réunion sera le plus puissant élément de conciliation (3).

Mais pour que la liberté de réunion puisse exercer toute son action pacificatrice et être un instrument de progrès, il faut que la loi laisse aux ouvriers la faculté de se grouper d'une façon durable. Comme les délégués de 1862, les rapports de 1867 proposent la création de chambres syndicales professionnelles sans être plus d'accord sur leur composition. Mais c'est à peine si quelques rapports demandent des chambres syndicales mixtes (4) : presque tous désirent la création de groupements ouvriers dans lesquels les travailleurs seraient libres de ne pas entrer, afin de faire face aux chambres syndicales des patrons. Ils donneraient à la classe ouvrière la cohésion et la force morale qui lui manquent,

1. Rapports... II. Imprimeurs en papier peint, p. 15.
2. Rapports... I. Cuirs et peaux, III. Tablettiers en écaille, p. 7.
3. Rapports... III. Outilleurs en bois, p. 10.
4. Rapports... II. Marbriers, p. 22.

en établissant entre les ouvriers des relations de solidarité. Ces syndicats décideraient de l'opportunité et de la justice des grèves que la caisse sociale soutiendrait, dirigeraient l'instruction professionnelle, se prononceraient dans les litiges relatifs à la fixation des salaires, des tarifs, répondraient aux enquêtes et s'occuperaient de toutes choses touchant aux intérêts généraux des travailleurs d'une industrie. Dans l'état actuel de la législation, le rôle de ces syndicats est insuffisant ; ils ne vivent que par la tolérance de l'administration et l'incertitude de l'avenir fait qu'il n'ont encore pu aboutir qu'à des résultats illusoires : leur reconnaissance par la loi est nécessaire pour qu'ils puissent utiliser la loi sur les coalitions (1).

Les délégués ne conçoivent pas cependant les chambres syndicales comme des instruments de lutte de classes : ils insistent sur la nécessité de mettre fin à cet antagonisme entre patrons et ouvriers qui provient souvent du conflit d'intérêts mal entendus. Ils désirent la concorde, l'entente et ils croient que des organisations ouvrières et patronales pouvant discuter les litiges professionnels éviteront les conflits, seront les agents du bien-être général de toutes les industries et de la paix sociale (3).

Si tous les délégués ont donné les premières places à l'extension du droit de réunion et à la possibilité de

1. Rapports... I. Facteurs, p. 57.

2. *Recueil...* I, p. 32.

3. Rapports... I. Bourreliers, p. 7.

constituer légalement des chambres syndicales, — réformes qui doivent amener l'émancipation progressive des ouvriers, — ils formulent aussi d'autres revendications où ils font appel à l'intervention de la loi, pour éviter dès maintenant à certaines catégories de travailleurs des souffrances vaines, pour faciliter leur développement physique, intellectuel et professionnel.

Nous avons déjà rencontré la plupart de ces vœux dans les rapports de Londres. En 1867 la plupart des délégués réclament pour les enfants l'instruction gratuite, et beaucoup obligatoire. Ils justifient par l'intérêt social cette atteinte à la liberté des parents, les tourneurs en cuivre s'approprient la phrase de Jules Simon : « Le premier peuple est celui qui a le plus d'écoles (1) », et jugent la contrainte de la loi indispensable pour vaincre certaines résistances (2).

1. *Recueil...* I, p. 99. « La première chose à instituer, dit le délégué Henry, c'est l'enseignement gratuit et obligatoire. Les parents n'ont pas le droit de donner des idiots à la société : la loi ne doit donc pas craindre de porter atteinte à la liberté générale. » Rapports... I. Balanciers, p. 28, cuirs et peaux, p. 17, ébénistes, p. 40, facteurs, p. 69. III. Peintres en bâtiments, p. 6, tourneurs en cuivre, p. 13. « On est trop habitué dans notre pays à compter sur l'appui du pouvoir ; il faut savoir s'en passer. Mais nous ne devons lui demander que deux choses qu'il ne saurait nous refuser car elles sont indispensables pour que tous nos efforts ne demeurent pas infructueux : 1° l'instruction primaire gratuite et obligatoire ; 2° la liberté de réunion absolue et sans restriction. » II. Mécaniciens, p. 163.

2. Aux congrès de l'Internationale, la question de l'instruction gratuite avait été discutée et si la majorité des délégués parisiens avaient reculé en 1862, à Genève, devant le principe de l'instruction obligatoire, ils en avaient senti toute l'importance. Cf. Fribourg. *L'association internationale des travailleurs*, p. 59-61.

A défaut de la loi, les ouvriers en sentent tellement l'utilité que certains s'imposent l'obligation contractuelle de faire instruire leurs enfants. Tels les membres de la Société en commandite simple des ouvriers facteurs de pianos et orgues : l'article 19 de leurs statuts contient la clause suivante : « Tout sociétaire s'engage, sous peine d'exclusion de la société, à faire donner à tous ses enfants l'instruction nécessaire (1) »

Ils demandent une réorganisation de l'apprentissage, conçu de façon à ce qu'il fasse acquérir à l'enfant une instruction professionnelle suffisante, par une loi sérieuse dont l'application serait facilitée par une certaine publicité donnée aux contrats d'apprentissage, et assurée par une inspection qui pourrait visiter les ateliers et les dortoirs des enfants et porter plainte quand la moralité ou la santé des jeunes ouvriers risqueraient d'être compromises (2). Plusieurs métiers demandent même une réglementation autoritaire du nombre des apprentis (3).

Beaucoup sont aussi partisans d'une réglementation nouvelle du travail des enfants. La loi de 1841 est aussi

1. Rapports... Facteurs, p. 62. De même la Société générale des ouvriers ferblantiers réunis, fondée le 13 mai 1866 : Art. 58. « L'immoralité prenant sa source dans le manque d'instruction, tout sociétaire ayant des enfants est tenu de leur faire donner, suivant ses moyens, sous peine d'être exclu après deux avertissements successifs qui seront donnés dans les trois mois. » Office du Travail. *Les Associations professionnelles ouvrières*, t. III, p. 193.

2. Rapports... I. Balanciers de haute précision, p. 24, bourreliers, p. 26, ferblantiers, p. 23. III. Tourneurs en cuivre, p. 3.

3. Rapports... Bijoutiers, 18, ferblantiers, 23.

peu appliquée que celle de 1851 sur l'apprentissage, surtout dans la petite industrie (1). L'inspection du travail que des décrets ont essayé d'organiser est vaine, car les industriels sont prévenus des tournées trop rares des inspecteurs. Mais toute la législation ne pourra pas empêcher le travail prématuré : « Ceux qui s'irritent contre les parents assez dénaturés pour exploiter les forces de leurs enfants en bas âge, écrivait Jules Simon aux délégués, n'ont qu'à se souvenir que la plupart du temps, on n'a eu le choix qu'entre le travail prématuré, qui peut devenir homicide, et le manque de pain, qui ne peut pas l'être (2). » Beaucoup ne demandent donc qu'une limitation du travail, qui serait interdit aux enfants de moins de 12 ans, limitation conçue de façon à ce que les jeunes ouvriers puissent aller à l'école ou aux cours du soir.

Comme en 1862, et avec les mêmes arguments, les rapports s'élèvent contre la durée excessive de la journée de travail imposée par les patrons. Ils demandent, ici encore, à cause de l'insuffisance des initiatives particulières, l'intervention de la loi pour qu'on laisse aux travailleurs le temps de se développer et de s'instruire, et la production n'y perdra rien. La question de l'hygiène des ateliers est posée souvent : les délégués demandent au pouvoir d'agir sans retard pour que les ateliers soient aérés, ventilés, pour que l'usage de produits nocifs, plomb, arsenic, etc..., ou les pra-

1. Rapports III. Tourneurs en cuivre... 3.

2. Lettre de Jules Simon à Davaud, citée dans *Recueils*... II, p. 70, et la discussion de la 18ᵉ assemblée générale, II, p. 60.

tiques malsaines des opérations industrielles soit réglementés ou même prohibés (1).

Ils protestent encore contre deux mesures particulières aux ouvriers et qui les blessent le plus profondément : contre le livret qui est « une marque d'infériorité morale que la loi inflige aux travailleurs (2) », qui divise les citoyens en classes rivales de porteurs de livret et de porteurs de patentes. Inutile comme passeport, puisque l'usage de ce dernier est aboli de fait, il ne reste que comme une mesure particulière de police dirigée contre eux. Ils en réclament l'abrogation. Ils protestent de même avec indignation contre le maintien de l'article 1781 du Code civil. C'est, disent les fondeurs en cuivre, « un restant de la vieille législation féodale et corporative, qui faisait de l'ouvrier la chose du maître (3) », et ils protestent contre cette anomalie persistant dans un pays où le suffrage universel fait de l'ouvrier l'égal du patron, et où ils devraient avoir les mêmes droits en justice.

Les délégués jugent aussi que l'organisation des conseils de prud'hommes nécessite une prompte réforme. Ils ne sont pas assez nombreux et ceux qui doivent juger, contrairement à l'esprit de la législation qui les régit, sont souvent tout à fait étrangers à la

1. Rapports... III. Papiers de couleurs, 10, tailleurs, 22, tourneurs sur bois, 18. I. Chapeliers, 6, fondeurs en cuivre, 19 ; et *Recueil...* 17 et 18ᵉ réunions.

2. Rapports... I. Ébénistes, 39, brossiers, p. 6, 9. II. Menuisiers, p. 11.

3. Rapports .. I. Fondeurs en cuivre, 16.

profession des plaideurs (1). Il faut donc en multiplier le nombre pour que toute branche importante de l'industrie soit représentée dans le conseil par des arbitres compétents. Enfin, pour la dignité des conseils, le gouvernement devrait leur laisser nommer leurs présidents, et accorder une rétribution à tous les magistrats consulaires ouvriers ou patrons, pour que ce ne soit point une charge excessive pour les premiers et pour « assurer l'égalité morale et l'indépendance des membres du conseil ». Les règles électorales devraient aussi être modifiées en abaissant l'âge de l'électorat, en supprimant la nécessité du livret, ce qui serait la vraie manière de rompre l'indifférence que montrent les ouvriers pour élire leurs représentants (2).

1. « Les instruments de musique, classés dans le groupe des métaux, sont jugés par des mécaniciens, des serruriers, des horlogers. » Rapports... I. Facteurs, p. 61.

2. Rapports... I. Bourreliers, 6, ébénistes, 38. II. Mécaniciens, 151 menuisiers en bâtiments, 14. III. Opticiens lunetiers.

CHAPITRE V

La loi sur les réunions publiques et les syndicats professionnels

Le gouvernement était-il entièrement libre de rester sourd à ces revendications ? L'approche du renouvellement du Corps législatif, la constitution officielle des délégations et la grande publicité donnée à leurs délibérations et à leurs vœux, ne permettaient pas au pouvoir de s'en désintéresser, au moment où un nouvel appel au suffrage universel devait sanctionner la politique de l'Empire. L'accueil que le ministre du Commerce, M. de Forcade, fit aux délégués qu'il recevait en audience le 18 janvier 1868, le rapport qu'il publiait le 30 mars (après que le président de la Commission d'encouragement, M. Devinck, eût déjà exposé conformément à la volonté de l'Empereur et apprécié favorablement les principales revendications émises par les délégués du passage Raoul), attestent toute la bienveillance du gouvernement, qui promet dans la plupart des cas une intervention conforme aux désirs des travailleurs.

On peut être étonné cependant de l'accueil favorable que ces demandes de réformes reçurent au commencement de l'année 1868. Car, malgré la lettre adressée par l'Empereur le 19 janvier 1867 au ministre de l'Intérieur, M. Rouher, et les intentions libérales qu'elle manifestait, cette partie du programme qui consistait à « donner aux libertés publiques une extension nouvelle », n'avait reçu aucune suite, et les projets à tendances libérales qui, depuis bien des mois, étaient en discussion dans les commissions n'étaient point parvenus à l'ordre du jour.

Un vif mouvement de réaction s'était produit contre les tendances libérales de l'Empereur. La lettre du 19 janvier par laquelle Napoléon III, sans se concerter avec ses ministres, avait fait connaître quelle orientation il comptait donner dorénavant à sa politique, avait fini de mettre le désarroi dans les partis composant la majorité jusque-là fidèle à l'Empereur. Depuis 1864 une grande partie de la majorité, indécise devant les actes contradictoires du gouvernement, ne savait où prendre ses inspirations. Les inquiétudes causées par la politique extérieure, par l'échec de l'expédition du Mexique et le développement rapide de la Prusse après la guerre des Duchés et Sadowa, avaient altéré la confiance de beaucoup. Les hésitations du Gouvernement dans sa politique romaine, — qui lui avait aliéné le parti catholique, effrayé déjà des intentions manifestées par M. Duruy pour la réforme de l'enseignement, — jointes à la crainte des lois imprudemment promises, venaient de rétablir autour de M. Rouher, qui avait persisté à demeurer au pouvoir, une majorité unie, bien décidée à arrêter l'Empereur sur la pente du régime parlementaire et des concessions libérales (1).

1. Darimon. *Histoire de Douze ans*, p. 244 à 249.

Les agitations et les inquiétudes se répercutaient en France, causant un malaise sourd : on appréhendait l'invasion du choléra et les conséquences de la cherté du blé ; après l'Exposition les affaires se ralentissaient et l'opposition protectionniste, se réveillant avec Kolb-Bernard, Pouyer-Quertier, Brame, ou Thiers, en rendait le pouvoir indirectement responsable.

La situation était telle que l'Empereur, dans son discours de Lille, le 27 août 1867 signalait « des points noirs », et que le préfet de police Pietri lui adressait un rapport inquiétant : « La portion agissante de la Société, écrivait-il, celle qui s'occupe le plus de politique, qui aime les discussions, critique le gouvernement, accentue plus que jamais son opposition radicale et systématique. Elle seconde activement les hommes de parti ; elle se complaît dans les attaques de presse ; elle va répétant que l'Empire est atteint dans son prestige extérieur, dans la prospérité matérielle du pays qu'il avait ramenée, dans les garanties mêmes qu'il avait données à l'ordre social et au parti conservateur. Et cependant les masses ne sont pas gagnées à cette désaffection ; mais ne faut-il pas craindre que, mobiles et impressionnables, elles ne risquent dans un moment donné de suivre l'entraînement des classes dirigeantes et de leur prêter, pour une œuvre révolutionnaire, le concours qu'elles ne paraissent nullement disposées à lui donner aujourdhui. » Il signale le désir des populations d'être informées de l'avenir, sera-ce la guerre, la paix, une évolution libérale... « Tout le monde, dit-il encore, sent que dans l'état d'engourdissement et d'incertitude où se trouve le pays, une affirmation nette et résolue de la politique et de l'action impériales s'impose avec une urgence chaque jour plus grande à la prévoyance et à la sagesse du gouvernement (1). »

Impressionné par la majorité réactionnaire, l'Empereur hésite encore, malgré les avis de ses familiers. Dans le discours d'ouverture de la session législative, le 18 novembre 1867, s'il ne se décide pas à revenir sur les promesses déjà faites, il affirme sa volonté de maintenir le principe d'autorité et de résister à toute demande de concession nouvelle (2).

Aussi l'on peut être justement étonné de l'accueil fait aux revendications ouvrières, et l'on doit se demander à quelles circonstances était dû ce revirement des intentions gouvernementales. Le pouvoir s'était-il aperçu qu'en laissant aux diverses oppositions libérales, dont le programme comportait les grandes réformes souhaitées par les ouvriers, le mérite de les récla-

1. Emile Ollivier. *L'Empire libéral*, t. 9, p. 600-604.

2. « Cette session sera spécialement employée à l'examen des lois dont j'ai pris l'initiative au mois de janvier dernier. Le temps écoulé n'a pas changé mes convictions sur l'utilité de ces réformes. Sans doute l'exercice de ces libertés nouvelles expose les esprits à des entraînements et à des excitations nombreuses, mais je compte à la fois pour les rendre impuissantes, sur le bon sens du pays, le progrès des mœurs publiques, la fermeté de la répression, l'énergie et l'autorité du pouvoir. Poursuivons donc l'œuvre que nous avons entreprise ensemble. Depuis quinze ans notre pensée a été la même, maintenir au-dessus des controverses et des passions hostiles nos lois fondamentales que le suffrage universel a sanctionnées, mais en même temps développer les institutions libérales sans affaiblir le principe d'autorité. »

mer et de les défendre, il risquait de laisser sa popularité s'affaiblir au profit des dissidents. A l'occasion du 19 janvier 1868, les journaux de l'opposition avaient célébré l'anniversaire de la lettre impériale par des épigrammes, car aucune des réformes relatives au régime de la presse ou au régime des réunions qui avaient été annoncées n'avait été discutée (1).

Le ministère pouvait aussi être effrayé des progrès de l'influence politique de l'Internationale dans les milieux ouvriers En pleine évolution communiste, surtout à la suite du Congrès de Lausanne (septembre 1867), et des premières poursuites intentées à leur bureau de Paris (décembre 1867), les internationaux répandaient moins dans les ateliers les théories mutuellistes, — peu attirantes pour la masse des ouvriers puisqu'elles ne promettent, par la coopération et l'association, qu'un progrès lent dont la condition est le perfectionnement moral des individus, — que les théories communistes, plus faciles à comprendre dans leur apparente simplicité, promettant une amélioration radicale et immédiate, et dont le souvenir avait sans cesse persisté. Mais surtout l'influence des internationaux était devenue plus menaçante pour l'Empire depuis qu'ils avaient cessé de se tenir en dehors des luttes politiques, depuis qu'ils avaient voté, en réponse à la septième question posée au Congrès de Lausanne, la résolution suivante tellement en harmonie avec les

---

1. *Le Temps*, 20 janvier 1868. *La Patrie* du 10 janvier prétend au contraire que le pouvoir en accroissant la tolérance en matière de presse et de réunion a réalisé toutes les réformes promises.

idées républicaines : « Considérant que la privation des libertés politiques est un obstacle à l'instruction sociale du peuple et à l'émancipation du prolétariat : 1° l'émancipation sociale des travailleurs est inséparable de leur émancipation politique ; 2° l'établissement des libertés politiques est une mesure première d'une absolue nécessité. » Influence d'autant plus dangereuse pour l'Empire qu'à Genève, au Congrès de la Paix (septembre 1867), venait de se conclure l'alliance des internationaux et des blanquistes.

Il pouvait donc paraître utile de chercher encore une fois à conquérir par des promesses les sympathies des travailleurs. Parmi les raisons qui ont contribué encore à faire évoluer le pouvoir dans un sens libéral, il ne faut pas négliger aussi l'attitude des délégations ouvrières. Car leurs réunions souvent très nombreuses et leurs discussions vives, mais où l'ordre n'avait jamais cessé de régner, avaient montré que l'éducation politique du prolétariat était en train de se faire (1), et qu'il était prudent de lui accorder les libertés dont il s'était montré digne, sans attendre le moment où il serait capable de les exiger.

Dans les circonstances qui ont précédé la discussion de la loi sur la presse et dans la discussion elle-même, nous trouverons la preuve que ce sont presque exclusivement des considérations politiques qui ont dirigé l'Empereur après 1867 dans la voie des réformes libé-

1. Cf. Article Ducuing, *Opinion Nationale*, 24 janvier 1868 ; et les discours de E. Ollivier et de Rouher pendant la discussion de la loi sur les réunions.

rales, réformes dont font partie les modifications apportées à la législation ouvrière. Au cours d'une réunion
du Conseil Privé, dans la nuit du 2 février 1868, l'on
discuta, sous la présidence de l'Empereur, la question
du retrait définitif ou de la mise à l'ordre du jour au
Corps législatif du projet sur la presse, que le ministre,
M. Rouher, avait réussi pendant plus d'un an à écarter
de la discussion. A ceux qui proposaient un coup d'État
pour mettre fin aux revendications libérales, M. de La
Valette opposant l'impossibilité d'un coup de force
quand il n'est pas « appelé par une incitation ardente
du pays », rallia l'Empereur au respect des engagements qu'il avait volontairement contractés en janvier
1867. « Il n'y a donc qu'à compléter les mesures libérales non à les reprendre, disait M. de La Valette ; le retrait des lois porterait à l'Empire un coup plus fort que
toutes les attaques des journaux affranchis : on accuserait l'Empereur de versatilité ; sa parole serait discréditée (1). » Après avoir offert sa démission pour ne pas
diriger l'exécution d'un programme libéral, M. Rouher,
qui s'était résigné à défendre ce projet de loi que la
plupart des ministres et la majorité du Corps législatif
et du Sénat désapprouvaient, attribuait plus ouverte

1. E. Ollivier, *op. cit.*, t. 10, p. 409. Neftzer écrivait dans *le Temps*
(8 février 1868) après le vote de l'article 1er de la loi sur la presse :
« On ne sait trop ce qui fût resté d'autorité à l'Empereur s'il avait abandonné le programme du 19 janvier ou s'il l'avait laissé déchirer par sa
majorité. Dans le premier cas il s'affaiblissait singulièrement ; il se
donnait un de ces démentis mortel à tout prestige... dans le second
cas l'Empereur se fût trouvé en face d'une majorité victorieuse mais
impuissante. »

ment encore l'évolution libérale à laquelle il se prêtait à d'urgentes nécessités politiques. Dans un discours qu'il adressait au Sénat pour soutenir les projets qu'il aurait aimé combattre, il indiquait la cause qui rendait si impérieuse une orientation nouvelle : l'évolution des esprits et la nécessité de ne pas se laisser devancer par les aspirations de la majorité des électeurs. « Nous ne sommes plus, disait-il, au temps où l'empire était constitué par l'élan de la nation, par le souvenir des dangers récents qui avaient bouleversé la société : nous ne sommes plus au temps où la cohésion est complète. » Une politique nouvelle doit tenir compte de la situation nouvelle de l'Empire : quatre millions de plébiscitaires ont disparu depuis 1852, remplacés par des hommes nouveaux « qui ont dans le cœur des ardeurs nouvelles ; ils aspirent à une liberté plus étendue ; ne les irritons pas, ne cherchons pas à les contenir : marchons avec eux pour les guider et les modérer(1). »

Parmi les concessions libérales promises par l'Empereur dans sa lettre du 19 janvier, la promesse d'une plus grande liberté laissée à la faculté de se réunir, était de toutes les réformes annoncées celle dont les ouvriers attendaient avec le plus d'impatience la réalisation. Ils la réclamaient déjà depuis longtemps. Les députés de l'opposition démocratique, qui avant 1863 étaient sans conteste leurs porte-paroles officiels, les délégués de 1862, quand ils demandaient la liberté de coalition et d'association y comprenaient le droit de

1. Séance, 7 mai. *Moniteur*, 8 mai 1868, p. 623.

réunion dont la jouissance leur paraissait indispensable pour en user avec profit. Pendant la discussion de la loi de 1864, les députés de toutes les opinions se trouvaient d'accord sur l'impossibilité de pratiquer la coalition sans réunions préalables : parmi les adversaires de la loi, ceux qui la trouvaient dangereuse redoutaient de la voir compléter par la reconnaissance du droit de réunion (1), ou de voir des réunions illicites, nécessaires pour l'exercice du droit nouveau, dégénérer en sociétés secrètes organisées (2). Les partisans de la liberté entière de coalition qui estimaient insuffisantes les concessions de la loi, la déclaraient inapplicable et dangereuse pour les ouvriers et l'ordre social sans réunions permettant de discuter les causes du conflit et la suite à lui donner (3).

Mais le gouvernement, qui n'avait pas tenu compte

1. « Si le droit de former des coalitions est accordé aux ouvriers, on en fera nécessairement découler le droit de réunion et vous n'aurez guère de motifs à donner alors pour le refuser. » De la Riboisière. *Moniteur*, 64, p. 699.

2. Seydoux. *Moniteur*, 64. p. 573. M. E. Ollivier rapporte avoir dit à l'Empereur en juin 1865 « qu'il était urgent d'accorder aux ouvriers un droit quelconque de réunion afin que la coalition ne devienne pas une conspiration ». *Op. cit*, t. VII, p. 405.

3. « Le droit de réunion et le droit de coalition sont identiques, ils ne peuvent être divisés. Si vous donnez l'un il faut donner l'autre, ou ne donner rien... Si vous me donnez des lois qui ne sont que des fictions, si vous me donnez une loi qui m'induit à faire ce que vous me défendez de faire d'un autre côté, si vous me donnez d'une main ce que vous me retirez de l'autre, qu'est-ce que vous faites ? vous faites un acte dangereux. » Garnier-Pagès. *Moniteur*, 64, p. 590. De même Darimon, p. 580.

de ces protestations dans la préparation de la loi sur les coalitions, atténua sa rigueur pour ne pas contrarier le mouvement coopératif. Dans le discours d'ouverture de la session législative, le 15 février 1865, l'Empereur annonce son intention de « détruire tous les obstacles qui s'opposent à la création des sociétés destinées à améliorer le sort des classes ouvrières ». L'année suivante, dans la même occasion, l'Empereur promet formellement une ère de liberté relative pour les réunions où seront traitées des questions économiques. « J'ai décidé, disait-il, que l'autorisation de se réunir sera accordée à tous ceux qui, en dehors de la politique, voudront délibérer sur leurs intérêts industriels ou commerciaux. » Conformément à cette décision, le ministre de l'Intérieur, M. de la Valette, dans une circulaire imposait aux préfets une large tolérance. « Appelé à statuer sur une demande d'autorisation, vous n'aurez qu'à vous enquérir de la sincérité du but de la réunion, et des périls que cette réunion pourrait faire courir à l'ordre et la tranquillité publique. Si le but n'est pas politique, si la réunion ne doit causer aucun trouble, votre devoir sera d'accorder l'autorisation... L'Empereur veut, en autorisant ces réunions, faciliter le règlement des rapports économiques entre patrons et ouvriers et favoriser le développement des intérêts industriels et commerciaux du pays. » Il est vrai qu'une campagne avait eu lieu en janvier 1866, à l'instigation de *la Presse* dans tous les journaux libéraux en faveur du droit de réunion. Ils s'élevaient contre un régime de simple tolérance constituant la négation même du droit (1). Une tolérance même ouvertement ordonnée par le pouvoir était insuffisante, et l'on voyait quelquefois l'administration accorder sans difficulté à une corporation le droit de se réunir quand il s'agissait de décréter une grève et le lui refuser quand il était question de mettre fin au conflit (2).

C'est encore le désir de détruire les obstacles qui pourraient entraver l'organisation et l'émancipation de la classe ouvrière par l'association coopérative ou même la création de groupements professionnels, qui a inspiré à l'Empereur la déclaration du 19 janvier, et qui se trouve à l'origine du projet de loi déposé le 13 mars 1867.

Car il ne faut pas chercher une concession aux demandes de l'opposition libérale dans ce projet de loi et dans le passage de la lettre de l'Empereur relatif aux réunions. Ce n'est pas du tout au profit des réunions politiques ou électorales que le pouvoir jugeait bon de limiter ses droits : il aurait été impossible au même ministre d'Etat qui, dans la séance du 19 mars 1866, répondant aux orateurs qui réclamaient les libertés nécessaires, avait appelé le droit de réunion électorale « une issue témérairement ménagée aux passions ré-

1. *Le Temps,* 21 janvier 1866. Commentaire du discours de l'Empereur.

2. *Le Temps,* 7 mai 1867, rapporte qu'une instruction judiciaire fut ouverte contre les membres de la Commission des tailleurs, élue pour diriger la grève dans une réunion autorisée, quand ils voulurent, dans une nouvelle réunion, remettre leurs pouvoirs à leurs commettants à la fin du conflit.

volutionnaires », d'accepter la tâche de prôner devant les Chambres un projet donnant en quelque façon une liberté si périlleuse pour l'ordre établi. Le rapporteur du projet de loi, M. Peyrusse, ne parle aussi des réunions politiques ou électorales que pour rappeler tous les dangers de ces clubs vers lesquels elles doivent fatalement évoluer, et, au Corps législatif, M. Rouher manifeste les mêmes craintes (1). Rien ou à peu près rien n'était fait pour contenter les vœux politiques de cette opposition libérale qui était « consternée » (2) par le projet : la plupart de ses membres et M. Emile Ollivier ne votèrent pas la loi, mécontents d'une liberté qui, pour les matières politiques, était toujours soumise à l'autorisation préalable, sauf pendant la période de vingt jours précédant les élections (et seulement dans le cas d'élections législatives), où les réunions étaient encore soumises à la décision arbitraire des fonctionnaires de l'ordre administratif ou judiciaire dont le pouvoir allait jusqu'au droit de dissoudre la réunion électorale, si, par mesure préventive, elle n'avait pas déjà été ajournée ou interdite par les représentants du gouvernement, gardiens de l'ordre public.

C'est donc seulement au profit des réunions où seront discutées des questions économiques qu'une certaine liberté leur sera donnée ? Au cours de la discussion de

1. « Le ministre d'État n'ouvre la bouche que pour parler de guerre civile, de baïonnettes, de bataille des rues; ce n'est pas là le langage de la politique, c'est le langage de l'état de siège. » Jules Ferry. *Le Temps,* 17 mars 1868; cf. *Moniteur,* 16-18 mars 1868.

2. Cf. la critique du projet de loi par Jules Ferry. *Le Temps,* 20 février 1867.

la loi au Sénat, où le gouvernement rencontra une opposition assez vive, le ministre de l'Intérieur, M. Pinard, le 29 mai 1868 présente la loi comme la sanction de promesses antérieures. Il la justifie par la nécessité de ne pas opposer d'obstacle aux discussions où sont agitées sur les problèmes du salaire et du capital ou la possibilité pour l'ouvrier de devenir par la coopération son propre patron : arrivant par elle à la propriété du capital nécessaire à son industrie, le travailleur se trouvera attaché à la cause de la paix sociale.

Dans cette loi des 6-10 juin 1868, le principe de liberté de réunion est donc affirmé, exception faite pour celles « ayant pour objet de traiter des affaires politiques ou religieuses » (art. 1). Liberté étroitement réglementée, du reste, puisque les organisateurs sont astreints, trois jours francs avant la date fixée pour la réunion, à faire une déclaration signée de sept personnes domiciliées dans la commune et jouissant de leurs droits civils et politiques, indiquant le local où la réunion aura lieu ainsi que son objet spécial et déterminé (art. 2-3). Le bureau, rendu responsable de l'ordre et du respect de la loi (art. 4), est cependant laissé sans pouvoirs pour se faire obéir. Enfin l'autorité, représentée par un fonctionnaire de l'ordre administratif ou judiciaire, peut prononcer la dissolution de la réunion si elle devient tumultueuse ou si des questions non prévues dans la déclaration y sont traitées (art. 5-6). Malgré toutes ces précautions, la liberté concédée aux réunions publiques non politiques est réduite à néant par l'article 13 de la loi qu'il sera toujours loisible à l'administration d'invoquer et contre lequel les libéraux avaient inutilement protesté. Cet article 13 était jugé la « démolition de l'article 1ᵉʳ (1) ».

Mais en présence d'une liberté dont l'exercice est aussi soupçonneusement réglementé, il est intéressant de déterminer dans quelle mesure les ouvriers pourront profiter de cette loi qui était destinée, en principe, à leur donner toute faculté « de délibérer en dehors de la politique sur leurs intérêts industriels ou commerciaux ». Tous les problèmes d'économie politique et d'économie sociale auxquels ils désirent donner une solution meilleure pourront-ils être discutés librement dans ses réunions ? Oui, semble-t-il, si l'on ne considère que le paragraphe 2 de l'article 1ᵉʳ, astreignant seulement à l'autorisation préalable les réunions publiques qui ont pour objet « de traiter de matières politiques ou religieuses », ou si l'on se contente de constater que le Conseil d'État a supprimé du projet gouvernemental la défense de discuter des problèmes « d'économie sociale », parce que ces termes lui paraissaient trop compréhensifs. Au projet privant d'un régime de liberté les réunions où l'on s'occuperait d'économie sociale, le Conseil d'État avait objecté que c'était rendre impossible les réunions d'ouvriers ; qu'il n'y a pas de réunion d'ouvriers, ni à propos des coalitions, ni à propos des sociétés coopératives, dans laquelle on ne traite des questions d'économie sociale et notamment

---

1. Cf. Ameline. Commentaire de la loi 1868. *Revue pratique du droit français*, t. 25, p. 405.

la question des rapports du capital et du travail, du partage des bénéfices, etc. (1). A la Chambre, le ministre d'État insistait sur cette suppression car ces mots économie sociale auraient pu être interprétés de telle manière que toutes les questions économiques intéressant le salaire, la production, le travail de l'ouvrier, le travail manuel, la production par le patron « pourraient être considérées comme éliminées du droit de la discussion en réunion publique (2). »

Mais à côté de cette interprétation libérale de la loi on trouve des restrictions qui donnent au droit nouveau des limites imprécises. Dans le même discours où le ministre d'État venait de ranger les questions sociales dans le domaine de la discussion libre, il en écarte, comme ayant une portée politique, l'examen de « certaines doctrines qui sont pour ainsi dire communes à la politique et à l'économie sociale ». Le rapporteur, M. Peyrusse, avait fait la même distinction sans plus de précision : « L'attention de votre commission s'est portée sur ces expressions de matières politiques. Elle s'est demandé si elles comprenaient les questions sociales, telles que celles de la famille, de la propriété, de l'organisation du travail et autres, agitées à des époques récentes. On pourrait être tenté de soutenir que ces questions ne touchent point à l'ordre politique... Ce serait là une grave et dangereuse erreur qui rouvrirait l'arène au socialisme et à ces discussions qui, naguère, mettaient

1. *Ibid.*, p. 358.

2. M. Rouher, ministre d'Etat... Dalloz, 1868.4.75.

l'ordre social en péril. Dans notre pensée l'ordre politique embrasse l'organisation de la société tout entière, et les questions sociales rentrent par la nature
même des choses dans les questions politiques car les
gouvernements mandataires de la société sont institués
par elle pour sa protection et sa défense (1). »

Une loi ainsi comprise apportait-elle une liberté de
plus aux ouvriers ? Il ne semble pas. Les déclarations
des législateurs avaient restreint entre des limites si
peu nettes les catégories d'objets qui pouvaient être
librement traitées dans les réunions dispensées d'autorisation préalable, que l'administration aurait eu la
latitude de faire cesser la discussion de toutes les questions intéressant les ouvriers. Tous ceux qui avaient
énoncé les revendications ouvrières avaient justement
demandé la liberté de réunion, bien plus pour tenter
d'élucider par la discussion les problèmes des rapports
du capital et du travail, de l'organisation de l'industrie
et de la propriété, — que les orateurs gouvernementaux
venaient d'écarter ainsi du programme autorisé des
réunions éventuelles, — que pour se cantonner dans
la discussion d'intérêts strictement individuels ou strictement professionnels, dans les discussions relatives aux
salaires ou aux conditions du travail particuliers aux
ouvriers d'un seul patron ou même de toute une industrie. Les délégués de 1867, comme ceux de 1862 avaient
des visées plus hautes !

Aussi il est à noter que les ouvriers usèrent de cette

______

1. Rapport Peyrusse, § 2. Dalloz, 68.4.73.

liberté tronquée moins bruyamment que les agitateurs de tout ordre, ceux-ci annonçant une discussion économique anodine, dont le sujet se trouvait vite oublié sous les allusions et les déclamations emphatiques d'orateurs avides de popularité. Bien loin de produire les bons effets escomptés par le chroniqueur du *Journal des Économistes*, cette liberté de discussion, — qu'il avait définie spirituellement «un procédé d'enseignement mutuel et d'évaporation des idées saugrenues (1)», — et les réunions publiques furent un prétexte d'agitation politique, et il n'en sortit aucune organisation professionnelle, aucune combinaison améliorant le sort des ouvriers.

Faiblesse... ou politique (2), le Gouvernement essaya bien tard, la période électorale approchant, de restreindre l'usage abusif que l'on avait fait des réunions. Elles avaient jeté la crainte dans les milieux bourgeois,

1. *Journal des Économistes*, sept. 1868, p. 472.

2. M. Pinard, ministre de l'Intérieur en 1868, avoue dans son *Journal* que le Gouvernement a vu dans ces réunions un moyen de combattre l'indifférence politique des classes bourgeoises. « Les classes moyennes, écrivait-il, ont désiré des lois libérales : Elles les ont maintenant, il faut qu'elles en usent. Elles craignent la révolution : il faut qu'elles la combattent. L'immense majorité est conservatrice et timide quand il s'agit de se défendre : qu'elle apprenne ce nouveau métier. Nous lui garantissons la sécurité, mais nous ne pouvons pas tout faire. » T. I, p. 267.

« Effrayées par la violence des passions populaires, elles oublieraient leurs divisions, n'opposeraient plus le mot impérialiste à légitimiste, à orléaniste ou même à républicain, mais se grouperaient de façon à placer l'Empire au-dessus de toutes les fractions multiples et convier dès lors tous les conservateurs à le seconder dans sa grande mission d'arbitre de la paix sociale. » *Ibid.*, t. I, p. 268; Emile Ollivier, t. XII, p. 126-127.

dans les partis conservateurs de toutes nuances, effrayés d'avoir distingué dans le fatras de ces discours, combien les idées socialistes avaient conservé d'empire (1). Mais elles avaient aussi donné aux forces révolutionnaires plus de cohésion et même plus d'audace, car elles avaient permis aux chefs de compter leurs fidèles.

Si les ouvriers n'avaient obtenu ni cette entière liberté de réunion qu'ils avaient déclaré à maintes reprises indispensable à un développement utile de leurs organisations corporatives, ni le droit d'association qui eût donné à celles-ci une existence légale, les délégations de 1867 eurent au moins pour résultat de faire consacrer à nouveau, par des affirmations solennelles, la tolérance qui avait été accordée d'une manière générale par l'État à toutes les sociétés destinées à améliorer le sort des classes ouvrières.

Nous avons vu que les délégués de 1867 ont eu des chambres syndicales une conception à peu près analo-

1. « Depuis quinze ans, les classes de la société française ont vécu côte à côte, sans se parler, sans se pénétrer, sans se voir : maintenant elles ont de temps en temps les unes des autres de vagues nouvelles dont elles s'effraient. La bourgeoisie sent que, près d'elle, a grandi pendant le Second Empire une démocratie. Elle retrouve, quinze ans après le 2 décembre, ce suffrage universel qui lui avait tant déplu maître incontesté et si solidement établi qu'on serait fou de recommencer contre lui la guerre. Elle aperçoit le grand parti démocratique... Elle ignore ce qu'il pense, ce qu'il veut. Elle ne sait comment l'aborder. La peur la reprend ». Allain-Targé. *Le déficit 1852-1868*, 1868, p. 25. Pour les réunions publiques, Cf. de Molinari. *Le mouvement socialiste et les réunions publiques avant la Révolution du 4 septembre 1870* (Recueil d'articles parus dans le *Journal des Débats*).

gue à celle de la plupart des délégués de 1862. Mais ils se rallient en majorité aux syndicats composés seulement d'ouvriers. Ils ne croient pas à l'existence utile d'un syndicat mixte, dans lequel la présence de membres patrons nuirait à l'indépendance des ouvriers. Car il ne pourrait pas constituer pour ceux-ci l'organisation professionnelle capable de faire équilibre à la force économique des patrons, de façon à ce que les clauses du contrat de travail puissent être discutées par des puissances égales. Le syndicat ouvrier sera avant tout le centre corporatif qui contribuera au développement moral, intellectuel et professionnel de l'ouvrier (1). La force du syndicat ne consistera pas seulement dans le nombre de ses membres, mais elle se trouvera accrue par l'établissement d'une caisse de résistance qui lui permettra d'intervenir dans les litiges entre patrons et ouvriers pour faire accepter des transactions équitables entre les intérêts en conflit. Car les délégués ne renoncent pas à faire du syndicat l'instrument de l'émancipation ouvrière : s'il doit chercher à

1. « Les chambres syndicales, par les rapports constants qu'elles établiront entre les ouvriers de chaque profession, leur apprendront à se connaître, à s'apprécier et les prépareront ainsi à la pratique de la solidarité morale et matérielle. Elles leur permettront d'étudier sérieusement les moyens de constituer des assurances mutuelles contre la maladie, les infirmités, la vieillesse. C'est à cette école que les ouvriers apprendront à réorganiser le travail, à créer des sociétés coopératives de production, de consommation, de crédit... Les chambres syndicales auront une mission toute spéciale à remplir, préparer les hommes à l'association. » Circulaire adoptée par la Commission d'initiative nommée pour provoquer la formation de chambres syndicales. *Recueil des procès-verbaux*, t. II, p. 269.

éviter les grèves parce qu'elles sont également nuisibles aux deux partis antagonistes, il les dirigera quand elles auront pour but la défense des intérêts généraux de la profession. Le syndicat habituera les ouvriers à la pratique de la solidarité, les préparera à l'association (1). Les délégués constataient ainsi une évolution qui s'était produite déjà bien souvent : la Société de Prévoyance et de Solidarité de toutes les spécialités de la bijouterie (2), qui s'était constituée aussitôt après le succès de la grève de 1864 pour défendre les intérêts professionnels, n'avait pas tardé à donner la première place à la coopération parmi les moyens qui semblaient les plus pratiques pour améliorer la situation des ouvriers. Elle prépara la constitution d'une association de production et confia à la Société du Crédit au Travail une somme de 8.000 francs provenant des cotisations des adhérents. Dans la déconfiture de cette banque, en 1868, la société perdit presque tout son capital, mais ne renonça pas cependant à constituer des associations ouvrières.

1. *Id.*, t. II, p. 263. Tartaret. « Avant de s'associer complètement ne faut-il pas s'être habitué à la défense commune des intérêts. De la solidarité morale à l'association matérielle, il n'y a qu'un pas que les syndicats ouvriers peuvent seuls nous faire franchir. »

2. Office du travail. *Les associat. profes. ouvr.*, t. III, p. 25. La société de résistance des ferblantiers, tourneurs, repousseurs, donna naissance à une société de production, la société générale des ferblantiers réunis en 1866 et lui prêta même une partie de son capital. *Id.*, II, p. 191 et 193. L'association des ouvriers lithographes fut fondée en 1866 par 30 membres de leur société de résistance. *Id.*, I, p. 643. De même Jeanron, des tailleurs, à la 29ᵉ assemblée générale du Passage Raoul. *Recueil des procès-verbaux*, t. II, p. 242.

La loi de 1864, dont le premier effet fut d'augmenter le nombre de coalitions et de grèves, eut aussi pour résultat la multiplication de syndicats ouvriers, consistant le plus souvent en une association de résistance. Mais aucune dérogation n'ayant été apportée pour faciliter l'usage de la liberté de coalition aux articles 291 et suivants du Code pénal et à la loi du 10 avril 1834, c'est autour des sociétés de secours mutuels professionnelles ou des sociétés de production, bénéficiant les unes et les autres d'une tolérance croissante du pouvoir, que se créent ces sociétés de résistance. Nous voyons par exemple que la chambre syndicale des typographes a été établie par des statuts ajoutés en appendice à ceux de la société de secours mutuels typographiques parisienne. La chambre syndicale des ouvriers cordonniers se fonda dans les premiers jours de 1867 en prenant les apparences d'un bureau de placement autorisé. Dans la troisième assemblée générale des délégués du passage Raoul, Clément, des cordonniers, expose quelles difficultés on eut à surmonter pour vaincre l'indifférence des ouvriers et obtenir de l'autorité la permission d'établir un bureau de placement dans le local loué par la corporation. Les 600 membres nommèrent 15 puis 21 syndics (croyant ainsi éviter d'enfreindre la prohibition de l'article 291 du Code pénal) chargés d'administrer la chambre (légalisée à titre de bureau de placement) mais couvrant une société de résistance (1).

1. *Recueil des procès-verbaux*, t. I, p. 29; et Office du Travail. *Les Assoc. profess. ouvr.*, t. II, p. 23.

Mais ces sociétés ouvrières n'ont, malgré tout, aucune existence légale : les tribunaux condamnent fréquemment comme associations illicites les sociétés de résistance créées pour présenter des revendications collectives ou diriger une grève : le jugement de Saint-Étienne du 21 novembre 1865, confirmé par la Cour de Lyon, puis par la Cour de cassation le 22 février 1866, condamnait des membres du comité central de la Société Générale des maîtres et ouvriers veloutiers, fondée dans le but de forcer les patrons de Saint-Étienne à accepter un tarif nouveau, pour délit d'association et entrave à la liberté du travail (1).

Soucieux de faire œuvre durable et persuadés que cet état d'incertitude nuit à la création et au développement des chambres syndicales, car une tolérance précaire effraie les ouvriers, les délégués réclament le droit de s'associer. « On nous donne, dit le délégué Lazare Lévy à propos du procès des tailleurs, la liberté d'une main et on nous la retire de l'autre en effrayant le monde à plaisir. On dit que ces sociétés sont une nouvelle édition du socialisme de 1848... Le réquisitoire (contre la société des tailleurs) nous a plus frappés que le jugement, car il semble désigner l'association comme un désordre social et le triomphe des idées révolutionnaires... Nous devons chercher un abri dans la loi (1). » Le délégué Tartaret déclare aussi la tolérance « dangereuse » ; « Il faut, dit-il encore, que le droit la remplace pour arriver à une réorganisation

1. Off. du Travail. *Les Ass. profess. ouvr.*, II, p. 350.

sérieuse (des chambres syndicales), pour organiser la résistance légale (1) ».

Mais le gouvernement se montra bien décidé à ne pas créer une situation légale particulière aux chambres syndicales. Si le président de la Commission d'encouragement, M. Devinck, semble entièrement favorable à la création d'organisations professionnelles ouvrières analogues à celles que les patrons ont formées, jouissant d'une grande liberté d'action et capables, par la conciliation, de rendre moins fréquentes les grèves, le ministre du Commerce, dans le rapport qu'il adressa à l'Empereur sur sa demande (et qui fut publié par le *Moniteur* avec la mention : « Approuvé. Napoléon (3) »), affirme de la manière la plus formelle que le gouvernement est résolu à ne faire aucune concession nouvelle en faveur des associations ouvrières, à s'en tenir à la tolérance : « Les vœux exprimés par les délégués au sujet des chambres syndicales ont reçu dans ces derniers temps la satisfaction que comporte l'état de la législation, et les règles appliquées aux syndicats de patrons ont été, à la suite de l'Exposition universelle, étendues aux syndicats. » Le ministre insiste sur la situation illégale des chambres syndicales autres que celles qui ont pour fonction de régler l'exercice de certaines professions spéciales. Ce ne sont que des considérations de justice qui ont fait étendre la tolérance dont jouissaient les associations patronales aux cham-

1. *Recueil des procès-verbaux*, I, p. 101-102.

2. *Id.*, t. I. p. 31.

3. *Moniteur*, 31 mars 1868.

bres syndicales ouvrières que l'on a laissées se constituer. Le pouvoir ne veut pas créer un droit spécial pour ces groupements? il veut les ignorer. « L'administration n'aura pas à intervenir dans la formation des chambres syndicales. Elle ne serait amenée à les interdire que si, contrairement au principe posé par l'Assemblée constituante dans la loi du 17 juin 1791, les chambres syndicales venaient porter atteinte à la liberté du commerce ou de l'industrie, ou si elles s'éloignaient de leur but pour devenir à un moment quelconque des réunions politiques non autorisées par la loi. Mais les ouvriers seront les premiers à comprendre que leur intérêt même est engagé à maintenir le caractère purement professionnel dans leurs réunions ».

Cette tolérance ne modifiait en rien la situation légale des chambres syndicales. « En principe ces sociétés paraissent prohibées par la loi », lit-on dans le Répertoire Dalloz publié en 1869. Un arrêt du Conseil d'État relatif à une chambre syndicale de patrons prouve que, malgré toute la tolérance, la prohibition des groupements professionnels demeure la règle. Le 20 février 1868 le Conseil d'État refusait d'annuler pour excès de pouvoirs un arrêté du préfet de police, confirmé le 11 février 1868 par le ministre du Commerce, qui avait « fait défense aux membres du syndicat des bouchers de se réunir en quelque lieu que ce soit en leur prétendue qualité de syndics, de procéder à ce titre à aucun acte ou délibération et de publier aucun règlement sur leurs intérêts communs ». Syndicat composé de moins de 20 membres et « dont les délibérations ne pouvaient dans aucun cas être obligatoires pour les bouchers de Paris » (page 197). Les arrêtés du préfet de police et du ministre étaient basés sur ce que le commerce de boucherie, étant rentré par le décret du 24 février 1858 dans le droit commun, ne peut plus être représenté par aucun syndicat par application de dispositions de la loi des 14-17 juillet 1791 (1).

Mais à défaut d'une reconnaissance légale de l'organisation des ouvriers en chambres syndicales, les délégués allaient profiter de la tolérance qui leur avait été si formellement promise ; tolérance complète puisquelle ne devait cesser que « si les chambres syndicales venaient à porter atteinte à la liberté du commerce et de l'industrie, ou si elles s'éloignaient de leur but pour devenir à un degré quelconque des réunions politiques non autorisées par la loi (2) ».

Dans la séance du 1er mars 1868, les délégués réunis au passage Raoul nomment une commission d'initiative pour provoquer la formation de chambres syndicales. Dans la circulaire qu'elle fit répandre dans les ateliers, cette commission marque le désir de maintenir les organisations syndicales dans les limites indiquées par le ministre : « Il est bien établi que les syndicats ouvriers ne sont pas un retour vers le passé et qu'ils ne sont point une réminiscence des anciennes corporations et jurandes, qu'ils doivent avoir une autorité purement morale et une mission toute conciliatrice, que chaque

1. *Recueil des arrêts du Conseil d'État*, 1868, p. 193 et suiv.
2. Rapport Forcade, *Moniteur*, 31 mars 1868.

profession a la liberté d'en créer ou de n'en pas créer, tout ouvrier d'en faire ou non partie (1). »

Sous l'influence des délégués du passage Raoul de nombreuses chambres syndicales furent créées (2) : pour bénéficier de la tolérance, elles soumettent les actes de leur existence à une espèce de contrôle administratif, dépôt des statuts, des noms de leurs administrateurs, des ordres de jour de leurs réunions où l'autorité pouvait se faire représenter (3). Modérées à l'origine, limitant leur action à la défense des intérêts professionnels, elles furent même souvent bien vues des patrons (4).

Mais la tendance qu'avaient à s'unir entre eux les syndicats représentant les diverses branches d'une même profession et l'influence croissante de l'Internationale qui insistait, au Congrès de Bruxelles, en 1868, sur la nécessité d'une union intime des prolétaires de toutes professions et de tous pays, aboutirent à un projet de fédération (5), proposé le 3 mars 1869 aux délégués

1. *Recueil des procès-verbaux*, t. II, p. 269.

2. Cf. H. Lagardelle. *L'évolution des syndicats ouvriers en France*, p. 208 et suivantes.

3. Office du Travail. *Les Assoc. Profes. ouvr.*, t. I, p. 47.

4. Cf. Répertoire Dalloz. Ouvr., § 175. Extrait du discours de M. Allain à l'Assemblée du syndicat l'Union Générale en 1869.—Sous l'influence de M. Havard, un patron qui avait souvent pris part aux discussions du passage Raoul, les fabricants de papiers peints créèrent une commission arbitrale mixte composée de membres de syndicats patrons et ouvriers.

5. « Considérant qu'en présence de l'entente qui s'établit entre les possesseurs du capital pour neutraliser l'effort des travailleurs, il est

ouvriers qui continuaient à tenir leurs assises. Au mois de décembre une fédération des sociétés ouvrières fut fondée. Elle engloba la plupart des chambres syndicales qu'elle soumit à la discipline de l'Internationale, et détourna leur action au profit des luttes politiques.

du devoir de ceux-ci de se grouper, les ouvriers en bronze proposent aux sociétés ouvrières l'adoption des clauses suivantes : Art. 1ᵉʳ. Le pacte fédératif a pour objet la recherche et la mise en œuvre des moyens reconnus justes par les travailleurs de toutes les professions pour les rendre maîtres de leur outillage et de les créditer afin qu'ils puissent se soustraire à l'arbitraire du patronat et aux exigences du capital ; pour déterminer la valeur des produits de chaque industrie afin de faciliter l'échange ; pour faire connaître à titre de renseignements par des statistiques, basées sur les conditions d'équilibre des diverses spécialités, le nombre d'apprentis que chacune d'elles peut produire ; pour étudier enfin toutes les questions intéressant le travail... Art. 3. La fédération a également pour but d'assurer à chacune des sociétés adhérentes dans le cas de grève l'appui moral et matériel des autres groupes au moyen de prélèvements faits sous la responsabilité des sociétés emprunteuses. » Extrait du Projet général de Fédération proposé par les ouvriers du bronze. Cf. Mᶩᶩᵉ Kritsky. *L'évolution du syndicalisme*, p. 85.

CHAPITRE VI

Quoique limitées au domaine des faits économiques par crainte de voir les libertés de réunion et d'association favoriser le mouvement d'opposition à l'Empire, l'application de la loi du 10 juin 1868 et l'exécution de la promesse de tolérer la création de syndicats professionnels ouvriers donnaient aux principaux vœux des délégués un commencement de satisfaction. Nous avons vu avec quelle prudence le gouvernement avait tenu compte des craintes des partis conservateurs pour restreindre l'usage des libertés nouvelles. Au contraire, sans vouloir s'arrêter à leurs protestations, l'Empire va s'efforcer de réaliser la plupart des autres vœux des délégués ouvriers. C'est que les réformes en faveur desquelles les délégués invoquaient l'égalité entre patrons et ouvriers, la justice, l'apaisement des relations économiques et l'avenir de la nation, ne risquaient plus de mettre directement en péril l'ordre politique. Et les mécontentements que l'abrogation de l'article 1781 ou une nouvelle réglementation des conseils de prud'hommes, pourraient faire naître dans le parti conservateur, dont les intérêts sont déjà liés à l'ordre établi, importent moins à l'Empereur que la gratitude des masses ouvrières.

Conformément à un des vœux qui avaient été exprimés avec le plus de force par les délégués, la loi du 2-10 août 1868 abrogea l'article 1781 du Code civil (1).

Depuis l'Exposition de Londres, les représentants des ouvriers n'avaient pas cessé d'en demander la suppression.

Le Sénat n'avait pas voulu prendre en considération une série de pétitions qui lui avaient été adressées. En 1863, une pétition signée par des conseillers prud'hommes ouvriers (parmi lesquels Dargent, Baraguet, Wanschooten, qui avaient participé à l'organisation des délégations de 1862), demandait entre autres réformes l'abrogation de cet article 1781 qui établissait contre l'ouvrier « une présomption légale d'improbité », qui créait « entre le maître et l'ouvrier une distinction choquante et engendrait des abus regrettables ». Ils jugeaient ces articles « en contradiction avec la base de nos institutions ». M. Forcade de La Roquette, qui était rapporteur de cette pétition (2), nia cette inégalité dont se plaignaient les ouvriers, en faisant remarquer que, bien au contraire, « leurs salaires ont été l'objet d'une attention spéciale du législateur, les articles 2101 du Code civil et 549 du Code de commerce attribuant à ces créances si dignes d'intérêt un privilège sur les autres créanciers ». Et le rapporteur représente l'article 1781 comme la juste contre-partie

1. Article 1781. — Le maître est cru sur son affirmation : pour la quotité des gages, pour le paiement du salaire de l'année échue, et pour les acomptes donnés pour l'année courante.

2. *Moniteur*, 19 février 1863.

de « ce contrat de confiance qui ouvre aux serviteurs et à l'ouvrier les portes de la maison du maître ». Le Sénat passa à l'ordre du jour sur cette pétition, sans discussion, comme il fit encore en 1865 à propos d'une nouvelle demande. En 1867 le Sénat reçut de nouvelles protestations émanant d'ouvriers typographes : plus de 2.700 avaient signé la pétition. Pour eux l'article 1781 était « un obstacle au rapprochement sympathique des diverses classes » et froissait l'honneur des ouvriers. Mais le rapporteur, M. Lefèvre-Duruflé, d'accord avec le Sénat opposa à la demande des ouvriers la nécessité d'une hiérarchie (1) et conclut au rejet de la pétition.

Les délégués de 1867 protestèrent souvent dans les rapports (2) ou dans leurs réunions contre cette espèce d' « infériorité morale dont la loi semble vouloir frapper les travailleurs », et demandèrent la suppression de ces dispositions particulières « contraires aux principes les plus légitimes de l'égalité et du suffrage universel (3) ». Dans l'entrevue que les délégués eurent avec le ministre du Commerce, qui avait repoussé comme rapporteur la pétition adressée au Sénat en 1863, le secrétaire de la commission ouvrière Tartaret trouva des arguments piquants contre cet article 1781 (4).

Le gouvernement céda à ces demandes. M. Devinck

1. *Mon.*, 22 mai 1867, p. 609. Voir une protestation contre le rapport Lefèvre-Duruflé, dans le *Journal des Econ.*, septembre 1867, p. 418.

2. Rapport... t. I. Fondeurs en cuivre, p. 16, ébénistes, p. 39, etc

3. *Recueil des procès-verbaux*, t. I, p. 294.

4. *Recueil...* t. I, p. 157 et suivantes.

dans son rapport sur les vœux des ouvriers (1), s'efforça de démontrer que le juge, lié par l'article 1781, se trouvait condamné non à juger, mais à enregistrer une affirmation patronale. Le ministre, renversant ses propres conclusions de 1863, tout en reconnaissant l'utilité ancienne de cette inégalité instituée par le Code, en propose la suppression comme « contraire à l'état actuel des idées et des mœurs », « les progrès du commerce et de l'industrie, ainsi que le développement de l'instruction publique, ayant beaucoup élevé depuis soixante ans le niveau moral et intellectuel de tous ceux qui, dans leur travail professionnel, demandent au salaire des moyens honorables d'existence (2) ».

La conviction de l'inutilité et de l'injustice de l'article 1781, qui s'était si subitement fait jour dans l'esprit du gouvernement, ne doit pas être considérée comme la véritable cause du projet de loi déposé le 11 juin 1868. Il semble plutôt que l'on doive croire, avec M. Glasson, que ce revirement a été « inspiré par des préoccupations purement politiques (3) ». Le gouvernement se hâte, en effet, de supprimer un article du Code qui, de l'aveu même des ouvriers, ne leur cause point un dommage matériel appréciable, et dont les tribunaux s'attachent à restreindre le plus possible l'application (4), alors que dans la grande enquête

1. Rapport... 9 mars, *Moniteur*, 31 mars 1868.

2. Rapport... 30 mars. *Moniteur*, 31 mars 1868.

3. Glasson. *Le Code civil et la question ouvrière*, p 17 et suivantes.

4. Dalloz. Répertoire. Ouvrier, § 5.

agricole une voix seulement s'est élevée pour en demander l'abrogation (1). Mais il était utile au gouvernement, à l'approche des élections législatives, de paraître agir d'accord avec les élus des ateliers parisiens et de leur donner au moins sur un point une satisfaction complète : le Corps législatif vota la loi à l'unanimité sans discussion ; au Sénat elle ne rencontra que trois opposants.

Si l'Empire s'est montré assez peu désireux d'accorder aux ouvriers les libertés de réunion et d'association, dont ils voulaient faire usage pour défendre leurs intérêts et améliorer par eux-mêmes leur condition, il va mettre conformément à la tradition autoritaire beaucoup plus d'empressement à accomplir les réformes dont l'application nécessitera une intervention constante, directe, du pouvoir ou une réglementation étroite.

Depuis 1864 le gouvernement n'avait à aucun moment abandonné cette politique qui consistait à s'attacher les classes ouvrières par la satisfaction immédiate de quelques besoins matériels ou par des manifestations, quelquefois un peu bruyantes, de charité ou d'intérêt, à ne laisser jamais aux partis d'opposition toute l'initiative d'une réforme, d'une enquête portant sur l'état des travailleurs, En 1865 le journal républicain *L'Avenir National* ayant ouvert une enquête ouvrière,

1. Voir, annexée au rapport, la vive protestation d'un des membres de la commission contre l'abrogation de cet article. Dalloz, 1868.4. 120.

l'officieux *Pays* (1) l'imite et prête ses colonnes à Bazin,
ancien rédacteur des premières brochures ouvrières,
qui conseille aux ouvriers d'attendre l'amélioration de
leur sort plutôt de l'initiative de l'Empereur que de
l'opposition parlementaire cantonnée dans les discussions politiques. Nous avons déjà vu les efforts du gouvernement pour prendre la direction des associations
des coopératives de crédit et de construction. A l'Exposition de 1867 un groupe d'ouvriers représentés par
Chabaud, que nous avons déjà vu comme intermédiaire
entre le Palais-Royal et les ouvriers, exposait dans le
groupe d'économie sociale une maison pour plusieurs
ménages construite, ainsi que l'annonçait un écriteau,
avec des fonds offerts par l'Empereur et exécutée sur ses
plans. Une Société Nationale pour l'Extinction du Paupérisme essayait à la même époque de se solidariser
avec l'Internationale ; mais elle n'aboutit qu'à un échec,
pour s'être trop bruyamment vantée du patronage de
Napoléon III (2). En 1868, au moment où les partis commençaient à se préoccuper du renouvellement du Corps
législatif, les bonapartistes multiplient leurs protestations d'intérêt pour les besoins des classes ouvrières (3),
afin de tirer parti des dissidences qui ont troublé
l'opposition aux élections de 1864 : les journaux gouver-

1. 30 mai 1865

2. Fribourg. *L'Association Internationale des Travailleurs*, p. 87.
Le Temps, 10 avril 1867 ; *Journal des Économistes*, avril 1867, p. 158.

3. « Une ardeur de réformes extraordinaires agite les réunions officielles, et l'excursion libérale commence à prendre peu à peu les allures d'une course au clocher. Les journaux officieux nous annoncent
surprises sur surprises... » J. Ferry. *Le Temps*, 7 février 1867.

nementaux *l'Époque* et *l'Étendard* sont remplis de promesses de réformes. Ils glorifient la démocratie couronnée d'avoir permis aux délégués ouvriers à l'exposition universelle de 1867 de discuter les questions qui les intéressaient et annoncent que « l'Union dynastique accueillera avec les plus vives sympathies les candidatures ouvrières que l'Union libérale a écartées avec dédain (1) ».

Pour rendre moins incertain l'avenir de l'ouvrier et le mettre à l'abri de certains risques naturels et professionnels, la plupart des rapports de 1867 comptaient seulement sur l'organisation de mutualités professionnelles libres plus ou moins indépendantes des chambres syndicales. Une très petite minorité de délégués avait manqué de confiance dans les efforts autonomes des ouvriers pour arriver à cette fin, et avait manifesté l'espoir qu'une institution d'État viendrait assurer des ressources, le cas échéant, aux invalides du travail (2).

1. *Recueil de procès-verbaux*, 2, p. 14. Reproduction d'un article de Vermorel.

2. « Notre proposition consiste en ce que le gouvernement déclare d'utilité publique la fondation d'une société de retraite pour les invalides civils... Cette association aurait l'avantage de pouvoir fonctionner immédiatement et de conserver la dignité de chacun en lui procurant le droit, dès l'âge révolu pour sa retraite, d'être continuellement alimenté par une génération nouvelle ; en un mot, elle serait la mutualité la plus largement organisée et formerait pour les travailleurs une seule et même famille ». Tourneurs sur bois, t. III, p. 32 ; toile cirée, t. III, p. 13 ; charpentiers, t. I, p. 14 ; ébénistes, t. I, p. 43.

Un projet du 8 juillet 1867 qui avait pour but de réaliser l'institution dont l'Empereur avait marqué les grandes lignes dans une lettre du 28 juillet 1866 au ministre d'État (1), — le développement des institutions de Vincennes et du Vésinet, — voté à l'unanimité par le Corps législatif, et ne rencontrant au Sénat qu'une opposition négligeable, devint la loi des 11-12 juillet 1868.

Cette loi créait deux caisses d'assurances, l'une en cas de décès, l'autre en cas d'accidents résultant des travaux agricoles ou industriels. La loi avait pour but de garantir au décès de chaque assuré, à ses ayants droit, une somme déterminée au plus égale à 3.000 francs, ou, en cas d'accident entraînant une incapacité permanente de travail ou la mort, de servir une pension à l'assuré ou des secours à la veuve et aux orphelins mineurs. Une telle création par l'État aux dires du rapporteur, était d'autant plus nécessaire que les sociétés privées ne recherchent pas les petites assurances.

Ces caisses devaient être alimentées par les primes payées par les assurés, les sociétés de secours mutuels ou les compagnies industrielles, et bénéficieraient d'un intérêt de 4 °/₀ consenti pour les sommes déposées dans les caisses de l'État. La deuxième caisse d'assurances devait être alimentée, en plus des versements effectués par les assurés, par une retenue obligatoire de 1 °/₀ sur le prix des adjudications de travaux publics.

Bien que l'opportunité d'une loi destinée à mettre à l'abri de la misère les ouvriers blessés, ou à donner

---

1. Cf. *Revue pratique de droit français*, 1868, t. 26.

des secours aux veuves ou aux orphelins soit évidente, on peut se demander si le Gouvernement a vraiment cherché à faire une œuvre pratique, une œuvre utile. Car la lecture des rapports qui ont préparé la création des caisses d'assurances et la discussion au Sénat, font ressortir de telles lacunes dans l'étude du projet, qu'il serait juste d'attribuer encore au pouvoir le désir de prouver aux ouvriers ses bonnes intentions, bien plutôt que le souci d'atténuer leurs misères. Comme le faisait remarquer un des directeurs du *Journal des Économistes* (1), la loi laisse à l'écart le côté réel et fréquent de l'accident professionnel, le chômage temporaire occasionné par des blessures, pour s'arrêter au côté dramatique, mort ou incapacité totale, permanente, de travail, et cela est peut-être la cause de son complet insuccès pratique. Mais surtout elle apparaît comme un appât tendu à la reconnaissance des travailleurs quand on remarque que le rédacteur de l'exposé des motifs comme le rapporteur, constatent tous deux qu'ils s'efforcent de créer une institution analogue à la caisse fondée en Angleterre sans aucun succès par le Bill du 14 juillet 1864 (2) ; — quand on relève l'aveu fait par tous les orateurs que, pour créer ces deux caisses d'assurances, le gouvernement engage sa responsabilité pécunière et morale sans table précise de mortalité (3), sans aucune statistique sérieuse des accidents indus-

1. Article J. Clément. *Journal des Économistes*, janvier 1870, p. 91 et suiv.

2. Cf. Exposé des motifs, § 3, Dalloz, 68.4.92.

3. Exposé des motis, § 4, D., 68.4.94 ; rapport, § 1, *ibid.*, p. 95.

riels ayant occasionné la mort ou une incapacité permanente de travail (1).

Si les délégués avaient vu dans l'organisation syndicale le moyen d'améliorer le sort des travailleurs, ils
s'étaient aussi rendu compte qu'ils n'y arriveraient que
lentement, par des conquêtes progressives. De là résulte
que les partisans les plus déterminés de l'abstention du
pouvoir, ont fait appel à la loi quand il s'est agi de
porter remède à des souffrances immédiates, ou de modifier certaines réglementations qui ne leur paraissaient
pas équitables. Dans son rapport à l'Empereur sur les
vœux émis par les délégués ouvriers, le ministre du
Commerce annonce que la loi sur l'enseignement primaire ayant déjà réalisé un de leurs désirs, d'autres
projets sont en préparation sur la plupart des points
signalés dans l'entrevue de janvier : « Plusieurs des
questions indiquées dans les rapports des délégués
étaient déjà à l'étude et recevront une solution prochaine. Je citerai notamment les dispositions relatives
à l'enseignement technique et aux cours professionnels
qui sont compris dans un projet de loi soumis en ce
moment au Corps législatif.

« Le Conseil d'État est saisi également de l'examen des
diverses modifications opposées à la loi de 1841, sur le
travail des enfants dans les manufactures et ces modifications régissent sur la loi relative à l'apprentissage. »

Mais les dernières années de l'Empire sont remplies

—————

1. Exposé des motifs, § 5, D., 68.4.94 ; raport, § 5, *ibid.*, pp. 97.

par les discussions politiques, par les hésitations du pouvoir n'osant ni revenir sur les promesses faites, ou réduire les réformes libérales déjà accordées, ni adopter délibérément le régime parlementaire, par les appels à la révolution des partis socialistes et républicains, par les inquiétudes pour le maintien de la paix.

L'Empereur sent la masse des électeurs lui échapper. Les uns « en voulaient au pouvoir personnel de se perpétuer alors qu'il n'avait plus la force de s'imposer ni l'autorité d'inspirer confiance (1) ». Les ouvriers, mieux organisés, groupés autour des fédérations et guidés par l'Internationale, se croient capables d'accomplir par eux-mêmes leur affranchissement économique et se joignent aux opposants pour exiger plus de liberté politique. Ce sont eux que l'Empire cherche à ressaisir. Il hésite à retirer les réformes libérales qui ont facilité les polémiques des individus ou des journaux, indépendants ou hostiles, « qui ont créé dans un certain milieu une agitation factice et fait reparaître des idées et des passions que l'on croyait éteintes (2) ». Il craint l'usage des libertés politiques accrues. Essaiera-t-il par de nouvelles concessions particulières aux travailleurs des villes qui lui deviennent de plus en plus hostiles, de s'assurer encore leurs suffrages ? C'est maintenant une chose difficile : « Le Second Empire, écri-

1. Cf. E. Ollivier, *op. cit.*, t. XI, p. 9 et s.

2. Discours de l'Empereur à l'ouverture de la session législative de 1869. A la fin de l'année 1868, les journaux bonapartistes, *le Gaulois, l'Étendard, le Pays,* annonçaient la découverte d'un complot et le retrait des concessions libérales.

vait Allain-Targé (1), a donné à la démocratie tout ce qu'un gouvernement fort peut lui livrer de ses privilèges. De tout ce qu'il a pu prodiguer aux classes inférieures, comme on a dit quelque part, de satisfactions matérielles, de bien-être matériel, il a fait largesse. Que peut-il donc abandonner encore? Beaucoup moins et aussi beaucoup plus... l'égalité politique et la liberté. »

Aussi la question qui domine toutes les autres, est la question politique. Les partis ouvriers se mêlent à cette lutte, et les revendications économiques passent au second plan.

Aucune des réformes sociales annoncées ne put être menée à bonne fin et l'Empire ne laissa que des travaux préparatoires ou des projets de loi sur les points de la réglementation du travail où les délégués avaient montré la nécessité d'une législation nouvelle.

Conformément au désir si souvent exprimé par les représentants élus des ouvriers (2), par des économistes libéraux (3) et par plusieurs pétitions adressées au Sénat (4), un projet fut soumis au Conseil d'État pour abroger la législation imposant aux ouvriers l'obligation du livret. L'Empereur ne jugeait pas inutile d'appuyer lui-même cette réforme, dans une assemblée

1. Allain-Targé. *Le déficit 1852-1868*, p. 25 et 26, 1868.
2. Cf. *Recueil...* t. II. Entrevue avec le ministre, et *Mémoires*, p. 179. T. I, p. 59. Rapports... Carrossiers, 4, ébénistes, 391.
3. Cf. *Journal des Écon.*, août 1867, p. 243.
4. 19 fév. 1863, 30 mai 1865, 21 mai 1867.

générale du Conseil d'État, le 21 mars 1869 (1). L'enquête écrite qui avait été faite auprès des corps constitués, chambres et tribunaux de commerce, avait été généralement défavorable à l'abrogation de l'obligation au livret telle qu'elle avait été établie par la loi de 1854 (2). Au contraire l'enquête orale (3), où avaient été entendus des publicistes, des patrons, et des ouvriers, avait eu pour résultat de montrer que la loi était restée généralement inappliquée : les patrons, méconnaissant depuis qu'ils ont été réduits les avantages que leur laisse l'obligation du livret, cherchent à éviter les formalités que la loi leur impose ; les ouvriers désirent se soustraire à une réglementation qui les froisse et diminue leur liberté. Le projet de loi abrogeait toutes les dispositions relatives au livret (4), et soumettait le contrat de louage d'ouvrage aux règles du droit commun, sans déroger pour le travail des enfants aux prescriptions de la loi du 21 mars 1841. Mais il n'arriva pas à l'ordre du jour du Corps législatif.

Beaucoup de rapports avaient signalé l'inobservation de la réglementation de la durée de travail des ouvriers ; pas plus que la loi de 1848 concernant les ouvriers adultes, la loi de 1841 relative aux enfants n'était

1. Cf. *Journal officiel*, 24 mars 1869, p. 403, col. 3, et *Journal des Écon.*, avril 1869, p. 168.

2. Cf. Levasseur. *Histoire des classes ouvrières*, t. II, p.

3. Enquête sur les Conseils de prud'hommes et les livrets. Cf. Gomel. *Journal des Écon.*, nov. 1882, p. 225.

4. Mais non les dispositions particulières aux livrets d'acquit de la fabrique de Lyon (L. 18 mars 1806) avec livrets de compte.

appliquée. La durée excessive du travail était, aux dires des délégués, la cause de l'ignorance des travailleurs ; elle ne leur laissait pas les moyens de se développer, et en abusant des forces humaines l'industrie hâtait la décadenee de la race.

Quelques délégués s'étaient montrés partisans de l'intervention du pouvoir pour faire observer les lois, ou avaient demandé de réglementer à nouveau la durée du travail (1). Si au Congrès de Genève en 1866, les délégués anglais de l'Internationale n'avaient pu faire admettre par leurs collègues français le principe d'une déclaration en faveur de la limitation légale de la journée de travail (limitation qui paraissait à certains contraire à la liberté des contractants) (2), une résolution dans le même sens fut prise à l'unanimité au Congrès de Bruxelles en 1868 : « Considérant... que la limitation légale des heures de travail est une condition préliminaire indispensable pour toutes les améliorations sociales ultérieures... le Congrès est d'avis que l'époque est arrivée de donner un effet pratique à cette résolution, et qu'il est du devoir de toutes les

---

1. Les doreurs sur bois demandent la fixation uniforme de la durée du travail. Rapports... t. I, p. 8. Mais la majorité des délégués ne demandait nullement pour cela l'intervention de l'État. D'après le mémoire adressé au ministre du Commerce à la suite de l'entrevue de janvier 1868, ils désirent « arriver par une réglementation librement consentie par tous, à limiter la durée du travail journalier, afin de permettre à tous les ouvriers intelligents de pouvoir profiter de l'enseignement primaire et supérieur, et surtout de l'enseignement mutuel et professionnel ». Recueil... T. II, p. 176.

2. Fribourg... *op. cit.*, p. 68.

sections dans tous les pays, d'agiter cette question partout où l'Association Internationale des Travailleurs
sera établie (1). »

Le gouvernement du Second Empire ne s'était pas
montré jusqu'alors très favorable à une législation limitant la durée de travail des adultes. Malgré diverses
pétitions qui avaient signalé l'inobservation constante
de la loi du 9 septembre 1848, le pouvoir n'était intervenu que pour permettre aux industriels de la soie,
par le décret du 31 janvier 1866, d'allonger d'une heure
par jour, pendant soixante jours par an, la journée de
travail (2). En 1867 et 1868, des pétitions signalent encore de nouvelles violations de la loi. Mais le gouvernement n'intervient pas pour la faire respecter.

Le principe d'une limitation légale de la journée du
travail des adultes étant repoussé au nom du respect
dû à liberté des contractants qui sont majeurs et libres de disposer d'eux-mêmes, ce même argument ne
pouvait être appliqué aux mineurs. Souvent déjà l'inobservation de la loi de 1841 avait soulevé des protestations. Une Société de Protection des apprentis et des
enfants des manufactures, autorisée par un décret du
6 décembre 1866 et par un arrêté du préfet de police
du 6 janvier 1867, s'efforçait vainement de faire respecter les réglementations de l'apprentissage et du
travail des enfants (3). Jules Simon au Corps législa-

1. Troisième résolution.

2. Cf. Thèse Rist. *La journée de travail de l'ouvrier adulte en France
et sa limitation par la loi*, 1898, p. 78-84.

3. Cf. Jules Perrin. *Le travail des enfants*, 1870.

tif, en 1864 (1), avait essayé de secouer l'indifférence officielle ; au Sénat, quelques mois plus tard, une pétition de l'abbé Houbaine amena cette observation du rapporteur, M. Dumas : « La loi de 1841 aurait besoin pour recevoir une sincère exécution, qu'une surveillance sérieuse fût organisée. Il peut être opportun de donner satisfaction aux intérêts de l'humanité, d'assurer obéissance à la loi, et aussi de protéger les industriels qui la respectent contre les concurrences à outrance de ceux qui ne la respectent pas. » Il termina en émettant le vœu « que l'inspection générale des manufactures que la France possédait autrefois et que l'Angleterre lui a empruntée, soit rétablie ». A la suite de ce rapport, sur la proposition de M. Dupin, qui avait été le rapporteur de la loi de 1841 et du projet de modification arrêté par la révolution de Février, le renvoi de la pétition et du rapport au gouvernement est ordonné (2). Pendant la discussion de la loi sur l'enseignement primaire, le cardinal de Bonnechose dit ses regrets de l'inobservation de certaines lois « qui arracheraient à leur perte beaucoup de malheureux enfants que nous voyons périr victimes d'un travail abusif ». M. Dupin qui lui succéda insistait sur la nécessité d'une inspection organisée et sur la situation défavorable que la concurrence fait aux industriels respectueux de la loi (3). Dans la séance du 12 juillet 1866, le Sénat, sur le rap-

1. *Mon.*, 1864, p. 97, col. 4, au cours de la discussion de l'adresse.
2. 1er juin 1864, p. 801, col. 5.
3. *Mon.*, 30 mars 1867, p. 384, col. 4.

port de M. Lebrun, renvoyait encore au ministre une autre pétition demandant une réglementation du travail des enfants.

Et cependant le gouvernement impérial s'était moins complètement désintéressé de l'application de la réglementation du travail des enfants, que du respect de la loi limitant le travail des adultes.

S'il n'essaya pas de reprendre les travaux de la Chambre des Pairs, interrompus par la Révolution de Février, nous avons déjà eu à signaler (p. 140) des essais d'enquêtes et les efforts faits par les autorités locales de certaines régions pour faire observer la loi de 1841. Mais aucun projet de loi n'arriva au Corps législatif. C'est seulement en 1867 que le ministre Forcade de la Roquette annonce l'intention du gouvernement de créer une inspection moins pour faire respecter la loi de 1841, que pour la compléter (1). Cependant une enquête avait été faite auprès des Conseils géné-

1. Dans sa réponse au cardinal de Bonnechose et à M. Dupin, M. Forcade de la Roquette, ministre du Commerce, déclarait : « Le gouvernement a proposé à diverses reprises au Conseil d'Etat l'établissement d'une inspection salariée. Des discussions importantes se sont élevées à ce sujet. L'inspection salariée par le gouvernement a paru avoir certains inconvénients. On a considéré qu'elle pourrait exciter certaines suceptibilités... les propositions dont le gouvernement avait pris l'initiative ont été écartées après cette première épreuve des discussions. » M. Béhic aurait soumis au Conseil d'Etat un projet sur l'enseignement technique, comprenant des modifications à la loi de 1841, mais le C. d'Etat avait demandé la séparation en deux projets. *Mon.*, 30 mars, p. 384, col. 7.

raux (1) et des Chambres consultatives des Arts et Manufactures et des Chambres de Commerce. En 1868, à la
suite d'une discussion d'une pétition où les rapporteurs,
M. Michel Chevallier et le baron Dupin, avaient encore
défendu le principe d'une inspection générale salariée
et la nécessité d'une loi pour l'organiser, le Commissaire du gouvernement annonça que la promesse faite
l'année précédente au Sénat par M. de Forcade avait
été suivie d'exécution : un projet de loi était transmis
au Conseil d'Etat (2). Mais en attendant l'élaboration
de la loi, comme mesure provisoire, un décret du
7 décembre 1868, tardive exécution de l'article 10 de
la loi de 1841, était destiné à « assurer un service d'inspection qui puisse concourir aux études et aux travaux
nécessaires pour la préparation et la bonne application de la loi à venir ». Il chargeait les ingénieurs des
mines (appelés déjà par leurs fonctions à pénétrer dans
certains établissements visés par la loi de 1841) de
cette inspection, leur demandait des rapports, et créait
une commission extra-parlementaire ayant pour mission de proposer des améliorations au service de l'inspection, de préparer les règlements nécessaires, et de
faire un rapport annuel sur le fonctionnement de l'inspection du travail et ses résultats. Dans le désordre

1. « Le département de la Seine émit l'opinion de limiter la durée
de travail à six heures en astreignant les patrons, non seulement à faciliter aux jeunes ouvriers et apprentis les moyens de fréquenter
l'école, mais encore de s'assurer de leur assiduité.» Rapport Devinck,
9 mars 1868. *Mon.*, 31 mars.

2. *Moniteur*, 29 février 1868, p. 310 et 315.

des premiers jours de la guerre, le gouvernement déposait au Corps législatif, le 28 juillet 1870, un projet de loi créant une inspection du travail salariée et hiérarchisée, et dont les membres devaient être répartis entre les circonscriptions déterminées.

CONCLUSION

Si le xixᵉ siècle a été, selon le mot de Gladstone « le siècle des ouvriers » (1), par la place importante et presque prépondérante que les questions du travail et du salaire ont prises dans les préoccupations de la société contemporaine, nous pouvons presque dire aussi du Second Empire qu'il a été le gouvernement des ouvriers. Non point que ceux-ci aient visiblement participé à la conduite des affaires, qu'ils aient acquis pendant ces dix-huit années un bien-être extraordinaire, ou qu'ils aient trouvé dans l'action de la loi ou dans celle du pouvoir de grands encouragements à leur émancipation économique ; mais, pendant ces dix-huit années, c'est la question ouvrière qui a dirigé, qui a motivé toute l'évolution du Second Empire.

A l'origine du Second Empire, que trouvons-nous, en effet ? le coup d'Etat, c'est-à-dire une réaction contre la révolution de 1848 qui était vite devenue la révolution des travailleurs, contre la République des ouvriers désireux de créer enfin la justice dans les relations sociales.

Mais aussitôt après le coup d'Etat le suffrage univer-

1. Cité par M. Leroy-Beaulieu. *La question ouvrière au XIXᵉ siècle,* p. 1.

sel, soumettant l'Empire à la nécessité quotidienne d'assurer le pouvoir personnel en obtenant une nouvelle délégation temporaire de la puissance des électeurs, lui impose à nouveau le problème de résoudre l'avenir du prolétariat. Car ce prolétariat pourra constituer un jour une majorité homogène, et l'Empire en avait reçu l'avertissement : « Du haut de la société jusques en bas, écrivait Proudhon au lendemain du coup d'Etat (1), tout ce qui se produit, se meut, se consomme, tient à l'action politique et peut être considéré comme une fonction du gouvernement. Chaque individu qui travaille, qui vend, qui achète, est, par un certain côté, représentant de l'Etat; il participe au gouvernement qui ne peut rien sans son libre concours et sans son adhésion. »

Et à cause de cette pression constante du suffrage universel qui le menace, toute la politique de Napoléon III ne consistera pas seulement à faire les affaires des conservateurs qui l'ont appelé au pouvoir, mais à se ménager l'attachement des classes ouvrières. Car il ne les connaît pas. La révolution de 1848 vient de les faire naître au point de vue politique ; elles ne sont plus divisées comme autrefois par des associations rivales, mais elles constituent une grande masse, encore inconsciente, qu'un peu d'instruction, d'espoir ou d'enthousiasme pourrait mettre au service d'un chef. Et pour que l'Empire dure, il faut que ce chef soit l'Empereur.

---

1. Proudhon. *La Révolution sociale...* 2° édit., p. 8.

Nous avons essayé de montrer dans notre étude les rapports qui unissent les projets de lois concernant les ouvriers et la politique générale de l'Empire. Nous avons vu, après la répression des premières années, ses essais d'une politique charitable ; mais elle n'avait pas pu faire oublier aux ouvriers l'origine de l'Empire : il était malaisé à une partie de la nation de croire qu'un Napoléon, quel qu'il soit, puisse vouloir sincèrement plus de liberté, plus d'égalité, quand son pouvoir se fonde sur la dictature. Sous la pression des événements, nous l'avons vu à partir de 1860 évoluer dans la voie libérale : l'initiative de l'Empereur, quand il essaie d'améliorer la situation des ouvriers, paraît moins inspirée par des sentiments de charité que par le désir de la justice. Mais, comme il cherche toujours à se faire, des réformes nouvelles, un mérite personnel (tandis qu'il se contentait souvent en réalité d'accorder ce qu'il n'était plus en état de refuser), les travailleurs continuent à le tenir en suspicion ; ils ont contre lui une méfiance irréductible ; ils sont portés à suspecter en bloc les promesses les plus franches, à contester toutes les améliorations. Quand il cède, le 2 janvier 1870, aux partis qui réclament le Gouvernement constitutionnel, les chefs des ouvriers ne lui donnent pas plus leur confiance : car ils sentent que tous les progrès qu'ils doivent à la loi, toutes les promesses qu'ils ont obtenues, ils les doivent à leur situation d'opposants, à leur nombre qui les fait craindre, puisqu'il est de l'intérêt de l'Empire de les contenter.

Les derniers jours de l'Empire apportaient cependant aux ouvriers l'espoir de grandes réformes : M. Emile Ollivier annonçait qu'il s'efforçait de constituer une Chambre du Travail, composée par tiers de patrons, d'ouvriers, et enfin de publicistes, économistes et hommes d'affaires, qui aurait été « l'oreille perpétuellement ouverte aux plaintes populaires, la communication régulière et facile entre le pouvoir social et ceux qui, dans la foule, sont en quête d'améliorations, le foyer où se concentreraient les renseignements, où se discuteraient les théories, où s'élaboreraient les mesures législatives pratiques (1) ». Le même ministre qui voulait faire réviser les codes, annonçait encore une législation nouvelle du travail, introduite à propos du titre consacré au louage des services (2)... Mais la chute de l'Empire ne laissa même pas le temps d'aboutir à la rédaction d'un projet.

La législation ouvrière du Second Empire n'eut point pour effet d'établir cette hiérarchie entre les classes que l'Empereur et les conservateurs avaient également désirée, ni de pacifier les relations entre patrons et ouvriers. Il paraît cependant qu'en s'opposant au développement immédiat des théories de 1848, l'Empire a fait pour la démocratie une œuvre utile. Car toutes les utopies, les ferments mauvais renfermés dans les idées sociales des années quarante, ont pu subir les épreuves de la discussion et des faits. A la faveur de ces années de paix intérieure imposée, l'éducation populaire

1. E. Ollivier. *L'Empire libéral*, t. 13, p. 247.
2. E. Ollivier, *eod. loc.*, t. 13, p. 450-460.

a commencé à se faire : des embryons de libertés politiques, de libertés sociales ont permis peu à peu l'apprentissage civique des ouvriers. Proudhon lui-même,
en 1864, estimait que l'élite des classes ouvrières venait
seulement de se montrer digne de jouir de cette capacité politique dont il se faisait une idée si haute. Mais
il semble bien que, même au point de vue des intérêts
ouvriers, on puisse considérer le principe d'autorité qui
a été l'assise du Second Empire, comme ayant été un
agent du progrès général. Car si, par des mesures
généralement inspirées de l'esprit antilibéral de 1852,
l'Empire a souvent abouti à retarder l'émancipation
des travailleurs, on peut attribuer en partie à la discipline qu'il s'efforça de leur imposer, la façon dont la
France traversa, sans de trop grandes souffrances,
cette crise de transformation économique, industrielle
et sociale, qui s'étend de 1850 à 1870.

> « On est généralement injuste pour les
> gens qui gouvernent un pays, parce qu'on
> ne tient pas assez compte des difficultés au
> milieu desquelles ils sont contraints d'évo-
> luer. Il y a, parmi ces gens, beaucoup plus
> d'hommes de bien, désintéressés et désirant
> sincèrement la justice que ne le croient ou
> veulent le faire croire les partis d'opposi-
> tion. Mais il est impossible à ces hommes
> d'aller directement au but pour réaliser ce
> qu'ils estiment être le bien-être de leur
> pays. Il faut nécessairement biaiser pour
> tenir compte de tous les intérêts en jeu.

C'est à juste titre que l'on a dit que la politique était l'art des transactions. Or, à suivre toujours des sentiers détournés on finit par manquer son but, et c'est ce qui explique comment des hommes politiques très honnêtes et bien intentionnés finissent souvent par faire le mal au lieu du bien (1). »

1. Vilfredo Pareto. *Les systèmes socialistes,* t. I, p. 99.

BIBLIOGRAPHIE

Le Moniteur universel.

Le Journal des Économistes.

Le Siècle, l'Opinion Nationale, le Temps.

Recueils Dalloz, Sirey, Duvergier...

Levasseur. — Histoire des classes ouvrières de 1789 jusqu'à
    1870. T. II, édition 1904.

Jay (R.). — La protection légale des travailleurs.

Ollivier (Émile). — L'Empire libéral.

Histoire socialiste publiée sous la direction de M. J. Jaurès.
    Tome IX. La seconde République, par M. George
    Renard, tome X. Le second Empire, par M. Albert
    Thomas.

Delord (Taxil). — Histoire du Second Empire, 1873.

De la Gorce (P.). — Histoire du Second Empire.

Lamy (Étienne). — Études sur le Second Empire.

Berton (H.). — L'Évolution constitutionnelle de l'Empire,
    1900.

Weill (G.). — Histoire du mouvement social en France.

Tchernoff. — Le parti républicain au coup d'État et sous
    le Second Empire, 1906.

Napoléon III. — OEuvres, 3 vol., 1865.

Proudhon. — La Révolution sociale démontrée par le coup
    d'État du 2 décembre, éd. 1868.

    — La capacité politique des classes ouvrières, éd. 1873.

    — Correspondance, éd. 1875.

Publications de l'Office du Travail. — Les associations pro-
    fessionnelles ouvrières.

    — Les associations ouvrières de production.

    — Le Placement.

Rist. — La journée de travail de l'ouvrier adulte en France et sa limitation par la loi. Thèse Paris, 1898.

Lagardelle (Hubert). — L'évolution des syndicats ouvriers en France. Thèse Paris, 1901.

Lexis. — Gewerckvereine und Unternahmerverbaude in Frankreich. Leipsig, 1879, extrait des

Audiganne. — Les populations ouvrières de la France, 1860.

Martin-Saint-Léon. — Histoire des corporations de métiers.

Glotin. — Études sur les syndicats professionnels, 1892.

Sauzet (M.). — Le livret obligatoire des ouvriers. Revue critique de législation et de jurisprudence, 1890.

Corbon. — Le secret du peuple de Paris, 1863.

Tolain. — Quelques vérités sur les élections de Paris, 1863.

Fougère. — Les délégations ouvrières... Thèse Paris, 1905.

Brochures ouvrières, à l'Empereur. — Les cahiers populaires, 2 brochures, 1861.

— L'organisation du travail par les corporations nouvelles, 1861.

— Le peuple, l'Empereur et les anciens partis, 1861.

— Les délégations ouvrières à l'exposition de Londres en 1862, 1862.

Rapports des délégués des ouvriers français à l'Exposition de Londres en 1862, publiés par la Commission ouvrière, 1864, in-8°.

Fribourg. — Histoire de l'Association Internationale des Travailleurs, 1871.

Hubert-Valleroux. — Les Associations coopératives, 1884.

Véron. — Les Associations ouvrières, 1865.

Journal L'Association...

Journal La Coopération...

Beluze (J.-P.). — Les Associations conséquence de progrès. Le Crédit au Travail, 1863.

Enquête sur les sociétés coopératives, 1866.

Malardier (P.). — Aux ouvriers. La Coopération et la politique, 1864.

Commission ouvrière de 1867. Recueil des procès-verbaux...

Rapports des délégations ouvrières à l'Exposition universelle de 1867, 1869, 3 vol.

ALLAIN-TARGÉ. — Les déficits, 1851-1868, 1868.

LEFEBVRE. — Le droit de réunion. Thèse. Paris, 1903.

GLASSON. — Le Code civil et la question ouvrière.

DE MOLINARI. — Le mouvement socialiste et les réunions publiques, 1871.

TABLE DES MATIÈRES

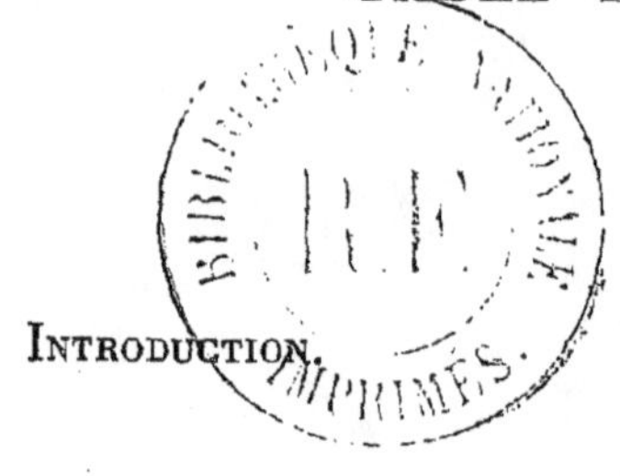

DEUXIÈME PARTIE

L'Empire autoritaire

TROISIÈME PARTIE

L'Évolution de l'Empire (1858-1864)

QUATRIÈME PARTIE

Les concessions aux classes ouvrières

CHAPITRE PREMIER. — L'intervention de l'État paraît nécessaire pour attacher les ouvriers à l'ordre,
au régime établi, en leur facilitant l'acquisition du bien-être et de la propriété.
En s'efforçant de satisfaire les ouvriers, l'Em-

MAYENNE, IMPRIMERIE CHARLES COLIN